C채널 [The 궁금] 모음집

신앙과 생활 속에서 궁금했던 54가지 질문에 답하다

이성희 지음

The 궁금

지은이 ┃ 이성희
발행인 ┃ 김하나
초판발행 ┃ 2025. 12. 25.
등록번호 ┃ 제2025-000078
발행처 ┃ 도서출판 솔트마인
디자인 ┃ 전혜원
주소 ┃ 05307 서울시 강동구 양재대로 1585

ISBN 979-11-996243-1-3
값 18,000원

솔트메·인

바른 교회생활로 이끄는 해박한 지침서

본서의 저자는 목회자로, 신학자로, 저술가로 한국교회에 널리 알려진 탁월한 리더자입니다. C채널 프로그램 〈The 궁금〉을 통해 방송 진행자로도 뚜렷한 의미를 주고 있습니다.

〈The 궁금〉은 시청자들을 대표한 출연 패널들이 질문하는 여러 어젠다에 대해 저자인 이성희 목사가 응답하는 형식의 구성 프로그램으로 시청자들에게 생활의 필요에 대한 궁금한 사항들에 대해 방향을 제시하는 필수 교양 작품입니다. 이 프로그램의 내용을 정리한 본서는 신앙생활을 처음 시작하는 초신자들과 신앙생활을 오래했지만 신앙의 기본적인 지식이나 이해가 부족한 평신도들에게는 필독서로 손색이 없습니다. 또한 목회 현장의 교역자들에게는 교인들을 교육하는 기초적인 자료를 제공하고 있다는 측면에서 목양의 학습서로도 부족함이 없습니다.

저자는 이 책에서 그리스도인들이 진화론을 과학으로 믿어도 되나요?/노아 홍수 사건이 역사적 사실이라는 증거가 있습니까?/천사는 어떤 존재이며, 역할은 무엇이며, 우리에게 어떤 일을 합니까?/하나님을 아버지라고 부르는 의미는 무엇입니까?/예수님은 왜 아기로 세상에 오셨습니까?/개나 고양이도 영혼이 있으며 구원을 받을 수 있습니까?/동성애가 죄라고 하는데 동성애자들을 교회가 어떻게 대해야 합니까?/교회의 정치 참여나 설교에 정치적 의견을 밝히는 것이 옳습니까? 등 우리들이 일상과 신앙 생활에서 궁금해 하는 다양한 주제와 이슈들에 대해 성경적이면서 바른 교회생활의 중심에서 설득력 있게 응답해 주고 있습니다.

지구촌 전체에 AI시대가 본격화되어 전환기 세대를 맞이하고 있는 이 때에 해박한 지식과 올바른 성경적 해석을 기반으로 〈The 궁금〉이 명쾌한 답을 주고 있는 저자의 수고에 감사와 격려를 보냅니다.

본서는 한국교회와 성도들은 물론 비크리스천들에게 성경의 궁금증과 필요를 채워주는 통로가 될 것을 확신하며 적극 추천을 드립니다.

2025년 12월

김삼환

(C채널 이사장, 명성교회 원로)

들어가는 이야기

성자 아우구스티누스에 대한 이런 이야기가 전해 내려옵니다. 삼위일체 연구에 골몰하던 아우구스티누스는 그 신비를 이해할 수 없어 머리가 아팠을 정도였습니다. 어느 날 그는 머리를 식히기 위하여 바닷가로 산책을 나갔습니다. 해변을 따라 걷던 그는 이해할 수 없는 이상한 행동을 하는 한 어린이를 만났습니다. 그 어린이는 조개껍데기로 바닷물을 퍼다가 모래밭에 파놓은 구멍에 붓는 것이었습니다.

"얘야, 너 지금 무엇을 하고 있니?"

"저 바닷물을 모두 퍼서 이 구멍에 담으려구요."

"얘야, 그건 도저히 불가능한 일이란다. 그만 멈춰라."

"그래요? 삼위일체의 신비는 이보다 훨씬 더 어렵답니다. 그러니 당신도 그 작은 머리로 하나님을 다 이해하려고 하지 마세요."

성경에는 인간의 머리로 해석할 수 없는 내용들이 상당히 많습니다. 성경을 억지로 해석하려는 인간의 과다한 지식에 대한 욕망은 초대교회 때부터 지금까지 끊이지 않습니다. 초대교회 시대는 성경을 신비적으로, 신화적으로 해석하려고 애썼고, 중세 시대는 성경은 신비적으로 해석하려고 애썼고, 계몽주의 시대 이후에는 과학적으로 해석하려고 애썼습니다. 그리고 지식적으로, 문학적으로, 역사학적으로 해석하려는 시도는 성경이 존재한 이후 계속되었습니다. 인간은 자신의 작은 머리를 믿으며, 보잘것없는 지식을 자랑하려는 '아담 신드롬' 때문입니다.

그런데 성경은 "또 그 모든 편지에도 이런 일에 관하여 말하였으되 그중에 알기 어려운 것이 더러 있으니 무식한 자들과 굳세지 못한 자들이 다른 성경과 같이 그것도 억지로 풀다가 스스로 멸망에 이르느니라"(벧후 3:16)고 합니다. 성경은 억지로 풀 것이 아닙니다. 성경은 지식으로 풀 것이 아니라 지혜로 풀어야 합니다. 성경은 머리로 풀 것이 아니라 가슴으로 풀어야 합니다. 성경은 지식의 책이 아니라 믿음의 책입니다. 믿음으로 풀 때에 비로소 성경 속의 궁금한 이야기가 확실한 이야기가 될 수 있습니다.

'불가지론'(不可知論, Agnosticism)이란 철학적 관점이 있습니다. 사물의 궁극적 실재인 신(하나님)은 알 수 없다고 주장하는 관점입니다. 철학의 중요한 명제인 신, 절대자, 무한자에 대해서는 알 수 없다는 것입니다. 나아가서 사물의 본질은 인간에게 있어서 인식이 불가능하다고 보는 것입니다. '알 수 없다'(Agnostic)는 말은 바울이 아데네 아레오바고의 강연에서 "알지 못하는 신"(Agnostotheo, 행 17:23)이라는 말씀이 기원입니다. 영국의 생물학자 토머스 헉슬리(Thomas Henry Huxley)는 이 말을 인용하여 '불가지론'을 제창하였습니다. '그노시스'(Gnosis)란 말은 헬라어의 '지식'이란 뜻이며, 헬라어에서 접두어 'α'(a)는 반대말을 의미하므로 '아그노시스'(Agnosis)는 '무지', 혹은 '불가지'의 뜻입니다. 불가지론은 신에 대한 인식뿐만 아니라 사실의 인식은 과학적으로 인지되지 않는 실재하는 '알 수 없는' 힘이 있다고 하였습니다. 이런 불가지론은 철학적 관점이며 종교 자체는 아닙니다. 그러나 이런 철학적 관념이 종교와 신학에 영향을 주어 '하나님은 알 수 없다', '영의 세계는 알 수 없다'는 신학적 불가지론이 회자되기도 했습니다. 이런 잘못된 사고의 영향으로 하나님과 신령한 세계, 궁금한 사실에 대하여 우리가 알 수 없다고 단정하고 포기하는 것도 큰 오류입니다.

철학자 데카르트는 근대 철학의 문을 연 프랑스의 철학자입니다. 그는 방법적 회의를 통하여 "나는 생각한다. 고로 존재한다"(Cogito ergo sum)라는 학문의 제1 원리를 세웠습니다. 그는 이 원리를 기반으로 하여 신의 존재를 증명하고, 물질세계의 진리성을 찾을 수 있다는 논리적 근거를 제시하였습니다. 그는 재미있는 철학적 논리로 신의 존재를 증명하려고 하였습니다. '인간은 유한하다. 유한한 인간이 무한한 신의 존재를 인식할 수 없다. 유한한 인간이 무한한 신 개념을 가지고 있는 것은 무한한 신이 유한한 인간에게 신 개념을 주었기 때문이다. 그러므로 유한한 인간이 신 개념을 가지고 있다는 것은 신이 존재한다는 증거이다.'

인간은 유한합니다. 인간은 숙명적인 존재이므로 시간적으로 유한하고, 축구공보다 작은 인간의 두뇌는 사고적으로 유한하며, 인간의 활동 범위와 경험이 좁으므로 공간적으로 유한합니다. 그러나 하나님은 하나님의 형상을 주셔서 하나님을 닮게 하셨고, 영성적 존재가 되게 하셔서 영적 세계를 알게 하셨고, 성경 66권, 1,189장, 31,102절을 주셔서 구원과 영생을 알게 하셨습니다.

나는 비교적 성경 공부와 신학 학습에 많은 시간을 보냈습니다. 다른 사람들보다 좀 더 많은 시간을 보냈다는 것은 다른 사람들보다 좀 더 궁금한 점이 많다는 뜻입니다. 내가 훗날에 하나님의 나라에 가면 하나님께 물어보고 싶은 궁금한 것들이 한두 가지가 아닙니다. 그러나 하나님의 나라에 가면 하나님께 물어볼 것도 없고, 궁금한 것들이 더 이상 궁금한 것이 아닐 것입니다.

순수 복음방송 C채널은 '더 궁금'이라는 새로운 지혜 프로그램을 편성하였습니다. 보편적 그리스도인이 가장 궁금해 하는 성경 이야기들을 모아 하늘의 지혜로 답하는 것입니다. 그동안 '더 궁금'이 세상에 태어날 수 있게 함께 하신 C채널의 김삼환 이사장님, 김하나 대표이사님, 이순창 사장님, 이성철 부사장님, 이필두 부사장님, 박원현 부사장님, 이재규 상무님, 유창호 국장님, 작가님, 피디님, 카메라 감독님, 함께 '더 궁금'을 진행해주신 한지유, 맹수지 두 MC님, 이 책의 편집디자인을 맡아주신 전혜원님 그리고 시청해주신 '열팬' 모두에게 감사를 드립니다. '더 궁금' 탄생의 '미드와이프'(Midwife)로 자청해 주신 C채널 가족들과 시청자 모두에게 깊은 감사를 드리며 궁금한 이야기가 더 이상 궁금하지 않을 확실한 이야기가 되기를 기대합니다.

2025년 7월

이 성 희

Contents

제6장 \ 신앙은 상황을 초월합니다

제1장

성경은 과학입니다

The Bible is science

01

그리스도인이 진화론을 과학으로 믿어도 되나요?

우선 과학이 무엇인지 한 번 생각해 보세요. 과학이란 보편적인 진리나 법칙을 발견하려는 목적으로 체계화된 지식을 말합니다. 흔히 과학이라고 하면 좁은 의미로 불리는 물리학, 생물학, 화학, 천문학, 지구과학 등 자연과학을 뜻합니다. 그러나 좀 더 넓은 의미로는 특정한 이론이나 법칙 등을 실험 또는 지적 탐구를 통해 수행하는 모든 학문을 뜻합니다. 그래서 인문과학이 절실하게 요구되는 요즘은 과학을 자연과학과 인문과학으로 크게 분류하며 이 둘을 함께 과학이라고 합니다.

많은 사람들이 혼동하는 것은 성경이 과학과 별개이며 성경은 과학적이 아니라는 오해입니다. 그러나 그렇지 않습니다. 성경은 과학입니다. 과학은 우주 만물의 보편적인 진리나 법칙인데 하나님께서 천지를 창조하실 때 만드신 창조의 법칙이 과학입니다. 하나님께서 이미 과학적인 체계로 만드신 창조 세계를 인간이 실험이나 논리를 통해 발견하는 것이 과학입니다.

인간은 과학을 발명한 것이 아니라 발견한 것입니다.

성경이 과학이라는 것을 몇 가지만 설명하겠습니다. 첫째는 창조의 순서를 보세요. 하나님은 창조 첫째 날에 빛을 창조하셨습니다. 둘째 날에는 궁창을 창조하시고 궁창 위의 물과 궁창 아래의 물로 나누셨습니다. 셋째 날에는 채소와 나무를 창조하셨습니다. 넷째 날에는 두 개의 큰 광명체를 창조하시고 낮과 밤을 주관하게 하셨습니다. 다섯째 날에는 새와 물고기들을 창조하셨습니다. 여섯째 날에는 짐승과 인간을 창조하셨습니다. 하나님의 창조 질서는 과학적입니다. 빛이 없이는 어떤 생물도 존재하지 못하며 물이 없이는 어떤 생물도 생존하지 못합니다. 하나님의 창조는 과학적 프로세스에 의한 것입니다.

둘째는 하나님의 명령으로 건조된 노아의 방주가 과학이라는 것입니다. 하나님은 노아에게 코페르나무로 방주를 짓되 3층으로 하며, 방주의 길이는 300규빗, 너비는 50규빗, 높이는 30규빗으로 하라고 하십니다. 300:50:30이란 가장 안정감 있는 배의 규격이라고 현대 조선공학이 말합니다. 하나님은 과학적으로 방주를 건조하게 하셨고, 노아는 "하나님이 자기에게 명하신 대로 다 준행"(창 6:22, 7:5)하여 방주에서 나올 때까지 370일을 견딜 수 있는 견고한 배를 만들었습니다. 방주의 규격은 과학입니다.

셋째는 하나님께서 이스라엘 백성에게 할례를 받게 하신 것이 과학입니다. 하나님은 모든 남자가 태어나면 8일 만에 할례를 받으라고 하십니다. 출생 후 8일째 날은 양피를 베어도 가장 아프지 않은 날이라고 합니다. 그리고 8일째 날은 피가 응고되게 하는 '섬유소원'(Fibrinogen)이 가장 많이 분비되어 상처의 피가 빨리 멈추고 응고된다고 합니다. 이는 현대의학이 증명하고 있습니다.

현대과학이 증명하는 과학적 사실들이 성경에 이미 기록되어 있다는 것은 하나님의 설계가 과학이라는 증거입니다. 창조라는 말의 히브리어 '바라'(Bara)는 무에서 유를 창조(Creatio ex nihilo)한다는 의미입니다. 그리고 이 단어는 창조 중인 것 즉 하나님의 창조 행위는 끝난 것이 아니라 지금도 계속 진행 중인 것을 의미하는 현재형입니다. 아우구스티누스는 '고백록'에서 주님은 무로부터 무에 가까운 어떤 것인 '무형의 질료'를 만들어내셨고, 이 무형의 질료로부터 경이로운 거대한 세계를 창조해 내셨는데, 그가 말하는 무형의 질료는 말씀을 의미합니다.

창조신앙은 우리 신앙의 대명제이며 기본입니다. 창세기 1장 1절은 "태초에 하나님이 천지를 창조하시니라"라고 시작합니다. 창세기 1장 1절은 성경의 시작이며 성경전체의 전제입니다. 이를 믿지 못하면 성경전체 31,102절을 믿을 수 없습니다. 이 한 절은 하나님의 무시간성(영원성), 창조성을 말하고 있습니다. 영원성과 창조성은 하나님만이 가지고 계시는 하나님의 속성입니다. 하나님은 그 속성을 가지시고 창조하셨고, 위에서 말한 대로 그 창조는 현대과학이 증명할 만큼 과학적입니다.

최근 미국 캔자스주에서는 진화론 대신 '지적설계론'(Intelligent design)을 공립학교의 과학교육 과정으로 승인했습니다. 지적설계론이란 이 우주가 어떤 '지적인 존재'에 의해 창조됐다는 것입니다. 창조론과 비슷하나 기독교에서처럼 하나님을 직접 지칭하지 않았습니다. 진화론을 가르치지 않겠다는 결정은 진화론의 허구를 단적으로 증명하는 것입니다.

진화론은 최초의 산 유기체가 무생물에서 발달했다는 이론입니다. 그 후에 최초의 유기체가 증식하면서 다양한 생물들로 변하였고 지상에 존재해 온 모든 형태의 동식물들을 생겨나게 하였다는 것입니다. 진화론자들까지도 자연이 무생물에서 생물을 창조한 실험을 재현하는 데 성공한 과학자는 아무도 없다고 하며, 과학자들은 최초의 유기체가 어떻게 생성되었는지 모르고 있다고 비판합니다. 진화론은 최초의 무생물과 증식된 모든 동식물이 창조주(하나님)의 개입이 없이 이루어졌다고 합니다. 그러나 하나님의 존재와 창조주이심을 인정하지 않고는 어떤 물질의 생성도 증명할 수 없습니다.

다윈의 '종의 기원'(Origin of Species)에 근거한 진화론은 현대에 와서 마치 창조의 정설인 것처럼 행세하지만 많은 허구를 가지고 있습니다. 진화론은 최초의 물질 생성에 대해서는 전혀 답을 주지 못하고 몇몇 과학자들이 말하는 답도 궁색하기 짝이 없습니다. 심지어 학자들 사이에서도 진화의 대의와 실제과정에 관해서 큰 의견 차이를 보이고 있습니다. 차이가 있을 수밖에 없는 이유는 물질생성의 증거가 부족하고 특정한 결론에 이를 수 없기 때문입니다. 그리하여 진화론자들 사이에서도 많은 분파와 이견이 생겼습니다. 진화론은 그리스도인들뿐만 아니라 과학자들까지도 끊임없이 의문을 제기하고 있습니다.

진화론은 과학이라기보다 하나의 과학적 '가설'입니다. 과학은 관찰을 기초로 하여 실험을 통하여 이론을 만드는 것입니다. 그런데 진화론은 이런 과정이 없으며, 실험을 할 수도 없습니다. 어느 한 종이 다른 종으로 진화하였다는 사실을 실험을 통하여 증명할 수 없습니다. 원숭이가 사람이 되었다면 지금도 원숭이가 사람이 되어야 하는데 어느 한 시대에만 진화하고 진화가 중지되었다고 한다면 진화론은 과학이 될 수 없습니다. 세상에는 과학적 가설이 수없이 많은데 진화론을 과학으로 신봉하고 마치 정설인 것처럼 가르치는 것은 과학 시대에 전혀 맞지 않는 일이며, 오히려 과학을 거스르는 결과를 가지고 옵니다. 그래서 어느 과학자는 "받아들일 만한 유일한 설명은 창조뿐이다"라고 합니다.

물론 창조과학이 설명하기 어려운 문제도 있습니다. 과학이 말하는 지구의 나이가 그 중의 하나입니다. 진화론은 지구의 나이를 45억 년, 우주의 나이를 200억 년으로 추정합니다. 반면에 창조론은 지구는 태양보다 먼저 생겼으며 그 나이는 4,000년에서 6,000년 정도라고 합니다. 과학자들은 우라늄 원소가 납으로 반감하는 시간(방사능 붕괴율)이 45억 년이라는 사실에 근거하여 지구의 나이를 계산합니다. 어느 학자가 성분이 정확히 우라늄과 납이 5:5로 섞여 있는 암석을 발견하였는데 이것으로 지구의 나이가 45억 년 정도라고 추정하기 시작하였습니다. 그러나 그 암석이 처음에 100% 우라늄 덩어리였을 것이란 확증은 없습니다. 가정에 근거를 두고 과학을 말하는 것은 위험하고 어리석은 일입니다.

진화론자들은 하나님이 지으신 피조 세계를 하나님의 영을 통해서 보지 않고 작은 머리로 계산합니다. 그래서 피조물을 보면서도 하나님도 창조도 보지 못하는 것입니다. 로마서 1:20에 "창세로부터 그의 보이지 아니하는 것들 곧 그의 영원하신 능력과 신성이 그가 만드신 만물에 분명히 보여 알려졌나니 그러므로 그들이 핑계하지 못할지니라"고 기록되어 있습니다.

노아 홍수사건이 역사적 사실이라는 증거가 있습니까?

성경적 연대기로 계산하면 4천여 년인 구약성경의 기록이 역사적 사실이라는 증거는 여러 곳에서 속속 발견되고 증명되고 있습니다. 성경이 과학적이며 역사적이라는 사실은 성경 자체가 말하고 있습니다. 성경에는 유대인을 중심으로 한 변방의 역사와 당시 지중해 중심 세계의 이야기들을 담고 있습니다. 그런데 이 모든 기록들이 역사적 사실인 것을 요세푸스 등 고대 역사학자들이 기록을 통하여 증언하고 있습니다.

성경은 역사적 경전입니다. 성경의 첫 절, 창세기의 첫 절인 창세기 1:1에는 "태초에 하나님이 천지를 창조하시니라"라고 합니다. "태초"라는 시간은 하나님의 시간이며 하나님의 역사의 시작을 알리는 말입니다. 구약성경에는 사사기, 룻기, 사무엘상, 사무엘하, 열왕기상, 열왕기하, 역대상, 역대하라는 역사서가 있습니다. 신약성경에는 사도행전을 역사서로 분류합니다. 그러나 그 외의 책들도 다 역사적 연대와 사실을 밝혀주고 있습니다. 성경이 말하고 있는 인물과 사건은 일반 역사가 말하는 것과 일치합니다. 노아 홍수 사건, 바벨탑사건, 이스라엘의 건국과 분열, 이스라엘의 포로와 귀환, 남북 왕국의 멸망, 예수님의 탄생, 사도들의 전도와 순교 등 그 어느 하나도 역사적 사실이 아닌 것이 없습니다.

현대 신학자들 가운데는 하나님의 창조를 '신화' 혹은 '설화'라고 표현하기도 합니다. 심지어 성경의 창조가 바벨론의 창조설화의 모방이라고도 합니다. 그러나 이런 성경의 왜곡된 해석은 어느 시대나 있었던 것입니다.

역사는 하나님의 이야기입니다. 역사(History)라는 단어는 하나님의 (His) 이야기(Story)를 뜻합니다. 남성중심적 표현이므로 'His'라고 하였는데 최근 여성학자들 특히 페미니스트 사이에서는 역사를 'Herstory'라고도 합니다. 신학자 판넨베르크(Wolfhart Pannenberg)는 '역사로서의 계시'라고 하였습니다. 인간의 역사는 하나님의 계시라는 말입니다. 또한 신학자 틸리케 (Helmut Thielicke)는 '역사의 축은 하나님이 쥐고 계시다'라고 하였습니다.

제1편에서는 진화론이 아닌 하나님의 창조 즉 창조론이 과학이라는 설명을 했습니다. 성경이 과학이고, 역사라면 노아홍수 사건도 하나의 옛날 이야기가 아니라 과학이며 역사입니다. 성경이 역사적이라는 사실을 증명한 여러 가지 설명이 있지만 동북아시아의 고대 상형문자이며 한문의 원형인 갑골문을 연구한 학자들은 갑골문에 노아의 홍수 사건이 역사적 사실이라는 증거가 있다고 합니다. 옛 석(昔)자는 큰 물이 쏟아져 해(日)가 덮일 정도로 어두워진 모습이라고 합니다. 또 배 선(船)자가 그 중의 하나입니다. 배 선자는 배(舟)에 여덟(八) 식구(口)가 타고 있었다는 뜻이라고 합니다. 이것은 방주에 노아와 그의 여덟 가족이 타고 있었다는 역사에 의해 만들어진 문자라고 합니다. 동북아시아의 고대 문자에서 이런 노아 홍수의 흔적이 발견되는 것은

바벨탑 사건(창 11) 이후에 흩어진 사람들이 동북아시아에까지 이주하였다는 증거이며, 이들이 노아 홍수 사건을 기억하고 있었다는 것입니다.

오래전 창조과학회 회원들과 함께 미국의 그랜드캐니언(Grand Canyon)을 다녀온 적이 있습니다. 그랜드캐니언(Grand Canyon)은 수백만 년의 긴 세월 동안 계곡 아래에 흐르는 콜로라도 강물과 빗물의 침식으로 지형이 형성되었다고 알려져 있습니다. 그러나 그랜드캐니언의 형성원인과 그 지역의 지각변동이나 콜로라도 강의 흐름의 경로 등 많은 의문을 드러내고 있습니다. 함께 한 창조과학자들은 계곡이 노아의 홍수로 형성된 것이라고 설명하였습니다. 왜냐하면 지구의 작용으로 볼 때 서서히 진행되는 지질작용으로는 그랜드캐니언과 같은 광대한 계곡이 형성될 수 없고, 이러한 계곡은 대격변을 통해서만 만들어질 수 있기 때문입니다.

그랜드캐니언은 문자 그대로 광대한(Grand) 계곡(Canyon)입니다. 그런데 그 엄청난 계곡에 비하여 콜로라도 강은 너무 작습니다. 까마득히 아래에 있는 작은 강이 오랜 세월 동안 흐른다고 하여 높은 계곡을 만들 수 있겠습니까? 대홍수가 아니면 그 깊은 계곡을 만들어낼 수가 없다고 합니다. 계속 위쪽에서 인디언들이 사는 아래쪽으로 가려면 걸어가기에 벅찰 만큼 까마득하게 보입니다. 일반적으로 계곡 아래로 내려가려면 당나귀를 타야(Donkey ride)합니다. 이런 어마어마한 계곡이 수천 년, 수만 년 동안 콜로라도 작은 강의 물로 침식되었다는 것은 있을 수 없습니다.

또 창조과학회 회원들과 함께 그랜드캐니언의 '그랜드 뷰포인트', '매더 뷰포인트', '야피 뷰포인트' 등 '뷰포인트'를 들러 설명을 들었습니다. 여러 번 그랜드캐니언을 가 보았지만 그동안 계곡 경치만 보았을 뿐이었습니다. 회원의 설명에 따라 건너편 계곡지층의 단면을 보았습니다. 거기에는 확연한 선이 있었는데 선 아래와 위가 색깔이나 모양이 달랐습니다. 회원은 아래의 지층은 노아 홍수 이전 창조 때에 지어진 것이고, 위의 지층은 홍수로 인하여 퇴적된 사암이라고 말했습니다. 아래의 지층에서는 화석이 발견된 적이 없다고 합니다. 이런 계곡의 구조는 어떤 대홍수로 인해 생성되는데 그 대홍수가 바로 노아 홍수라는 것입니다. 또 그랜드캐니언과 닮은 대계곡들이 세계 곳곳에 있는데 이는 노아 홍수가 그랜드캐니언이 있는 미국뿐만 아니라 여러 곳에서 동시에 발생한 지구적 격변이라는 사실을 말해줍니다.

하나님께서는 노아에게 "너는 고페르 나무로 너를 위하여 방주를 만들되 그 안에 칸들을 막고 역청을 그 안팎에 칠하라. 네가 만들 방주는 이러하니 그 길이는 삼백 규빗, 너비는 오십 규빗, 높이는 삼십 규빗이라"(창 6:14-15)라고 말씀하셨습니다. 노아는 하나님께서 말씀하시는 양식 그대로 방주를 짓고 그 방주 안에서 371일을 지내다가 다시 밖으로 나왔습니다. 방주는 고페르 나무로 만들었으며 비가 스며들지 않게 하려고 역청으로 안팎을 칠하였습니다. 하나님의 말씀대로 지은 방주는 오랜 시간동안 물 위에서 견딜 수 있었습니다.

근래에 노아의 방주는 튀르키에 동부의 아라랏산 산정에서 얼음 속에 묻힌 채 발견되었습니다. 1974년에는 미국 나사(NASA)의 인공위성 사진을 분석하는 과정에서 노아의 방주인 것을 확인하였고, 성경에 기록된 것과 모양과 크기가 동일하다고 하였습니다. 튀르키에, 러시아, 이란 접경에 위치한 아라랏산에서 발견된 방주를 확인하기 위하여 미국, 프랑스, 러시아 등 여러 나라의 탐험대들이 표고 5,165m의 아라랏산을 오르기도 하였습니다. 방주를 찍은 위성사진이나 탐사대가 확인한 방주는 성경이 말하는 것과 같은 재료와 모양과 크기가 동일하다고 하였습니다. 방주가 발견된 곳이나 재료나 양식은 모두가 성경에 기록된 방주와 일치하였고, 이는 곧 노아의 방주가 역사적 사실인 것을 증거하고 있습니다.

성경에는 역사적 사실을 말하는 기록들이 곳곳에 있습니다. 성경의 기록들이 역사적 사실이라는 것을 증명하려면 시간이 모자랄 정도로 많이 있습니다. 출애굽과 광야생활 그리고 가나안 정복과 이스라엘 왕국은 말할 것도 없고, 이전의 10고조(창 5)와 족장들의 이야기까지 역사적 증거들이 있습니다. 성경이 역사적 사건들을 기록하면서 유독 노아 홍수 사건을 역사가 아닌 가상의 이야기 혹은 전설로 기록할 이유가 없는 것입니다.

노아 홍수사건과 방주가 꾸며낸 이야기이고 전설이라고 하던 이전의 주장들은 대계곡이 형성된 동기가 과학적으로 증명되고, 노아의 방주가 발견되므로 사라지고 현대에 와서는 역사적 사실로 인정하게 되었습니다. 노아의 홍수사건이 역사적 사실이라는 것은 성경이 과학적이며 역사적인 책이라는 사실을 증명하는 중요한 단서인 것입니다.

03

노아 홍수 사건 이후에
왜 인간의 수명이 급속히 줄었습니까?

창세기 5장에는 성경이 가르치는 인류사에서 가장 오랫동안 생존했던 아담에서 노아에 이르는 10대 고조의 역사가 기록되어 있습니다. 아담은 하나님께서 창조하신 첫 번째 인간이며 모든 인류의 조상으로 930년을 살았습니다. 셋은 912세를 살았습니다. 에노스는 905세를 살았습니다. 게난은 910세를 살았습니다. 마할랄렐은 895세를 살았습니다. 야렛은 962세를 살았습니다. 에녹은 365세를 살았습니다. 므두셀라는 969세를 살았습니다. 라멕은 777세를 살았습니다. 노아는 960세를 살았습니다.

10명의 고조들이 오래 살았다고 하지만 오래 산 것은 별 의미가 없습니다. 에녹은 365년을 살았지만 죽지 않고 승천하였으므로 세상에서 생존한 기간은 365년이지만 지금도 살아 있으므로 가장 장수한 고조입니다. 므두셀라는 969년을 살아 장수 기록을 남긴 고조이지만 인류에 남긴 역사는 별로 없습니다. 노아를 제외한 고조들의 역사는 아주 간단합니다. "몇 살에 아무

개를 낳고 몇 년을 더 살다가 죽었다"는 것입니다. 하나님께서 아담에게 선악을 아는 열매를 먹는 날에는 반드시 죽으리라고 하셨는데 고조들이 900세를 살았다고 하더라도 영원히 산 것이 아니라 죽으리라는 말씀대로 죽은 것입니다. 그러므로 인생은 장수가 자랑이 아니라 어떤 삶을 살았느냐가 가치를 가늠합니다.

900세 가까이를 살았던 고조들의 역사가 끝난 후 성경은 노아 홍수 사건을 기록하고 이어서 바벨탑 사건을 기록합니다. 그 후에 노아의 아들 셈의 족보를 기록하는데 셈은 100세에 아르박삿을 낳았고 600세에 죽었습니다. 아르박삿은 35세에 셀라를 낳았고 465세에 죽었습니다. 셀라는 30세에 에벨을 낳았고 433세에 죽었습니다. 에벨은 34세에 벨렉을 낳았고 464세에 죽었습니다. 벨렉은 30세에 르우를 낳았고 239세에 죽었습니다. 르우는 32세에 스룩을 낳았고 239세에 죽었습니다. 스룩은 30세에 나홀을 낳았고 230세에 죽었습니다. 나홀은 29세에 데라를 낳았고 148세에 죽었습니다. 데라는 70세에 아브람과 나홀과 하란을 낳았고 205세에 죽었습니다. 데라의 아들인 아브라함은 175세에 죽었습니다. 노아의 후손인 셈 이후로 인간의 수명은 대가 흐르면서 급속하게 줄어드는 것을 알 수 있습니다.

어떤 이는 고조들 수명의 역사성에 대하여 의문을 제기합니다. '과연 고조들이 9백 년의 긴 수명을 가지고 살았을까'라는 의구심입니다. 그리고 어떤 이는 당시의 수명이 요즘의 수명과 같은 십진법이 아닐 것이라고도 합니다. 그러나 대부분의 학자들은 고조들의 수명이 성경에 기록된 대로 900년을 살았다고 합니다. 만일에 고조들의 수명을 10분의 1로 줄여 환산한다면 에녹은 6.5세에 므두셀라를 낳고 36.5세를 살았다는 말이 됩니다. 고조들의 900년이란 수명은 요즘의 날수와 같은 날들을 살았다고 보는 것이 합리적입니다.

동시에 고조들의 장수가 충분히 가능한 근거가 있다고 합니다. 태초에 하나님께서 사람을 창조하실 영원히 죽지 않는 죽음이 없는 존재 즉 하나님과 같은 불멸의(Immortal) 존재로 지으셨다는 것입니다. 또한 환경적 요건이 오염되지 않고 청정하였으므로 장수가 가능했다는 것입니다. 다른 견해로는 하나님께서 초기 원시사회에서 지구라는 공동체를 창조하시고 인류의 확산을 위해 사람들로 생육하고 번성하여 지구에 편만하게 하시려는 것이 하나님의 섭리였다고 합니다. 인구가 적을 때는 오래 살게 하셔서 지구 전체를 빨리 채우게 하시는 것이 하나님의 뜻이었다고 봅니다.

하나님께서 정하신 인간의 수명이 몇 세인가에 대해서 정확한 기록은 없습니다. 그러나 여러 가지 증거와 예측에 의하여 인간은 120세가 기대수명이라고 합니다. 2015년 미국의 매거진 '타임(TIME)'은 어린 아기의 얼굴로 표지 전면을 장식하고 'This Baby could live to be 145 Years'(이 아기는 145세를 살 수 있을 것이다)라고 썼습니다. 노화를 연구하는 학자들은 인간이 120세, 130세 혹은 145세를 살 수 있을 것이라고 합니다. 한 노인학을 연구하는 학자는 "인간 평균 수명이 120세에 달할 시점은 2050년이다"라고 주장하였습니다.

모세는 120세를 살았습니다. "모세가 죽을 때 나이 백이십 세였으나 그의 눈이 흐리지 아니하였고 기력이 쇠하지 아니하였더라"(신 34:7)라고 합니다. 모세는 120세가 되어 죽을 때가 되었지만 아주 건강했습니다. 시편 90편에는 '하나님의 사람 모세의 시'라는 제목이 있습니다. 이 모세의 시에서 모세는 "우리의 연수가 칠십이요 강건하면 팔십이라도 그 연수의 자랑은 수고와 슬픔뿐이요 신속히 가니 우리가 날아가나이다"(시 90:10)라고 합니다. 모세는 강건한 사람이 80세를 살 때에 120세를 살았으니 아주 강건하였습니다. 하나님께서는 강건한 사람의 수명인 80세에 모세를 부르셔서 40년을 더 살게 하시고 이스라엘 백성들을 이끌게 하셨습니다. 죽는 것이 편한 일인데 죽지도 못하게 하나님께서는 붙잡아 놓으신 것입니다. 그리고 40년을 더 일하게 하시다가 아직도 건장한 모세를 120세가 되어 죽게 하십니다. 하나님의 종은 다른 사람이 다 죽을 나이에도 죽지 못합니다. 그리고 아무리 건강해도 하나님께서는 하나님의 종을 죽게 하십니다. 소명이 있으면 죽지 못하고, 소명이 있으면 더 살지 못합니다. 사람이 살아 있다는 사실은 소명이 남아 있다는 증거입니다.

우리나라 통계청은 가장 수명이 긴 직종이 목사, 신부 등 성직자들이고 가장 수명이 짧은 직종이 스포츠인과 언론인들이라고 발표했습니다. 지난 10년간 부음기사를 조사한 결과 종교인들이 평균 82세로 가장 오래 살았고, 체육인, 연예인들이 69세, 65세로 가장 짧게 살았습니다. 성직자가 장수하는 이유는 규칙적인 활동과 정신수양, 가족관계로 인한 스트레스가 적고 과욕을 부리지 않는 점, 그리고 소식, 금연, 금주의 실천 등을 꼽았습니다. 성직자들의 수명이 길다는 것은 영적 삶을 산다는 이점도 있지만 위에서 말한 대로 하나님께서 주신 소명이 많다는 뜻입니다.

영국 일간지 '인디펜던트(Independent)'는 오래 전 '건강하게 수명을 연장하는 10가지 비결'을 소개했습니다. 그것은 규칙적인 운동, 약간의 스트레스, 좋은 지역에서 살기, 성공하기, 건강에 좋은 음식 먹기, 자기 자신에게 도전하기, 생활을 즐기기, 신 혹은 친구를 찾기, 식사량 줄이기, 정기적으로 건강 점검하기 등이었습니다. 그 가운데 '신 혹은 친구를 찾기'는 포괄적 의미를 담고 있지만 하나님을 찾고 신앙생활을 하는 것은 건강하게 장수하는 비결입니다.

　　오래 사는 것만으로 하나님의 축복, 은총이라는 생각은 잘못입니다. 성경은 분명히 장수가 하나님의 복이라고 말씀합니다(창 15:15, 시 21:4, 잠 3:16, 10:27, 엡 6:3 등). 그러나 장수만으로는 하나님의 복이라 할 수 없습니다. 세상에는 악인이 장수하는 경우도 흔히 볼 수 있습니다(욥 21:7, 전 7:15). 하나님을 알지 못하고 장수하는 것은 그 자체가 고통입니다.

　　‘수즉다욕’(壽則多辱)이란 사자성어는 ‘오래 살면 욕됨이 많다’는 뜻입니다. 이 말은 전국시대의 장자(莊子)의 저서 ‘장자’(莊子), ‘천지편’(天地篇)에 나오는 말입니다. 어느 날 요임금이 수행 중 화(華)라는 변방에 이르자 한 낮은 관리가 임금을 맞으며 “장수하소서”라고 말했습니다. 그러자 임금은 “나는 장수하기를 원치 않네.”라고 말했습니다. “그러시면 부자가 되시옵소서.” “부자가 되고 싶은 생각도 없네.” “그러시면 다남(多男)하시옵소서.” “그것도 나는 원치 않네. 다남하면 못난 아들도 생겨 걱정의 씨앗이 되고, 부자가 되면 쓸데없는 일이 많아져 번거롭고, 오래 살면 욕된 일이 많은 법이네”라고 하였답니다. 오래 사는 것만이 능사가 아니라는 말입니다. 수명은 소명이며, 장수는 소명이 많음을 의미합니다. 아마 옛 고조들이나 데라는 소명이 많다기 보다 소명을 천천히 수행하라는 하나님의 명령이었을 것입니다. 당시의 가장 큰 소명은 생육하고 번성하여 하나님께서 창조하신 지구를 채우는 일이었을 것입니다.

04

하나님은 왜 8일 만에 할례를 받게 하셨습니까?

할례(割禮, Circumcision)는 사람의 음경에서 포피를 제거하는 것을 말합니다. 히브리어로 '브릿트 밀라'라고 하는데 '브릿트'는 '언약', '밀라'는 할례를 뜻합니다. 그러므로 정확하게 표현하면 '언약의 할례'라고 하는 것이 옳습니다. 영어의 Circumcision은 '둘레를 자르다'(Cut around)라는 뜻의 라틴어 '키르쿰키시오'(Circumcisio)에 어원을 둔 말입니다.

고대로부터 바빌로니아인, 아시리아인을 제외한 셈계 민족 및 이집트인 등 세계 각지의 민족에게서 할례가 행해졌습니다. 현재는 유대교도, 이슬람교도에게는 필수적인 예식이 되어 있고, 오스트레일리아, 아프리카 원주민의 대부분, 폴리네시아, 멜라네시아, 아메리카 원주민의 일부에서도 시행되고 있습니다.

할례는 여호와와 이스라엘 민족 사이에 맺은 '언약'의 표징이었습니다. 하나님께서 아브라함과 맺으신 언약의 상징(창 17:11)으로, 아브라함은 하나님의 명에 따라 집의 종을 포함한 모든 남자가 할례를 받도록 했습니다. 그 때가 아브라함의 나이 99세였고, 아브라함이 하갈에게서 얻은 아들 이스마엘은 14세였습니다. 이때부터 이스라엘의 남자들은 하나님과의 특별한 언약의 관계를 가진 백성이라는 표식을 몸에 지니게 되었습니다. 할례는 하나님과의 특수 관계를 표시하는 의미를 가지고 있습니다. 하나님과 백성 사이의 언약의 상징이고(롬 4:11) 악으로부터 정결의 의미이며 할례를 받은 아브라함의 자손은 다른 이방인과 구별됩니다. 할례는 하나님의 백성이 되었다는 인증으로 신약에서는 세례가 할례의 의미를 계승하였습니다.

하나님께서 하나님의 백성 이스라엘과 맺으신 세 가지 언약이 있습니다. 첫째는 안식일 언약입니다(출 31:16). 하나님께서 이 날을 복 주시겠다는 시간의 언약입니다. 둘째는 무지개 언약입니다(창 9:12-15). 하나님께서 다시는 물로 인간을 멸망시키지 않겠다는 공간의 언약입니다. 셋째는 할례 언약입니다(창 17:10-14). 하나님께서 아브라함의 자손에게 하나님의 백성이 되게 하시겠다는 영적이며 육체적인 언약입니다.

할례는 하나님과 백성들 사이의 언약의 표징입니다(창 17:11). 사람이 몸에 하나님의 백성임의 표식을 가지게 되는 것입니다. 하나님은 "이에 내 언약이 너희 살에 있어 영원한 언약이 되리라"고 하셨습니다(창 17:13). 할례는 아브라함의 자손이 하나님의 백성이 되었다는 흔적(Mark)을 자신의 살(Flesh)에 새기는 것입니다. 이 흔적은 몸 깊숙이 있어, 다른 사람에게 공개하는 것이 아닌 하나님과 자신만이 아는 언약입니다. 이스라엘 공동체가 함께 할례를 받았지만 할례는 할례자와 하나님의 은밀한 관계로 자녀됨과 구원을 뜻합니다.

유대인은 생후 8일째 되는 유아에게 할례를 행하도록 제정되었습니다(창 17:12, 24-25, 레 12:3). 레위의 법전에는 남자 아이를 낳은 여인은 칠일 동안 부정하다고 하였습니다(레 12:2). 그래서 하나님은 여인의 부정한 기간이 지난 8일 째 되는 날에 할례를 베풀게 하였습니다(레 12:3). 아브라함은 할례의 법에 따라 이삭이 태어난 지 팔일 만에 할례를 받았습니다(창 21:4). 그리고 바울도 자신이 8일 만에 할례를 받은 정통 유대인인 것을 증언하였습니다(빌 3:5). 태어난 지 8일 째 되는 날은 절대로 어길 수 없는 날입니다. 예수님께서도 할례의 날이 안식일이라도 지켜야 하는 의식이라고 하셨습니다(요 7:22-23). 유대인들은 지금까지 대속죄일(Yom Kippur, 유대력 제 칠월 십일, 2025년 10월 2일)이라도 반드시 할례를 행하고 있습니다. 그만큼 난지 8일 만에 할례를 베푸는 것은 어길 수 없는 하나님과의 언약입니다.

'8'은 성경과 신학에서 중요한 의미를 가지고 있는 숫자입니다. 부활과 영원을 상징하는 새 질서를 의미하는 숫자입니다. '8'은 시작도 끝도 없는 동그라미(O)가 둘이 조합된 숫자입니다. 그러므로 8은 끝이 없는 가장 긴 시간을 의미하며 수학에서는 무한대를 8자를 눕혀 놓은 '∞'로 표시합니다. 팔각형의 일반적 의미는 안정성과 전체성의 모습을 띄고 있어 팔각정 등 팔각을 많이 활용합니다. 8자의 이러한 의미를 담아 고래로 교회에서는 세례를 위한 물을 담는 세례반(盤)이 팔각형으로 만들어져 있습니다.

이스라엘의 모든 남자가 "난지 8일 만에" 할례를 받는 것에 하나님의 깊은 사랑과 뜻이 있습니다. 현대의학은 난지 8일 만에 할례를 받게 하신 생리적 이유를 이렇게 설명합니다. 첫째는 아기가 태어난 지 팔 일째 되는 날에 양피를 베면 가장 통증을 느끼지 못한다고 합니다. 하나님의 백성이 살에 흔적을 남겨야 하는데 살을 베어내어도 아프지 않는 날에 할례를 베풀게 하신 것입니다. 둘째는 살을 베어내면 피가 나는데 피가 가장 빨리 응고되는 날이 난지 8일째 되는 날이라는 것입니다. 피가 응고되게 하는 분비물인 '섬유소원'(Fibrinogen)이 가장 많이 분비되는 날이 난지 8일째 되는 날이라고 현대의학이 증명합니다. 하나님은 표피를 베어 하나님의 백성이 되게 하는 언약을 맺으시되 아기들이 가장 아프지 않고 피가 빨리 응고되는 날을 만들어 주신 것입니다.

위와 같은 육체적 이유 외에 상징적 이유가 있습니다. 첫째는 남자가 출생하게 되면 그 어머니가 칠일 동안 부정합니다(레 12:2). 이 기간은 어머니뿐만 아니라 아기까지 부정하기 때문에 하나님의 백성으로 드림이 합당하지 않으므로 7일을 기다려야 합니다. 둘째는 구속사적으로 제 팔일은 안식 후 첫 날로서 그리스도의 부활의 생명과 함께 우리의 새 생명을 의미하기 때문입니다. 하나님의 백성이 할례를 통하여 새 생명을 가지고 구원받는 거룩한 백성이 된다는 것을 의미합니다.

할례는 자를 것을 잘라내므로 하나님의 백성을 거룩하게 하는 의미를 가지고 있습니다. 거룩하다는 말의 히브리어는 '카도쉬'입니다. 이 말은 자르다(Cut off)라는 뜻을 가지고 있습니다. 하나님께서 "너희는 거룩하라 이는 나 여호와 너희 하나님이 거룩함이니라"(레 19:2)라고 하십니다. 그런데 하나님께서는 사람이 거룩하게 되기 위해 자를 것을 자르라고 하십니다. 거룩한 하나님의 백성이 되기 위한 한 상징이 표피를 자르는 것입니다.

나아가서 하나님은 육체만 자르는 것이 아니라 마음을 자르라고 하십니다. 즉 마음에 할례를 받으라고 하십니다. 마음에 품은 올바르지 않은 생각들도 잘라내야 합니다. 육체를 자르는 것은 거룩하게 되는 하나의 상징이고 더 중요한 것은 마음이 거룩해야 하는 것입니다. 그런 의미에서 성경은 "그러므로 너희는 마음에 할례를 행하고 다시는 목을 곧게 하지 말라"(신

10:16)라고 하며 여러 번 마음의 할례를 강조합니다.(레 26:41, 신 30:6, 렘 9:26). 마음의 할례에 대하여 예레미야는 "마음 가죽을 베라"(렘 4:4)고 합니다. 하나님은 마음과 몸에 다 할례 받을 것을 강조하십니다. 이방인 중에 마음과 몸에 할례를 받지 아니한 이방인이 성소 안에 들어와서 성전을 더럽히므로 성전에 들어오지 못하게 하라고 하십니다(겔 44:7, 9).

신약성경도 마음의 할례를 강조합니다. 스데반은 마지막 그의 설교에서 "목이 곧고 마음과 귀에 할례를 받지 못한 사람들아 너희도 너희 조상과 같이 항상 성령을 거스르는도다"(행 7:51)라고 하여 하나님의 말씀을 듣지 못하고 마음이 완악한 것은 귀가 할례를 받지 못했기 때문이라고 합니다. 바울은 육체의 할례보다 마음의 할례를 더 강조하며 이렇게 말합니다. "오직 이면적 유대인이 유대인이며 할례는 마음에 할지니 영에 있고 율법 조문에 있지 아니한 것이라 그 칭찬이 사람에게서가 아니요 다만 하나님에게서니라"(롬 2:29).

05

성경은 사람이 쓴 것인데
왜 하나님의 말씀이라고 합니까?

종교의 특징은 경전을 가지고 있다는 것입니다. 특정 종교를 믿는다는 것은 경전을 믿는다는 것입니다. 경전은 그 종교의 모든 것을 말해줍니다. 불교 경전은 불경이고 이슬람교 경전은 꾸란이며, 기독교 경전은 성경입니다. 그리스도인의 믿음의 대상은 하나님이십니다. 하나님을 믿는다는 것은 성경을 하나님의 말씀으로 믿는 것이며, 하나님과 모든 신앙의 원리는 성경을 통하여 알고 믿을 수 있습니다.

성경은 40명의 저자들에 의해 1,600년 이상의 긴 시간에 걸쳐 기록된 책입니다. 저자의 직업도 다양하여 왕, 선지자, 학자, 의사, 농부, 목동, 어부 등입니다. 성경이 기록된 언어는 히브리어, 헬라어, 아람어이며, 기록된 지역은 아프리카, 아시아, 유럽 3개 대륙이었습니다. 이렇게 긴 세월동안 다양한 직업을 가진 저자가 여러 지역에서 성경을 기록하였지만 그 중심 주제는 오직 하나, 그리스도를 믿는 믿음으로 말미암는 구원입니다.

　구약성경에 기록된 말씀은 저자의 말이 아니라 하나님의 말씀이라는 것을 금방 알 수 있습니다. 어디에서나 "여호와께서 말씀하시기를", "여호와께서 명하시기를", "여호와의 말씀이니라", "여호와께서 이르시되" 등의 표현이 구약에서 3,808회나 기록되었습니다. 성경을 기록한 저자들은 이 말씀들이 자신들의 생각이나 말이 아니라는 것을 밝히고 있습니다. 칼뱅은 하나님이 성령을 통하여 말씀하시며 성경의 저자는 성령이시라고 하였습니다.

　우리가 성경이라고 말하는 정경은 구약이 39권, 신약이 27권으로 모두 66권입니다. '정경'이란 규준이나 표준을 뜻하는 그리스어 '카논'에서 유래했습니다. 원래 성경은 66권이 함께 모아진 것이 아니라 한 권 한 권이 다 개별의 책이었던 것을 모아 정경으로 만든 것입니다. 이것을 '정경화'(Canonization)라고 합니다. 여러 책들을 정경으로 채택할 때 근거와 기준을 가지고 있었습니다. 영감성, 목적성, 신뢰성, 보편성, 보존성입니다. 이런 기준에 따라 종교회의에서 결정한 것이 66권의 정경입니다.

　구약성경 가운데 33권은 3단계로 구분되었습니다. 율법서(토라)는 BC 400년, 예언서(느비임)는 BC 300-200년, 성문서(크투빔)는 BC 160-105년쯤에 정경(Canon)으로 채택되었습니다. 구약성경은 AD 90년 유대인 랍비들의 모임인 얌니아(Jamnia) 공의회에서 총 39권을 구약의 정경으로 확정했습니다. 이후로 구약성경은 유대인들 사이에서 성경으로 인정을 받았습니다. 그래서 신약에서 말하는 '성경'이란 39권의 구약 정경을 일컫는 말입니다.

　신약성경은 예수님께서 승천하신 이후 예수님의 말씀을 듣고 행적을 목격한 제자들과 다른 목격자들이 예수님의 말씀과 행적을 전파한 기록입니다. 처음에는 입에서 입으로 구전으로 전해지다가 후에 문서로 만들어지게 되었습니다. 가장 빨리 문서화한 것은 고린도전서(AD 50년대)이며, 복음서 가운데는 마가복음이 가장 먼저 기록되었다고 합니다(AD 65-70년대). 그 후에 다른 복음서들과 서신들이 기록되었습니다.

신약성경의 정경화 과정에서 기준이 있었습니다. 가장 중요한 기준은 '저자가 예수 그리스도의 목격자이며 증거하는가'라는 것입니다. 그리고 사도적 권위를 가지고 있는가, 영감성과 보편성을 가지고 있는가 등이었습니다. 이런 과정을 통하여 문서를 정경으로 공인하였고, 복음서와 바울의 서신 중 일부는 1세기 말에, 4복음서는 2세기 말에 정경으로 채택되었습니다. 2세기 기독교 초기에 교회 안에는 이단들과 세속 사상들이 교회를 어지럽게 하여 정경화의 필요성을 느끼게 되었습니다. 이런 과정을 거쳐 AD 363년 라오디게아 공의회와 AD 397년 카르타고 공의회에서 신약 27권을 정경으로 인정하게 되었습니다.

구약과 신약은 모두 사람들의 손에 의하여 기록된 것이 분명합니다. 그러나 40명의 저자와 1,600년의 시간의 차이에도 불구하고 예수 그리스도가 구원자라는 한 가지 주제의 일관성은 사람이 인위적으로 가공한 글이 아니라 성령에 의해 하나님의 영감으로 쓰여졌다는 사실을 증명합니다. 그리고 66권의 정경 외에도 외경과 위경이라는 많은 복음서와 서신들이 있습니다. 1세기에 신약의 위경은 280개 이상 존재했다고 합니다. 그러나 외경과 위경은 보편적인 신뢰나 영감성이 없어 정경으로 인정받지 못했습니다.

성경의 정경화 과정이 인위적으로 책들을 모아 편집한 것이라는 의문도 있습니다. 그러나 정경화 작업은 영감성과 보편성 등 철저한 기준에 의하여 하나님의 말씀으로 인정되는 책들을 모은 것이므로 성경 그 자체가 영감과 권위를 잃지 않습니다. 그리고 성경을 읽고 듣는 사람들이 영감을 가지고 믿음을 얻는 것은 성경이 사람의 말이 아니기 때문입니다.

구약성경과 신약성경은 원래 장과 절이 없었습니다. 지금 우리들의 성경의 장과 절은 중세에 와서 나누었습니다. 장은 켄터베리 주교였던 랭턴이 1227년에 나누었습니다. 절은 구약은 1440년 나탄이, 신약은 1550년대 파리의 인쇄업자였던 스테파누스가 나누었습니다. 현재와 같은 성경의 장절은 1560년 제네바에서 출간된 성경이 구분하였다고 합니다. 성경의 장절은 그 후 보편화하여 66권, 1,189장, 31,102절이 된 것입니다.

성경이 사람의 말이 아니라 하나님의 말씀이라는 것은 성경이 주는 영감에서 확인할 수 있습니다. 지금까지 수많은 사람들이 성경을 통하여 구원을 얻고 삶이 변화되는 경험을 하였습니다. 성경이 하나님의 말씀이기 때문에 수십 독, 수백 독, 수천 독을 하고 있습니다. 소설이나 교과서가 아무리 유익하고 재미있다고 하더라도 수십, 수백, 수천 독을 하는 사람은 없을 것입니다.

바울은 "모든 성경은 하나님의 감동으로 된 것"(딤후 3:16)이라고 하였습니다. 하나님의 감동이란 하나님께서 숨을 불어 넣으셨다는 뜻으로 사람의 글이 아니라 하나님의 영감으로 기록된 말씀이라는 의미입니다. 사람의 손으로 기록되었지만 사람의 말이 아닌 하나님이 숨을 불어넣어 살아있는 영의 말씀이 되게 하신 것입니다. 마치 흙으로 빚은 사람에게 숨을 불어넣어 살아있는 영이 되게 하신 것과 같습니다.

2023년 말 기준 성경전서는 743개의 언어로 번역이 완료되었습니다. 세계의 언어가 총 7,396개인데 전 세계 언어의 약 10%가 성경을 가지게 되어 약 59억 6천 명이 성경전서를 읽을 수 있게 된 것입니다. 많은 세계인들이 성경을 가질 수 있도록 성경번역이 지금도 활발히 진행 중인 이유는 성경이 가진 생명력 때문입니다. 사람의 말이 아니라 하나님의 말씀이라는 가치 때문입니다. 2천여 년 전의 예언이 놀랄 정도로 정확하게 이루어지고 완벽하게 성취된 것은 성경이 하나님의 말씀이라는 증거입니다.

아이작 뉴턴은 수많은 과학적 발견을 했음에도 성경을 과학보다 높이 두었고 자신이 발견한 과학이론들을 통해 사람들이 하나님을 믿기를 바랐습니다. 성경이 과학을 만드신 하나님의 말씀이기 때문입니다. 미국의 존 워너메이커는 백화점 왕이란 별명을 가진 그리스도인이었습니다. 그는 30대에 백화점 회장이 되었지만 평생을 주일학교 교사로 섬기며 아이들을 가르쳤습니다.

그가 성공한 다음에 한 기자가 "평생 가장 잘한 성공적 투자가 무엇입니까?"라고 질문했습니다. 그는 자신이 11살 때 자기가 한 푼 한 푼 모은 2달러 75센트를 주고 산 빨간 가죽 성경이라고 하였습니다. 천만금을 가진 부자였고, 미국의 장관까지 지낸 그에게 가장 가치 있는 것은 하나님의 말씀인 성경이었습니다.

06

현대사회에서도
성경이 말하는 기적이 일어날 수 있습니까?

　　성경에는 많은 기적이 기록되어 있습니다. 기적이란 말을 사전적으로 하면 '인간이 생각할 수 없는 기이한 일'이라고 합니다. 인간이 생각할 수 없는 기이한 일이지만 하나님께는 기이한 일이 아니므로 하나님께는 기적이 있을 수 없습니다. 성경에는 특별히 기적이 많이 일어난 세 시대가 있습니다. 모세의 시대, 엘리야와 엘리사의 시대 그리고 예수님과 사도시대입니다. 이 세 시대는 하나님께서 기적이 아니면 하나님의 뜻을 세상에 나타내기가 힘든 시대이므로 기적이라는 것을 사용하셨다고 합니다.

　　복음서에 기록된 예수님의 기적은 35가지입니다. 그 가운데 9가지는 '자연기적'으로 예수님께서 천지의 창조자이심을 증명하는 기적입니다. 물이 포도주가 되게 하신 기적이나 바람을 잔잔하게 하신 기적 등이 자연기적입니다. 바람이 사납게 불어 예수님께서 잔잔하라고 명령하셨고 말씀으로 창조한 바람이 창조자의 그 말씀을 알아들었다는 것입니다. 26가지는 '치유

기적'으로 예수님께서 인간의 구원자이심을 증명하는 기적입니다. 치유기적은 다시 귀신을 쫓아내신 기적, 병을 고치신 기적 그리고 죽은 사람을 살리신 기적으로 나눕니다.

예수님의 모든 기적은 현상이 목적이 아니라 하나님의 영광이 목적이었습니다. 병든 자가 병이 낫고, 죽은 자가 다시 살아난 현상은 아무 의미가 없습니다. 왜냐하면 병든 자가 나았다고 하더라도 다시 병이 들 수가 있고, 죽은 자가 살아났다고 하더라도 다시 죽었습니다. 더구나 인간이 한 번 죽는 것은 큰 고통인데 죽었다가 살아난 사람은 그 고통을 두 번이나 당해야 했으니 고통이 가중된 것입니다. 전설에 의하면 나사로가 무덤에서 나와서 제일 먼저 예수님께 물어보았다고 합니다. "주님, 나 또 죽습니까?" 그 때 예수님께서는 또 죽는다고 하셨습니다. 나사로는 그 말을 듣고 두 번째 죽을 때까지 한 번도 웃지 않았다는 말이 남아 있습니다. 그만큼 죽음은 고통이니 두 번 죽은 사람은 불행한 사람입니다. 예수님의 기적의 목적은 다시 살았다는 현상이 아니라 마지막 날에 모두 부활할 것이라는 사실을 미리 보이신 사건이었고 하나님의 영광을 위한 것이었습니다.

성경의 모든 말씀은 시간을 초월하는 무시간적인 것입니다. 성경의 말씀들이 옛날의 말이 아니라 지금도 변함이 없는 오늘의 말씀이라는 것입니다. 성경은 "여호와여 주는 영원토록 지존하시니이다"(시 92:8)라고 하여 하나님께서 무시간적이심을 증언합니다. 또한 "예수 그리스도는 어제나 오늘이나 영원토록 동일하시니라"(히 13:8)고 하여 예수님께서 무시간적인 존재이심을 말합니다. 다시 말하면 하나님께서 영원하시고, 시간을 초월하시고, 변하지 않으시기에 하나님의 말씀도 변하지 않고 영원히 동일합니다.

그런 의미에서 하나님의 말씀인 성경에 기록하고 있는 기적도 현존하는 하나님의 능력입니다. 기독교 신학에 '세대주의'(Dispensationalism)라는 한 사조가 있습니다. 19세기에 등장한 극단적 보수주의로 성경을 이해하는 신학입니다. 에베소서에 나타난 '경륜'(엡 1:9, 3:2, 3:9)이란 말에 근거하여 '경륜주의' 혹은 '세대경륜주의'라고도 합니다. 하나님의 통치와 섭리 원리가 각 시대마다 다르게 나타난다고 보고 성경과 교회의 역사를 시대별로 구분합니다. 세대주의는 나아가 하나님의 백성들의 구원의 방법들도 다르다고 주장합니다. 성경을 문자적 방법론으로 해석하고 축자영감설을 수용하므로 종교개혁 전통의 개혁교회에서는 세대주의를 동의하지 않는 편입니다. 또한 각 시대마다 하나님의 구원의 방식이 다르며, 다른 구원의 방식은 예수님의 재림까지 시대별로 정해져 있다고 주장합니다. 극단적 보수주의를 주장하므로 정통 개신교회에서는 세대주의와 신학적 입장을 달리하고 있습니다. 세대주의는 19세기 영국의 플리머스 형제단에서 시작된 신학 사조로 영국과 미국의 개혁주의 교단에서 널리 수용하였으며 지금은 영향력이 많이 감소하였지만 미국의 개신교회를 이해하기 위해서는 세대주의를 알아야 할 정도로 아직도 영향력이 있습니다. 특히 19세기와 20세기 초에 우리나라에 온 개신교 선교사들은 세대주의적 보수주의 성향을 가지고 있었습니다. 그리하여 초기 한국교회는 세대주의적 종말론 등이 일반적 사조였습니다. 시대마다 하나님의 역사 섭리가 다르다고 보는 세대주의는 기적이란 성경시대에 하나님께서 백성들에게 행하신 섭리의 방법이며 현대는 기적의 시대가 아니라고 합니다.

나는 오른쪽 귀앓이로 몹시 고통을 받았습니다. 초등학교 5학년 겨울, 눈이 내리던 날에 친구들과 눈싸움을 하였습니다. 여러 친구들이 어울려 이 사람 저 사람에게 마구 엉겨 눈공을 던지고 있었습니다. 그런데 갑자기 누가 던졌는지 모르지만 눈공이 나의 오른쪽 귀에 정통으로 맞았습니다. 순간적으로 '펑'이라는 소리와 함께 귀가 잘 들리지 않았습니다. 눈공이 귀에 맞으면서 귓속 깊이 눈이 들어갔을 것입니다. 며칠이 지난 후에 귀가 시름시름 아프기 시작하였습니다. 그 때부터 귀앓이가 시작되었고 병원에 가서 약을 먹고 치료를 받아도 잠시 뿐이었고 만성중이염이란 진단을 받았습니다. 나의 귀앓이는 대학교 2학년 때까지 계속되었습니다. 하루는 귀가 너무 아파 학교에 가지 못하고 혼자 집에 있었는데 가끔 지나는 길에 들리시는 장로님이 오셨습니다. "이군, 왜 학교 안 갔는가?" "예, 장로님 귀가 너무 아파서 못 갔습니다." "내가 기도해줄까?" 나는 얼른 장로님 앞에 꿇어앉아 기도를 청했습니다. 장로님이 귀에 손을 대고 기도를 시작하시는데 뿌리치고 도망가고 싶을 정도로 아팠습니다. 꾹 참고 있다가 기도가 끝나자 얼른 일어나서 부엌에 들어가 장로님께 커피를 한 잔 타 드렸습니다. 그리고 사과를 깎아 드리려고 다시 부엌에 들어갔는데 갑자기 아프던 귀가 생각이 났습니다. 조심스럽게 귀를 만져보았는데 아프지 않았습니다. 막 흔들어 보았는데 그렇게 아프던 귀가 완전히 나은 것입니다. 그 후로 나의 오른쪽 귀는 한 번도 아프지 않았습니다. 기적이 일어난 것입니다. 병원에서 온갖 치료를 받아도 낫지 않던 귀를 하나님은 고치셨습니다. 기적은 세상의 모든 방법과 의술이 해결하지 못할 때 나타나는 것입니다.

프랜시스 맥넛(Francis McNutt)은 그의 책 '치유'(Healing), '치유하는 힘'(Power to Heal)에서 약과 의술도 하나님의 기적의 한 부분이라고 했습니다. 약의 원재료는 모두 하나님의 것입니다. 의술은 인간의 것이지만 치유는 하나님의 것입니다. 그런 의미에서 과학시대에 하나님의 기적은 또 다른 방법으로 나타나는 것입니다.

지금도 기적은 나타납니다. 현대에 기적이 드물게 나타나는 것은 과학의 발달로 말미암아 기적을 믿지 않기 때문일 것입니다. 이런 경향은 계몽주의 이후에 드러난 일반적 현상입니다. 계몽주의는 인류의 지식과 과학의 발전에 엄청난 영향을 미쳤습니다. 계몽주의 이전과 이후는 완전히 다른 지식시대로 급속히 발전했습니다. 계몽주의는 신학에서도 많은 영향을 미쳤습니다. 인간의 지식과 과학을 앞세운 학문은 신학을 자유주의 신학, 진보 신학으로 발전시켰고 성경을 과학의 눈으로 해석하기 시작했습니다. 이런 경향은 성경이 말하는 신비의 영역을 과학의 장막으로 가리게 되었습니다. 과학의 발달이 영성의 쇠퇴로 나타나게 된 것입니다.

지금도 기적이 곳곳에서 일어나고 있습니다. 기적이 일어나는 것은 기적에 대한 믿음 때문입니다. 성경이 하나님의 말씀이라고 믿지 않으면 기적이 아니라 믿음도 변화도 있을 수 없습니다. 성경이 하나님의 말씀이라고 믿으면서 기적을 믿지 않는다면 이것은 온전한 믿음이라고 할 수 없습니다. 현상적 기적을 지나치게 기대하는 것도 잘못된 것이지만 기적을 믿지 않는 것도 그릇된 신앙입니다. 기적은 하나님의 말씀 속에 지금도 살아 있습니다.

07

채식주의는 신앙입니까, 아니면 개인의 생활입니까?

이런 이야기가 있습니다. 어떤 한국인이 미국의 어느 채식전문식당에 들어갔습니다. 점원이 반갑게 미소를 지으며 다가와서 인사를 합니다. "Are you a vegetarian?"(당신은 채식주의자입니까?) 이 말을 들은 한국인은 엄숙한 표정을 지으면서 이렇게 답을 했답니다. "No, I am a Korean"(아니오, 나는 한국인입니다). 세계에는 채식주의자들이 많이 있고 채식만을 찾아다니는 미식가들도 제법 있습니다.

최근에 등장한 새로운 채식주의자들이 있습니다. 새로운 채식주의자들은 채식을 하되 예외를 두어 반 채식주의자(Flexetarian)라고 합니다. 이들은 자신들이 채식을 좋아하지만 100% 채식주의자는 아니라 주장합니다. 또한 채식을 주로 하지만 채식만 하는 것이 아니라 생선 등 해산물을 먹는 사람들이 늘어나고 있습니다. 이런 사람들을 '페스카테리언'(Pescatarian)이라고 부릅니다. 이 말은 물고기를 의미하는 라틴어(Pesca)와 채식주의자(Vegetarian)를 합성한 말입니다. 먹거리가 풍요한 지역에서는 식탁의 취향이 다양해지고 있는 것을 알 수 있습니다.

채식주의란 동식물 식품을 억제하고 곡물, 채소, 과일 등 식물성 식품만을 섭취하는 식생활 양식입니다. 채식주의를 지향하는 이유와 목적은 건강이나 체질 때문이라고 하지만 그 외에도 종교, 사상, 신념 등 여러 가지가 있습니다. '비건'(Vegan)이란 용어로도 채식주의를 설명하기도 합니다. 채소, 과일, 해초 등 식물성 음식 이외에는 아무 것도 먹지 않는 완전한 채식주의를 말합니다. 반면에 채식주의는 넓은 의미의 채식을 하면서 단계적으로 유제품이나 달걀 등을 허용하는 식생활을 말합니다.

이런 식습관은 근래에 와서 현대인의 관심을 끄는 생활이 되었습니다. 더구나 우리나라와 같이 경제적으로 급성장한 환경에서는 먹거리가 큰 문제가 아니므로 건강식과 보조식품 등이 관심거리가 되었습니다. 채식주의, 비건을 논하는 그 자체가 먹는 것이 더 이상 우리의 생존이 아니라는 반증입니다. 이제는 먹는 문제가 아니라 좋은 먹거리, 건강식품이 문제라는 것을 의미합니다.

구약성경에는 부정한 것과 정결한 것을 성별하는 '정결법'이라는 것이 있습니다. 탈무드의 여섯 번째 책은 '토호로트'(Tohoroth, 정결함)에 대한 것인데 이스라엘 백성들에게는 아주 귀중한 내용입니다. 하나님께서는 성막에 계시면서 이스라엘의 제사를 받으시고 백성들과 교제하셨습니다. 그들이 하나님의 임재를 경험하며 거룩한 교제의 삶을 살기 위해서는 정결해야 했습니다. 그래서 하나님은 이스라엘에게 거룩한 것과 속된 것, 정결한 것과 부정한 것을 가르치셨습니다. 즉 성속(聖俗)의 분별을 지시하신 것입니다. "그리하여야 너희가 거룩하고 속된 것을 분별하며 부정하고 정한 것을 분별하고 또 여호와가 모세로 명한 모든 규례를 이스라엘 자손에게 가르치리라"(레 10:10-11)라고 하셨습니다. 이스라엘 백성들이 지키고 자녀들에게 가르쳐야 할 정결과 부정에 대한 규례는 음식(레 11), 출산(레 12), 피부질환(레 13-14), 그리고 몸의 유출(레 15)에 관한 것이며, 그 가운데 음식에 대한 정결법을 제일 먼저 정하셨습니다.

레위기 11장은 음식에 관한 규례를 제시합니다. 먹을 수 있는 정결한 음식과 먹을 수 없는 부정한 음식을 열거하여 설명합니다. 즉 정결법에 해당되는 음식은 육식입니다. 짐승들 가운데 정결한 것이 있고 부정한 것이 있다는 것입니다. 그런데 참 재미있는 것은 과일과 채소는 정결한 채소와 부정한 채소의 구분이 없습니다. 하나님께서 인간에게 제일 먼저 먹게 하신 것은 과일이었고 그 다음이 채소였습니다. 성경은 "하나님이 가라사대 내가 온 지면의 씨 맺는 모든 채소와 씨 가진 열매 맺는 모든 나무를 너희에게 주노니 너희 식물이 되리라"(창 1:29)라고 합니다. 인류에게 허락하신 첫 먹거리는 과일이었고 그 다음이 채소였고 육식은 노아 홍수 이후에 비로소 먹게 하셨습니다. 성경은 "무릇 산 동물은 너희의 식물이 될찌라 채소 같이 내가 이것을 다 너희에게 주노라"(창 9:3)라고 하셔서 동물이 먹거리가 되게 하신 사실을 기록하고 있습니다.

현대의학에서는 정결법이 가르치는 금지된 음식이 건강에 좋지 못한 콜레스테롤이 과다하게 들어있거나 다른 유해성이 있다고 말합니다. 과일과 채소가 최초의 먹거리였다가 홍수 사건 이후에 육식을 하게 한 것도 초식동물의 증가에 따른 동식물의 균형을 이루기 위한 하나님의 자연 섭리라는 설도 가능합니다. 어쨌든 하나님께서 인간에게 명령하신 모든 말씀들은 인간의 이성과 판단을 초월하는 하나님의 뜻이 담겨 있습니다.

정결(Clean)과 부정(Unclean)을 구별하는 음식에 대한 규례는 구약의 하나님의 백성들에게는 중요한 법이었습니다. 그러나 예수님이 오심으로 규례가 그리스도 안에서 폐하여졌습니다. 정결법은 하나님의 백성으로서 구원의 표징이었으나 예수님이 십자가의 대속으로 율법을 성취하시고 이방인에게도 구원의 복음이 전해졌기 때문입니다.

하나님은 욥바 무두장이 시몬의 집에 머물고 있던 베드로에게 환상을 보이셔서 하늘에서 큰 보자기에 가득한 부정한 짐승들을 먹으라고 말씀하셨습니다. 베드로는 먹기를 거절했지만 하늘에서는 하나님께서 깨끗하게 하신 것을 속되다고 하지 말라고 하셨습니다. 구약적 정결법을 타파하신 것입니다. 그래서 더 이상 먹거리는 정결과 부정의 규례에 매이지 않게 되었습니다. 이런 새로운 규례를 따른 바울은 "무릇 시장에서 파는 것은 양심을 위하여 묻지 말고 먹으라(고전 10:25)고 하였습니다. 나아가서 바울은 "그런즉 너희가 먹든지 마시든지 무엇을 하든지 다 하나님의 영광을 위하여 하라"(고전 10:31)라고 함으로 먹을 수 있는 음식의 정결, 부정이 아니라 하나님의 영광이 목적이라고 하였습니다.

위에서 말한 대로 성경에서 과일과 채소는 정결과 부정의 구분이 없습니다. 과일과 채소는 부정하지 않다는 것을 의미하는 것입니다. 실제로 과일과 채소는 좋은 먹거리입니다. 식물들 가운데는 상상 이상으로 먹을 수 있는 것들이 많이 있으며 국가와 개인의 선호에 따라서 먹을 수 있는 채소들이 많이 있습니다. 그리고 대부분의 먹을 수 있는 채소들은 비타민을 비롯한 좋은 영양소들을 많이 함유하고 있어 건강에도 좋습니다.

그러나 채식만을 고집하게 되면 오히려 건강을 해칠 수가 있습니다. 신장기능이 떨어진 만성신장병 환자들은 과일이나 음료, 채소를 잘못 섭취하면 건강을 해칠 수 있다고 합니다.

또한 채식이 유전적으로 맞지 않은 사람도 있는데 이런 사람이 채식만을 고집하면 신장에 돌이 생기는 신장결석이나 심장마비, 뇌졸중 등 심혈관 질환에 걸릴 위험이 육식으로 식사의 균형을 이룬 사람보다 높다는 연구 결과가 있습니다. 사람의 몸에는 지방이 필요한데 채식만 하는 사람은 체내에 기름이 모자라게 되어 또 다른 질병에 노출된다고 합니다.

채소를 많이 먹어야 하는 이유가 분명히 있습니다. 인간의 몸은 흙의 성분과 물로 구성되어 있고, 뼈는 흙의 성분과 비슷하며 혈액은 바닷물의 성분과 비슷합니다. 자연의 일부인 인간은 하나님의 창조의 법칙에 잘 적응하여 물과 흙으로부터 생명의 기운을 받아야 합니다. 그래서 채식은 분명히 건강에 유익합니다. 미국 국립암연구소가 건강한 몸을 유지하기 위해 발표한 '디자이너 푸드'(Designer Food)는 좋은 식품을 적극적으로 섭취함으로써 질병을 줄이는 프로그램입니다. 건강을 위해 필요한 것은 자신의 체질과 환경을 고려하여 적절한 음식과 영양소를 공급하는 것입니다. 그런 의미에서 우리와 같이 부요한 환경에서의 채식은 요긴한 음식이며, 성경적이라기보다 과학적인 선택이라고 볼 수 있습니다.

08

천사는 어떤 존재이며, 역할은 무엇이며,
우리에게 어떤 일을 합니까?

천사는 창조주 하나님의 피조물로서 하나님의 섬김이이며 인간의 보호자로 지으신 영적 존재입니다. 히브리어 '말라크'나 헬라어 '앙겔로스'는 다 같이 '사자'(使者)를 뜻합니다. 우리는 흔히 '천사'라고 하면 착하고 예쁜 존재의 대명사로 사용합니다. 착한 사람을 '천사표', 예쁜 아이를 '우리집 천사' 등으로 말합니다. 또한 영적 존재이지만 천사의 모습은 날개를 가지고 있는 예쁜 소녀로 묘사합니다. 그러나 성경에 나타난 천사는 날개를 가진 예쁜 여자 아이가 아닙니다. 천사란 단어는 영어에서도 여럿이지만 대표적인 단어는 'Angel'인데 이 단어는 헬라어의 천사, '앙겔로스'라는 단어에서 파생된 말입니다. 헬라어의 '앙겔로스'는 여성명사가 아니라 남성명사입니다. 이러한 오랜 관념에서 천사는 천계를 왕래하고 하나님을 대신하여 싸우는 남성으로 인식되었습니다.

성경에는 천사의 존재와 역할이 많이 등장하며 성경을 통하여 천사에 대하여 알 수 있습니다. 구약성서에는 천사가 하나님을 대신하여 그 모습을 드러내기도 합니다(창 16:10, 출 3:2-14). 왜냐하면 하나님은 볼 수 없는 존재이고, 하나님을 보면 죽기 때문입니다. 하나님과 인간 사이의 중개자로서 하나님의 심부름꾼 역할을 하는 존재가 천사입니다(창 16:7, 19:1-22, 민 22:22-35). 아브라함에게(창 19:1), 야곱에게(창 28:12, 31:11), 다윗에게(삼하 24:16), 엘리야(왕상 19:5) 등에게 나타났습니다. 천사는 하나님과 인간 사이를 중보하여 하나님의 뜻을 인간에게 전달하였고(단 3:28, 겔 40:3-4), 인간을 위하여 하나님께 중재의 역할을 하였습니다(슥 1:12). 하나님을 대신하여 하나님의 사람을 보호하기도 하며(창 24:7, 시 91:11), 때로는 사람에게 벌을 주기도 합니다(삼하 24:16, 시 78:49). 천사는 하나님의 군대로서 하나님을 대신하여 싸웁니다(창 32:2, 수 5:14, 왕상 22:19 등). 그 외에도 천사라고 지칭하지는 않지만 '케루빔'(Cherubim)이 있는데 우리말 성경에는 '그룹'으로 번역이 되었습니다(출 25:18-20, 삼상 22:10, 왕상 6:23-28). 또한 '세라핌'(Seraphim)이라는 천사도 구약에는 거론되어 있으며 우리말 성경에는 '스랍'이라고 번역이 되었습니다(사 6:2). 구약성경을 통하여 천사는 하나님의 심부름꾼 역할을 하는 영적 존재로 하나님과 인간 사이를 중재한다는 것을 알 수 있습니다. 성경은 천사가 하나님의 메신저로 나타나며, 하나님의 군대로서 싸우며, 기쁜 일이 있을 때에 찬양하는 자로 등장합니다.

　　나아가서 성경에는 천사장이라는 천사의 우두머리가 등장합니다. 성경에는 선한 천사와 악한 천사로 나누고 있는데 선한 천사장으로는 우리엘, 라파엘, 라구엘, 미가엘, 사리엘, 가브리엘 그리고 라미엘 등 일곱 천사가 있습니다(계 8:2). 천사장 가브리엘은 하나님의 말씀을 인간에게 전하는 전언자, 메신저의 역할을 하는 천사라고 합니다(단 8:16, 9:21, 눅 1:19, 26). 천사장 미가

엘은 하나님을 옹위하며, 하나님의 사람들을 보호하기 위하여 싸우는 천사들입니다(단 10:13, 12:1, 유 1:9). 그리고 천사장 라파엘은 하나님을 찬양하며 노래하는 천사들입니다(살전 4:16). 라파엘은 정경에는 그 이름이 나타나지 않지만 외경에는 기록되어 있습니다(토비트 3:17, 5:4). 천사들은 하나님의 피조물이며, 영적 존재이므로 하나님의 다른 피조물인 인간과 같이 육체를 가지고 육체적 삶을 살 필요가 없습니다. 위에서 말한 것처럼 천사장은 천사의 무리를 통솔하며 천사의 수가 많고(욥 33:23, 단 7:10), 여러 그룹으로 나눌 수가 있습니다.

신약성경의 천사관은 구약의 그것보다 존재와 역할이 더 다양하게 나타납니다. 천사들은 하나님의 피조물이며(골 1:16) 영적 존재입니다(히 1:14). 예수님은 천사에 대한 구약적 전승을 계승하셔서 말씀하셨습니다. 천사는 하늘에 있으며(마 22:30), 12영도 더 되는 천사를 부르실 수 있다고 하셨으며(마 26:53), 타락한 천사가 하늘에서 떨어지는 것을 보았다고 하셨습니다(눅 10:18). 천사는 하나님의 메신저로 사람에게 말씀을 전달하는 역할을 합니다(마 1:20, 눅 1:11, 행 8:26). 천사는 꿈에 나타나 하나님의 뜻을 전달하고(마 2:13), 흰 옷을 입고 사람의 형상으로 나타기도 합니다(막 16:5). 신약성경에도 천사는 구약의 그것과 같이 하나님의 군대로 나타나며(마 26:53), 예수 그리스도를 수종들며(마 4:11, 눅 22:43), 작은 자들을 보살피며(마 18:10), 사도들을 보호하고 도와주는(행 5:19, 12:7-10) 역할을 합니다. 마지막 날에 그리스도가 심판주로 다시 오실 때 천사들이 그리스도를 옹위하며(마 16:27, 24:31), 그리스도는 모든 천사들을 지배하십니다(막 13:32, 골 1:16, 빌 2:10, 히 1:5). 그 외에도 천사들은 다양한 능력과 권세와 주권을 가진 존재로 언급되고 있습니다.

천사의 기원에는 제2일에 창조되었다는 설도 있고, 천지창조 이전에 먼저 창조되었다는 설도 있습니다. 제2일에 창조되었다는 설의 근거는 하나님께서 창조하실 때 매일 "보시기에 좋았더라"라고 하셨는데 제2일에는 그 말이 없다는 것입니다. 왜냐하면 그날에 '궁창'을 만드셨는데 사탄이 '공중의 권세 잡은 자'(엡 2:2)이며 사탄의 거처를 만드셨기에 보시기에 좋지 않으셨다고 합니다. 그러나 하나님의 창조는 완벽하시기에 보시기에 좋지 않은 세계를 만드시지 않으셨을 것입니다.

성경에는 "하나님의 사자들이 오르락 내리락 하다"라는 표현이 두 번 있습니다(창 28:12, 요 1:51). 천사들이 하늘과 땅 사이를 왕래하는 모습을 말하고 있습니다. "오르락 내리락"이라는 것은 히브리의 표현법이기도 하지만 성경에는 한 번도 "내리락 오르락"이라는 표현이 없습니다. 이 말은 하나님의 사자인 천사가 있는 곳이 하늘이 아니라 땅 즉 우리 곁에 있다는 뜻일 수도 있습니다. 하나님은 하나님의 사람들을 보호하시기 위하여 하나님의 사자인 천사를 항상 우리 곁에 두셔서 보호하게 하신다는 것입니다.

랍비들의 전승에 있는 이야기입니다. 창조주 하나님께서 5일 동안 모든 창조를 끝내셨습니다. 하나님께서 한 천사에게 "아직도 더 만들어야 할 것이 무엇이 있느냐?"라고 물으셨습니다. 그때 천사는 "하나님의 손으로 만드신 모든 것이 완벽합니다." 그리고 용기를 내어 조심스레 한마디 더 했습니다. "한 가지만 더 만드신다면 바랄 것이 없을 것입니다. 이 완벽함을 찬양할 입술입니다." 그래서 하나님은 인간을 만드셨다고 합니다. 창조의 마지막 날에 인간을 지으신 것을 이렇게 이야기로 풀었습니다. 하나님께서 천사의 말을 듣고 인간을 만드셨다는 뜻은 아닙니다. 천사는 하나님의 협력자이며 대화의 상대라는 것을 의미합니다.

예루살렘 성경에 나오는 이야기입니다. 라구엘이 길을 떠나는데 하나님은 변장한 천사를 보내어 어린 라구엘의 여행길을 동행하게 하였습니다. 천사는 홀로 여행길에 나선 아들을 걱정하는 라구엘의 아버지에게 모든 일이 다 잘될 것이라며 안심시켰습니다. 라구엘의 아버지는 하나님께서 라구엘을 잘 지켜주실 것이라고 믿었습니다. 여행 첫날밤에 티그리스 강가에서 라구엘은 뜻하지 않은 위험을 만났습니다. 라구엘이 발을 씻으러 강가로 내려갔을 때, 커다란 물고기가 물에서 뛰어올라 그의 발을 물려고 하였습니다. 그는 겁에 질려 소리를 질렀습니다. 그때 천사가 소년에게 "그 물고기를 잡아. 절대 놓쳐서는 안돼"라고 하였습니다. 천사의 말대로 그는 물고기를 잡아서 뭍으로 끌어 올렸습니다. 그러자 천사가 말했습니다. "그 물고기의 배를 갈라서 쓸개와 염통과 간은 꺼내어 잘 보관하고 나머지 내장은 다 버려라. 그 쓸개와 염통과 간은 약으로 요긴하게 쓰일 것이다." 정말로 소금에 절여 놓았던 그 물고기의 쓸개 등은 훗날 라구엘의 아내가 될 사람과 장인의 병을 고치는데 요긴하게 쓰였습니다. 이 이야기는 하나님이 보내신 천사가 항상 우리를 보호하신다는 것입니다. 이것이 많은 기독교 나라, 많은 그리스도인들이 천사를 '수호천사'라고 부르는 이유입니다.

09

마귀는 어떻게 존재하게 되었으며, 언제 멸망하게 됩니까?

마귀는 창세 이후로 존재하는 악한 영입니다. 마귀에 대한 인간의 관념은 고대에서부터 현재까지 많은 변천을 거듭하였습니다. 고대에는 마귀를 의인화하여 거대하고 사나운 사람과 같은 외형을 가진 존재로 묘사하였지만 현대에는 인간의 마음에 존재하는 악한 생각으로 여겨 마귀가 인격적 존재라는 것을 부인합니다. 우리나라에서도 마귀라고 하면 뿔 난 도깨비 정도로 생각하고 때로는 그런 마귀를 희화화하기도 합니다.

성경에는 마귀가 창세기에서부터 나타난 인격적 존재임을 말하고 있고, 특히 하나님의 대적자이며 하나님의 역사의 파괴자로 등장하고 있습니다. 마귀는 창세기에서부터 등장하여 하나님의 역사와 질서의 파괴자 역할을 합니다. 신약에서 마귀는 빈번히 등장하여 예수님께 대적하며, 예수님도 마귀를 책망하고 또 우리에게 경계하라고 경고하십니다. 신약의 마귀론은 구약에서 전승되고 있습니다. 히브리인의 마귀론은 하나님께서 지으신 천사장 중의 우두머리인 루시퍼(Lucifer)가 하나님과 같이 되려고 보좌를 넘보다가 추방되어 사탄이 되었고, 그때 루시퍼를 따르던 타락한 천사의 무리가 마귀가 되었다는 것입니다(사 14:12-17, 눅 10:18, 벧후 2:4, 유 1:6). 교만한 천사가 하늘에서 쫓겨났다는 것은 교만한 마음이 하나님 앞에 내세울 것이 없으며, 하늘에서 버림받게 될 것이라는 뜻입니다. 그래서 사탄은 마귀의 우두머리이며 마귀는 사탄의 부하들이라고 합니다. 타락한 천사인 마귀는 하나님과 함께 하지 못하고, 하나님과 인간의 중간 지대인 공중에서 권세를 잡은 자로(엡 2:2) 하나님께 반항하며 끝없이 인간을 유혹하는 것입니다. 인간이 죄를 짓게 되는 것은 마귀의 유혹 때문이며, 마귀가 존재하는 동안 인간은 죄로부터 자유로울 수 없습니다.

마귀를 표현하는 낱말은 크게 세 가지가 있습니다. 그 하나는 '사탄'입니다. 사탄은 대적자라는 뜻으로 항상 단수로 나타납니다. 다른 하나는 '디아볼로스'입니다. 고소자, 중상자라는 뜻을 가지고 있으며 마귀라고 번역을 하고 있습니다. 그러나 '디아볼로스'는 항상 단수형으로 나타나는 것으로 보아 '사탄'의 별명으로 봅니다. 또 다른 하나는 '다이몬'입니다. 신적 힘이라는 뜻을 가지고 있는 이 단어는 복수형으로 그 수가 많은 것을 말합니다. 이 세 단어들을 종합하면 마귀 무리의 우두머리는 '디아볼로스'라는 별명을 가진 '사탄'이며, 무리인 '마귀', '다이몬'을 거느리고 있다는 것입니다.

바울은 그의 서신을 통해 다양한 신학적 주제를 거론하며 설명하고 있습니다. 그의 서신 전체에는 예수님이란 단어는 219회, 주님이라는 단어는 272회, 그리스도란 단어는 389회 언급되고 있습니다. 반면에 사탄이라는 단어는 10회, 마귀라는 단어는 6회 정도 언급하고 있습니다. 성경 전체에는 사탄이란 단어는 52회, 마귀라는 단어는 33회 나타납니다. 바울은 사탄과 마귀에 대하여도 언급하며 신약성경의 마귀론을 정리하고 있지만 그리스도와 비교해 볼 때 큰 비중을 가지고 있지는 않습니다.

성경에는 마귀의 다양한 별명을 열거하고 있습니다. 시험하는 자(마 4:3), 바알세불(마 12:27), 악귀의 머리(막 3:22), 이 세상의 왕(요 14:30), 벨리알(고후 6:15), 공중의 권세 잡은 자(엡 2:2), 어둠의 권세자(엡 6:12), 악한 자(엡 6:16), 용(계12:3), 옛 뱀(계 12:9), 고소자(계 12:10) 등입니다. 스티브 터너는 사단을 '뒤틀기의 왕'(The King of Twist)이라고 했습니다. 마귀의 별명은 마귀의 속성과 역할을 말하고 있습니다.

사단은 높게 시작해서 낮게 끝이 났습니다. 그는 천상의 천사장으로 시작했으나 공중의 권세 잡은 자로 전락해서 파리들의 대왕, '바알세불'이 되었고, 각종 악한 이름의 대명사가 되어 끝도 없는 심연 속에서 헤매고 있습니다. 하나님께 악이 조금도 없듯이 마귀에게는 선이 조금도 없습니다. 그래서 마귀는 절대로 선을 행할 수 없는 것입니다. 사탄은 정의에는 관심이 없고 불의만 꾀하게 됩니다. 사탄은 용서에는 관심이 없고 징벌에만 열중합니다.

사탄은 자신을 빛의 천사로 위장합니다. 온 세계가 자신의 것인 양 선전합니다. 예수님을 시험할 때도 사탄은 이런 자신의 위선을 과시했습니다. 사탄은 인간의 가장 궁금한 점을 지식으로 접근하여 하나님께 반항하게 만듭니다. 사탄은 하나님의 소리로 위장하여 자신의 악으로 물들게 합니다. 사탄은 사랑의 입맞춤으로 스승을 팔 만큼 간교하게 접근합니다. 우리가 하나님의 말씀을 통해서 선과 악의 분별력, 하나님의 소리와 사탄의 소리의 분별력을 갖지 못한다면 사탄의 덫에 쉽게 걸릴 수가 있습니다. 사탄이 사용하는 교활한 미끼는 하나님의 소리를 흉내 내어 넘어지게 하는 시험입니다.

헬라어에는 '페이라조'라는 묘한 의미를 가진 단어가 있습니다. 이 단어는 '시험하다'(Test)라는 뜻과 '유혹하다'(Tempt)라는 뜻을 동시에 가지고 있습니다. 한 단어이지만 두 가지 뜻은 전혀 다른 의미와 뉘앙스를 가지고 있습니다. 시험하는 것은 더 견고하고 든든하게 하려는 의도를 가지고 있으며, 유혹하는 것은 넘어지게 하여 자신이 조종하는 무기력한 존재로 만들려는 의도를 가지고 있습니다. 성경은 하나님은 시험하지 않으신다(약 1:13)고 합니다. 이 말은 하나님께서는 사람을 유혹하지(Tempt) 않으신다는 말입니다. 하나님은 인간을 견고하게 하시려고 시험하시는(Test) 것입니다. 반면에 마귀는 시험하는 자라고 하였는데 이 말은 유혹하여(Tempt) 넘어지게 하는 자라는 것입니다.

일본의 한 유명한 과학자가 저술한 '물로부터의 전언'이란 책에 이런 내용이 있습니다. 똑같은 물을 두 개의 크리스털 컵에 넣고 한쪽 컵의 물에는 '천사'란 글씨를, 다른 컵의 물에는 '악마'란 글씨를 써서 붙였습니다. 하룻밤이 지난 후 두 컵의 물을 얼려서 현미경으로 두 물의 변화를 관찰하였습니다. 그랬더니 '천사'란 글씨를 붙여놓은 컵의 물 입자는 아름다운 눈꽃 같은 결정으로 바뀌어 있었고, 반면에 '악마'라고 써 붙인 물은 매우 무섭고 흉측한 모습으로 변해 있었다는 것입니다. 물이 악마를 싫어한 것인지 아니면 악마가 물을 더럽게 만들었는지 모르지만 마귀의 역할은 결코 선할 수가 없다는 것을 알 수 있습니다.

인간은 살아 있는 동안 언제나 선과 악 사이에서 끊임없이 갈등 속에 살아갑니다. 플라톤은 '파이드로스'에서 영혼을 검은 말과 흰 말의 두 마리 말이 끄는 이륜마차에 비유합니다. 흰 말은 에로스이며, 검은 말은 에로스에 반항하여 동굴 세계에 안주하려고 하는 성향입니다. 다시 말하면 순리적 선과 역리적 악이 공존하고 있다는 말입니다. 선과 악이 공존하는 인간의 내면에는 흰 말과 검은 말, 양과 이리가 항상 싸우고 있습니다. 이 싸움은 언제나 힘센 쪽이 이깁니다. 어떤 할아버지가 손자에게 삶의 지혜를 가르치고 있었습니다. "우리들 마음 속에는 두 마리의 늑대가 살고 있단다. 착한 늑대와 나쁜 늑대가 있지." 손자가 두 눈을 반짝이며 물었습니다. "누가 이겨요?" 할아버지가 대답했습니다. "네가 먹이를 주는 쪽이 이긴단다." 성경은 "선한 사람은 그 쌓은 선에서 선한 것을 내고 악한 사람은 그 쌓은 악에서 악한 것을 내느니라"(마 12:35)고 합니다. 선을 쌓아야 마귀를 이깁니다.

앞에서 말한 대로 마귀가 존재하는 한 인간은 죄를 짓게 됩니다. 악을 조장하고 죄를 짓게 하는 것이 마귀의 일이기 때문입니다. 이 세상의 종말이 올 때에 사탄의 천년왕국도 끝이 오게 될 것입니다. 성경에는 "용을 잡으니 곧 옛 뱀이요 마귀요 사탄이라 잡아서 천 년 동안 결박하여"(계 20:2)라고 합니다. 사탄은 결박을 당한 후에 불신자들 앞에서 심판을 받게 될 것입니다. 성경은 "또 그들을 미혹하는 마귀가 불과 유황 못에 던져지니 거기는 그 짐승과 거짓 선지자도 있어 세세토록 밤낮 괴로움을 받으리라"(계 20:10)라고 말씀합니다. 마귀는 마지막 때까지 인간을 미혹하며 멸망으로 이끌다가 자신도 영원히 멸망하게 될 것입니다.

제2장

그리스도는 하나님이십니다

Christ is the true God

10

하나님이 존재하신다는 사실을 어떻게 믿을 수 있습니까?

창세기 1장 1절에는 "태초에 하나님이 천지를 창조하시니라"라고 기록되어 있습니다. 이 말씀은 성경 전체의 서론이며 전제입니다. 성경이 하나님의 말씀이라고 믿는 것이 우선일까요? 아니면 하나님의 존재를 믿는 것이 우선일까요? 이 둘은 어느 것이 우선이라고 할 것 없이 동시적이라고 봅니다. 하나님의 존재를 믿는다면 성경이 하나님의 말씀이라는 사실이 믿어질 것이며, 성경을 하나님의 말씀으로 믿는다면 하나님의 존재도 믿어질 것입니다.

하나님이 존재하신다는 사실을 증명하는 학문을 '유신논증'(有神論證)이라고 합니다. 우선 알아야 할 것은 하나님이 계시다는 사실을 증명하는 것은 인간의 논리로 될 수 없다는 것입니다. 눈으로 볼 수 없는 영이신 하나님을 인간의 제한적 논리로 설명하는 것은 불가능합니다. 유신논증은 우리 현상세계의 사실들을 통하여 하나님의 존재를 설명한 것입니다.

하나님은 영이시기 때문에 우리 눈으로 볼 수 없습니다. 그러나 하나님은 우리가 하나님을 깨달을 수 있는 능력을 주셨습니다. 물론 우리가 하나님을 완전히 안다는 것은 불가능합니다. 마치 시각장애인이 코끼리를 만지며 코끼리를 이해한 이야기와 같습니다. 코를 만진 시각장애인은 코끼리가 대롱 같다고 하였고, 다리를 만진 시각장애인은 기둥 같다고 하였고, 배를 만진 시각장애인은 벽과 같다고 하였고, 귀를 만진 시각장애인은 부채 같다고 하였답니다. 모두가 다 맞지만 온전하지는 못합니다. 우리가 하나님을 인식하고 있는 것이 온전하지 못하지만 하나님의 존재를 알고 인정하는 것입니다. 그러므로 영이신 하나님의 존재는 인간의 인지능력이나 경험으로 아는 것이 아니라 영으로 아는 것입니다. 요한복음 4:24에는 "하나님은 영이시니 예배하는 자가 영과 진리로 예배할지니라"고 합니다. 그러므로 인간이 하나님을 아는 것은 영으로 아는 것이지 육으로 아는 것이 아닙니다. 영적 지혜를 가지면 하나님을 알 수 있습니다.

코르넬리우스 반 틸(Cornelius Van Til)이란 유명한 신학자가 있습니다. 그는 '변증학'(The Defense of Faith)이란 저서에서 하나님의 존재를 재미있게 설명합니다. 어떤 한 섬에 새가 존재했다는 사실을 증명하려면 새 발자국 하나만 발견하면 됩니다. 그러나 새가 존재하지 않았다는 사실을 증명하기 위해서는 섬 전체를 샅샅이 다 뒤져야 합니다. 그러므로 하나님의 흔적 하나만 발견하면 하나님의 존재를 증명할 수 있지만 존재하지 않았다는 사실을 증명하기 위해서는 방대한 우주를 다 뒤져야 하므로 사실상 불가능합니다. 그는 하나님의 존재 증명이 하나님의 부재 증명보다 훨씬 쉽고 간단하다고 말했습니다.

하나님이 존재한다는 신지식의 증명은 여러 가지로 가능합니다. 첫째는 존재론적 증명이라고 합니다. 유한한 인간이 무한한 신의 지식을 가지고 있는 것은 신이 존재하기 때문이라고 합니다. 성 안셀무스와 철학자 데카르트가 이 주장을 하였습니다. 둘째는 우주론적 증명이라고 합니다. 모든 결과는 정당한 원인에 기인하는데 현실 세계는 선행하는 궁극적인 원인이 있으며 이것이 하나님이라고 합니다. 하나님은 존재의 '제일 원인'(Prima Causa)이라고 표현합니다. 셋째는 목적론적 증명이라고 합니다. 현실 세계에는 일정한 질서가 있는데 이 질서는 현실 세계 밖에 있는 어떤 존재에 의해 존재의 목적을 받았다고 합니다. 그 질서와 목적을 정하신 분이 하나님이라고 합니다. 하나님은 자신은 움직이지 않으면서 다른 것들을 움직이게 하는 '부동의 동자'(Unmoved Mover)라고 합니다. 넷째는 도덕론적 증명이라고 합니다. 사람은 누구나 선악, 정사(正邪)의 원초적 관념을 가지고 있는데 그 관념에 의해서 형성되는 도덕 세계의 주관자가 하나님이라고 합니다. 다섯째는 역사적 증명이라고 합니다. 신이라는 관념이 모든 인류에게 보편적으로 있는데 이것은 신이 존재한다는 것을 의미한다고 합니다. 이런 신의 존재 증명은 어느 정도 도움되지만 하나님과의 영적 관계를 알기 전까지는 하나님이 어떤 분이며, 무엇 때문에 존재하느냐에 대한 구체적인 해답을 얻을 수는 없습니다. 앞서 말한 대로 하나님은 영적 존재임으로 우리가 신령한 영적 지혜를 얻을 때에 하나님의 존재를 비로소 알 수 있으며 이 지혜는 믿음으로 얻어지는 하나님의 선물입니다.

우리는 하나님께서 자신을 나타내시는 방법을 통하여 하나님의 존재를 알 수 있습니다. 지난 시간에 하나님이 하신 창조가 과학이라고 하였는데 오늘은 창조가 하나님의 존재를 증명한다고 말씀드립니다. 로마서 1장 20절에는 "창세로부터 그의 보이지 아니하는 것들 곧 그의 영원하신 능력과 신성이 그가 만드신 만물에 분명히 보여 알려졌나니 그러므로 그들이 핑계하지 못할지니라”고 하신 말씀은 자연 만물을 통하여 하나님의 존재를 알 수 있다는 것입니다. 그리고 하나님의 말씀인 성경이 과학이라고 말씀드렸는데 과학인 성경이 하나님의 말씀이므로 하나님이 존재한다는 증거가 됩니다. 또 하나님의 아들 예수 그리스도를 통하여 하나님을 알 수 있습니다. 예수님은 이 땅에 오셔서 사신 실존 인물입니다. 예수님께서 자신이 하나님의 아들이라고 하셨고, 아버지를 보여달라고 하는 빌립에게 “빌립아 내가 이렇게 오래 너희와 함께 있으되 네가 나를 알지 못하느냐 나를 본 자는 아버지를 보았거늘 어찌하여 아버지를 보이라 하느냐”(요 14:9)라고 하셨습니다. 현존하신 예수 그리스도를 통하여 우리는 영이신 하나님의 존재를 알 수 있습니다.

하나님을 자신의 지식을 가지고 찾으려는 행위주의자가 있습니다. 세계에서 가장 처절한 진리에 대한 탐구는 티베트불교의 ‘오체투지’일 것입니다. 그런 고행을 통하여 진리를 터득하거나 하나님을 알 수 있는 것이 아닙니다. 어떤 이들 가운데는 자신의 생각이나 아집을 가지고 눈에 보이지 않는다고 하여 하나님의 존재를 부정하는 회의론자들도 있습니다. 하나님을 알 만한 것들을 수없이 주셨는데 만나지 못하고 오히려 “하나님이 없다”고 합니다. 이런 자들은 어리석고 행실이 가증하여 선을 행하지 않는 자입니다(시 14:1). 나아가서 더 악한 이들은 “네 하나님이 어디 있느냐”(시 42:3, 10, 79:10)라고 하나님의 존재를 부정하며 하나님을 믿는 사람을 비방합니다. 하나님의 존재를 알고 시인하는 것은 믿음으로만 가능합니다. 그래서 히브리서 기자는 “믿음이 없이는 기쁘시게 못하나니 하나님께 나아가는 자는 반드시 그가 계신 것과 또한 그가 자기를 찾는 자들에게 상 주시는 이심을 믿어야 할 찌니라”(히브리서 11:6)라고 합니다.

근대에 와서 ‘하나님이 죽었다’라는 명제가 화두가 된 적이 있습니다. 1960년대에 서구문화는 길을 잃고 정신적 신앙적 붕괴에 직면하였습니다. 이때 나온 주장이 ‘하나님이 죽었다’는 운동이었습니다. 당시의 운동은 1966년 4월 8일 자 ‘타임’(Time)의 표지를 장식하였습니다. 전통적으로 인물 사진을 표지로 사용하던 ‘타임’이 장례식에 사용하는 검은 천에 ‘Is God dead?’(하나님은 죽었는가?)라는 글씨로 채웠습니다. 사신신학(死神神學)에 앞장선 사람은 미국의 종교학자인 폴 반 뷰렌(Paul Van Buren), 급진주의 신학자 토머스 올타이저(Thomas J. Altizer) 등이었습니다. 그런데 ‘하나님이 죽었다’는 말은 명제 자체가 성립되지 않는 말입니다. 하나님은 죽지 않는 존재를 말합니다. 그리고 만일에 그들이 말하는 하나님이 죽었다면 그 하나님은 처음부터 하나님이 아니었습니다. 하나님은 죽지 않고 영원히 살아계십니다. 그리고 하나님은 태초부터 영원까지 존재하시는 우리의 하나님이십니다. 우리 하나님은 영원히 살아계시는 주님이십니다. 그 하나님의 존재를 믿을 때 우리는 하나님을 ‘아빠 아버지’라고 부르며, 하나님께 응답받는 기도를 드릴 수 있게 되는 것입니다.

11

하나님을 아버지라고 부르는 의미는 무엇입니까?

구약성경에는 하나님의 호칭이 많이 있습니다. 하나님이란 보통명사가 있고, '스스로 있는 자'라는 뜻의 '야훼'(여호와)가 있습니다. 그 외에도 성경은 많은 하나님의 별칭들을 일러주고 있습니다. '지극히 높으신 하나님', '전능하신 하나님', '영원하신 하나님', '만군의 하나님' 등입니다. 하나님을 일컫는 '여호와'는 하나님의 하시는 일을 이름에 포함하고 있습니다. '여호와 이레' 준비하시는 하나님, '여호와 닛시' 승리하게 하시는 하나님, '여호와 라파' 치료하시는 하나님, '여호와 로이' 인도하시는 목자이신 하나님, '여호와 삼마' 늘 함께 하시는 하나님. '여호와 샬롬' 평강을 주시는 하나님입니다. 그 외에도 '주'라는 하나님의 호칭이 있습니다. '주'는 주님, 주인이라는 뜻으로 고대에는 '야훼'라는 이름 대신에 하나님을 부르던 호칭입니다. 하나님께서 십계명에 "너는 네 하나님 여호와의 이름을 망령되게 부르지 말라"(출 20:17)라고 하셨으므로 하나님의 이름을 대신하던 호칭이 '주'였습니다.

구약성경에서는 하나님을 직접화법으로 아버지라고 부른 적이 없지만 간접적으로 하나님의 아버지이심, 부성을 표현하고 있습니다. 야훼 하나님은 이스라엘 민족의 신이었으므로 하나님을 이스라엘 백성의 아버지로 표현하여 "이스라엘은 내 아들 내 장자라"라고 하였습니다(출 4:22). 이스라엘은 작은 나라였기 때문에 유대인에게는 강한 아버지가 필요했습니다. 하나님은 힘이시며, 산성이시며, 반석이시며, 요새시며, 방패이신 힘이 있는 아버지이십니다.

신약성경에는 하나님이란 호칭이 일반적으로 사용되었으며 '지극히 높으신 하나님', '주 하나님' 등으로 불렸습니다. 신약성경에서 가장 잘 알려진 하나님의 호칭은 '아버지'입니다. 구약성경에는 하나님께 아버지라는 호칭을 직접적으로 사용하지 않았습니다. 구약의 하나님은 하늘 높은 곳에 계시며, 성전에 계시는 인간이 근접할 수 없는 존엄하신 분이십니다. 그리하여 우리 곁에 계시는 친밀하고 다정한 분이시기보다 엄격하고 지존하신 분이었습니다. 높은 곳에 계셔서 감히 인간이 우러러볼 수 없는 하나님을 인간의 곁에 계신 아버지로 부르게 한 것은 아들인 예수님의 은혜입니다.

모세는 하나님을 '야훼'로 불렀지만 예수님께서는 하나님을 '아버지'라고 부르셨습니다. 예수님은 "내 아버지", "너희 아버지", "우리 아버지", "하늘 아버지" 등으로 하나님을 부르셨고, 주님이 가르치신 기도에서는 "우리 아버지"라고 부르셨습니다. 나아가서 예수님은 잡히시기 전 겟세마네 동산의 기도에서 "아빠 아버지여"(막 14:36)라고 하셨습니다. '아버지'보다 더 친근한 '아빠'라고 부르신 것입니다. 예수님은 하나님의 부드러운 부성을 가르치시며 예수님의 아버지이신 성부 하나님이 우리의 아버지이심을 알리시고 "내 아버지 곧 너희 아버지"(요 20:17)라고 하셨습니다. 예수님께서 하나님을 아버지라고 부르셔서 우리가 하나님을 아버지라고 부를 수 있게 하셨습니다. 예수님께서 하나님을 "내 아버지 곧 너희 아버지"라고 하셨기 때문에 우리가 하나님을 나의 아버지라고 부를 수 있습니다.

신약성경에는 '하나님 아버지' 혹은 '아버지 하나님'이란 호칭이 많이 기록되어 있습니다. 하나님을 아버지로 알게 하시고 부르게 하신 예수님의 은덕으로 신약 복음서의 저자들은 물론이고 바울은 여러 서신에서 하나님을 아버지라고 지칭하고 있습니다. 하나님을 아빠라고 부른 예수님으로 말미암아 바울도 그의 서신에서 "너희는 다시 무서워하는 종의 영을 받지 아니하고 양자의 영을 받았으므로 우리가 아빠 아버지라고 부르짖느니라"(롬 8:15), "너희가 아들이므로 하나님이 그 아들의 영을 우리 마음 가운데 보내사 아빠 아버지라 부르게 하셨느니라"(갈 4:6)라고 하여 하나님의 엄한 부성이 아니라 자애한 부성을 가르치고 있습니다. 예수님께서는 하나님을 아버지라고 부르셨고, 우리도 그렇게 부르도록 가르치셨습니다.

한국교회에서 새롭게 번역한 '사도신경'에는 '아버지'라는 하나님의 호칭이 여러 번 있습니다. "나는 전능하신 아버지 하나님"이라고 하며, "전능하신 아버지 하나님 우편에 앉아 계시다가"라고 고백합니다. 그리고 주기도문에도 '아버지'로 번역된 부분들이 있습니다. "아버지의 이름을 거룩하게 하시며, 아버지의 나라가 오게 하시며, 아버지의 뜻이 하늘에서와 같이 땅에서도 이루어지게 하소서"라고 하였습니다. 주기도문의 경우는 원문에는 "당신"이라고 되어 있습니다. 헬라적 사유를 가진 서양인들에게는 "당신"이 자연스런 하나님께 대한 호칭일 수도 있지만 우리에게는 전혀 아닙니다. 그래서 원문과는 달리 우리의 문화적 관습에서 "아버지"라고 번역한 것입니다.

오랜 기독교의 전승에서는 하나님을 아버지라고 불렀습니다. 신앙의 대상을 아버지라고 부르는 종교는 기독교 외에는 드뭅니다. 고대 브라만교에서는 브라만을 아버지라고 호칭하였고, 고대 로마의 종교에서는 주피터를 아버지라고 부른 흔적이 있습니다. 이방 종교에서는 신앙의 대상의 위대성을 표현하는 호칭이었으나 기독교가 하나님을 아버지라고 부르는 것은 전혀 다른 의미가 있습니다. 하나님을 아버지라고 부르는 것은 기독교의 독특한 신관이며 기독교가 어떤 종교인가를 말해주고 있습니다.

기독교는 가정적 종교입니다. 하나님께서 가정의 창조자이시며, 성경은 혼인과 가정을 소중히 여깁니다. 성경은 하나님을 아버지라고 하며, 예수님을 신랑이라고 합니다. 그리스도인들은 하나님의 자녀이며, 서로가 형제자매라고 합니다. 교회는 하나님의 집이라고 합니다. 그리고 초대교회는 가정에서 시작되었고 교회의 원형은 교회입니다. 예루살렘교회는 마가의 다락방이었고, 에베소교회는 브리스길라와 아굴라의 집이었고, 빌립보교회는 루디아의 집이었고, 라오디게아교회는 눔바의 집이었고, 골로새교회는 빌레몬의 집이었고, 고린도교회는 가이오의 집이었을 것이라고 합니다. 하나님을 아버지라고 부르는 것은 자연스런 일입니다.

하나님께는 부성만 있는 것이 아니라 모성도 함께 존재합니다. 구약성경에는 "너희를 업어 내게로 인도하였음을 너희가 보았느니라"(출 19:4), "너는 내 아들이라 오늘 내가 낳았도다"(시 2:7)라는 하나님의 모성의 표현도 있습니다. 하나님의 모성을 강조하여 '하나님 아버지'이란 호칭을 대신하여 '하나님 어머니'라 부르는 이들도 있습니다. 성경이 기록된 성경시대는 남성 중심의 사회이므로 아버지라 불렀지만 사실은 아버지라는 호칭은 아버지가 아니라 아버지와 어머니 즉 부모를 지칭합니다. 이것과 더불어 '아들'이란 호칭도 아들만 아니라 아들과 딸 즉 자녀를 지칭하였습니다. 예수님이 삭개

오에게 "이 사람도 아브라함의 자손임이로다"(눅 19:9)라고 하신 말씀의 헬라어는 '아우토스 휘오스 아브라함'(아브라함의 아들)입니다. 당시에 '아들'은 아들과 딸을 지칭하는 용어였으므로 우리 말 번역에는 '자손'이라고 하였습니다.

율법은 공포를 느끼게 하는 무서운 말씀입니다. 율법은 하나님께서 구약시대의 필요에 따라 주신 규례입니다. 그러나 율법은 완전하지 못하며 그리스도를 통한 은혜가 율법을 완전하게 하는 대안입니다. 예수님께서 오셔서 은혜로 율법을 완전하게 하시므로 구원을 완성하셨습니다.

하나님께서 아버지가 되심으로 우리의 힘이 되시고, 자녀인 우리의 간구를 들어주시는 것입니다. 우리를 구원하시고 우리의 소원을 응답하시기 위하여 하나님은 아버지가 되셔야 합니다. 우리가 기도할 때 '하나님 아버지'라는 그 한 마디만 하더라도 위대한 일입니다. 하나님을 아버지로 고백하고 간구를 이루어달라고 청원할 수 있기 때문입니다. 아버지란 단어에 하나님의 사랑, 구원, 능력, 응답 등 모든 우리의 필요가 담겨 있습니다.

12

하나님께서 우상숭배를 싫어하시는 이유가 무엇입니까?

하나님께서 인간에게 요구하시는 가장 기본적인 명령이 있습니다. 이 것을 십계명이라고 합니다. 10가지의 간단한 계명이지만 이 가운데는 하나님에 대한 계명 4개와 인간에 대한 계명 6개가 완벽하게 조화를 이루고 있습니다. 어떤 사람도 10가지 계명을 완전하게 지키며 살아가는 사람은 없을 것입니다. 계명이 10가지밖에 안 된다고 할지 모르지만 이 10가지 계명을 가지고 유대 학자 마이모니데스는 613가지의 계명을 세밀하고 꼼꼼하게 만들었습니다. 이 가운데 안식일에 대한 규정만 39개였고, 규정을 철저하게 지키도록 하기 위해 6개의 세칙을 만들어 모두 234개의 규정을 완성했습니다. 십계명 가운데 제1계명이 "너는 나 외에는 다른 신들을 네게 두지 말라"(출 20:3, 신 5:7)는 것입니다. 하나님은 스스로 당신이 유일하신 신이신 것을 가르치십니다. 시편의 기자는 제1계명을 풀어 "너희 중에 다른 신을 두지 말며 이방 신에게 절하지 말지어다"(시 81:9)라고 합니다.

제2계명을 보세요. "너를 위하여 새긴 우상을 만들지 말고 또 위로 하늘에 있는 것이나 아래로 땅에 있는 것이나 땅 아래 물 속에 있는 것의 어떤 형상도 만들지 말며 그것들에게 절하지 말며 그것들을 섬기지 말라 나 네 하나님 여호와는 질투하는 하나님인즉 나를 미워하는 자의 죄를 갚되 아버지로부터 아들에게로 삼사 대까지 이르게 하거니와 나를 사랑하고 내 계명을 지키는 자에게는 천 대까지 은혜를 베푸느니라"(출 20:4-6). 십계명 가운데 가장 긴 설명이 우상을 섬기지 말라는 제2계명입니다. 제2계명은 제1계명의 보충적 해석이며 3계명, 4계명의 전제가 되므로 길게 명령하는 것입니다. 인간은 본능적으로 숭배의 대상을 가지기 원하기 때문에 하나님 외에 어떤 존재에게도 숭배를 금하고 있습니다. 그리고 우상숭배를 금하는 계명이 인간이 가장 범하기 쉬운 계명이기에 길게 조목조목 설명하고 있습니다. 특별히 "너를 위하여"라는 말씀은 우상숭배를 금하는 것은 하나님께서 질투하셔서가 아니라 우리에게 유익을 주기 위한 것입니다. 즉 인간의 안전을 위한 하나님의 요청입니다.

우상이란 본성적으로 가짜이며, 헛것입니다. 하나님 한 분 외에는 신이 없으며, 신이라고 만들어놓은 우상들도 헛것입니다. 그래서 성경은 "만국의 모든 신은 헛것이나 여호와께서는 하늘을 지으셨도다"(대상 16:26)라고 합니다. 하나님만이 참 신이시고 그 외의 모든 신은 헛것입니다. 헛것이라는 말은 본래 존재하지 않는다는 말입니다.

우상이 헛것이기 때문에 우상숭배도 헛것입니다. 우상숭배란 단순히 신을 만들어 숭배하고 제사하는 것이 아닙니다. 바울은 "그러므로 땅에 있는 지체를 죽이라 곧 음란과 부정과 사욕과 악한 정욕과 탐심이니 탐심은 우상숭배니라"(골 3:5)고 합니다. 탐심이 우상숭배라는 말은 우상숭배는 탐심에서 우러난 것이라는 것입니다.

하나님은 다른 신이 없는 것을 아시므로 다른 신을 인정하는 사람을 원하지 않으십니다. 하나님을 알고, 하나님을 섬기게 만든 사람이 하나님이 아닌 다른 것을 섬기는 것을 용납하지 않으십니다. 하나님을 유일한 신으로 알고 섬기는 사람들은 하나님 외에 다른 신을 섬기지 않습니다, 그래서 바울도 "그런즉 내 사랑하는 자들아 우상 숭배하는 일을 피하라"(고전 10:14)라고 하였습니다. 우상숭배를 피하라는 소극적 권면을 준 바울은 나아가서 "너희도 정녕 이것을 알거니와 음행하는 자나 더러운 자나 탐하는 자 곧 우상 숭배자는 다 그리스도와 하나님의 나라에서 기업을 얻지 못하리니"(엡 5:5)라고 적극적 권면을 하고 있습니다.

오랜 구전에 이런 이야기가 전해내려 옵니다. 하나님께서 아브라함을 갈대아 우르에서 하란으로 이끌어 내신 까닭은 우르에 우상숭배가 심하였기 때문이었다고 합니다. 한번은 아브라함이 지는 저녁 해를 바라보고 있었는데 노을이 너무 아름다워 해를 향해 절을 하였습니다. 저녁 해는 금방 서쪽으로 넘어가 버리는데 절을 하던 아브라함이 고개를 들어보니 그 찬란하던 해가 금방 지고 말았습니다. 아브라함은 옷을 툴툴 털고 일어나 "나의 숭배의 대상은 영원히 지지 않아야 한다"고 하면서 태양숭배를 멈추었다고 합니다.

아브라함의 아버지 데라는 나무로 우상을 만들어 파는 우상장수였는데 아브라함은 우상숭배가 하나님께 그릇된 것을 알고 도끼로 우상을 전부 깨버렸다고 합니다. 우상이 전부 깨진 것을 본 데라는 우상이 왜 이렇게 되었느냐고 화를 냈습니다. 아브라함은 우상들이 자기들끼리 싸워서 그렇게 되었다고 하였답니다. 데라는 "이게 모두 나무들인데 어떻게 자기들끼리 싸움을 하느냐?"라고 하였고, 이에 아브라함은 "아버지는 그런데 왜 나무를 깎아 우상이라고 속여 팝니까?"라고 하였답니다. 세상에 다른 신은 없고, 우상은 나무에 불과합니다.

이 이야기는 성경에 기록되지 않은 구전(口傳)입니다. 그러나 이 구전의 내용은 아주 분명합니다. 하나님께서 아브라함을 갈대아 우르에서 하란으로 이끄신 이유가 성경에는 기록되지 않았지만 하나님께서 아브라함이 그의 가정의 우상숭배 대물림을 끊으시려고 아예 삶의 터전의 뿌리를 옮기신 것입니다. 아브라함이 믿음의 아버지가 되기 위해서는 더 이상 우상숭배에 머물러 있으면 안 된다는 것을 가르치신 것입니다. 하나님은 믿음의 사람이 되기 위해서는 우선적으로 우상숭배를 끊어야 한다는 것을 온몸으로 보이셨습니다. 우상숭배를 피하는 가장 좋은 방법은 우상숭배의 자리를 피하는 것입니다. 에스겔은 이렇게 말합니다. "그런즉 너는 이스라엘 족속에게 이르기를 주 여호와의 말씀에 너희는 마음을 돌이켜 우상을 떠나고 얼굴을 돌려 모든 가증한 것을 떠나라"(겔 14:6). 우상숭배를 하지 않을 수 있는 좋은 방법은 그 자리를 떠나는 것입니다. 그래서 하나님은 아브라함에게 그 자리를 떠나게 하십니다. 아브라함이 갈데아 우르에 머물러 있으면 우상숭배를 버릴 수 없다는 것을 아시기 때문입니다. 하나님께서 금하시는 일을 하지 않기 위한 가장 좋고 확실한 방법은 우상숭배의 자리를 떠나는 것입니다.

하나님께서 우상숭배를 싫어하시는 결정적 이유가 있습니다. 그것은 하나님은 유일하신 신이시고 우리가 그분의 정결한 신부와 같기를 원하시는데 하나님 외에 신을 섬긴다는 것은 행음하는 것이기 때문입니다. 구약의 선지자들은 한결같이 우상숭배를 행음이라고 단정하며 우상을 숭배하는 자들을 견책하고 배격합니다. 에스겔은 "네가 또 내가 준 금, 은 장식품으로 너를 위하여 남자 우상을 만들어 행음하며"(겔 16:17)라고 합니다. 예레미야는 "그가 돌과 나무와 더불어 행음함을 가볍게 여기고 행음하여 이 땅을 더럽혔거늘"(렘 3:9)이라고 하였습니다.

　　하나님은 하나님의 사람들을 아름다운 신부처럼 예쁘게 하시기를 원하십니다. "네 눈을 들어 사방을 보라 그들이 다 모여 네게로 오느니라 삶으로 맹세하노니 네가 반드시 그 모든 무리를 장식처럼 몸에 차며 그것을 띠기를 신부처럼 할 것이라"(사 49:18)라고 이사야가 말한 것처럼 하나님의 사람들은 하나님께서 예뻐하시는 아름다운 신부입니다. 그런데 아름다운 신부가 신랑을 배반하고 다른 남자에게 기웃거리는 것을 하나님은 행음이라고 하셨습니다. 부부간의 가장 큰 배신은 행음입니다. 부부간의 관계는 행음이라 하지 않고 다른 이성과의 관계를 행음이라고 합니다. 행음은 배우자에게 가장 큰 실망을 안겨주는 행위입니다. 그런 의미에서 하나님은 다른 신을 섬기는 것을 행음이라 단정하고 이를 가장 싫어하십니다. 하나님을 섬긴다는 것은 많은 신 가운데 하나의 신으로 하나님을 섬기는 것이 아닙니다. 하나님만을 섬기는 것이 참 신앙입니다. 하나님은 많은 신 가운데 하나가 아니라 유일하신 하나님이십니다. 그래서 우상숭배는 가장 어리석은 일입니다.

13

우리가 죄를 짓는 것도
하나님이 허용하셔야 가능한 것입니까?

오래전 어느 책의 글에서 어느 수도사의 삶을 보았습니다. 그는 자기 방에 항상 수도사의 옷을 걸어놓습니다. 그 옷은 자신의 평상복이기도 하고, 잠옷이기도 하고, 작업복이기도 하고, 수의이기도 합니다. 그는 항상 자신의 옷을 보면서 자신을 가다듬습니다. 특히 수의의 의미를 강조하며 자신을 죽이고 주님을 따르는 삶을 반추한다고 하였습니다. 그의 방에는 큰 그림이 하나 있습니다. 그 그림은 큼직한 눈을 그린 그림입니다. 그림에는 하나님의 눈이라는 작은 글씨가 적혀 있다고 합니다. 하나님께서 자신의 모든 삶을 보고 계시다는 뜻입니다. 하나님께서 허락하셔야 자신의 삶을 영위해 갈 수 있습니다. 하나님의 '오케이' 사인 없이는 아무 것도 할 수 없습니다.

하나님은 우리의 모든 것을 미리 아시고 삶을 설계하시고 조정하십니다. 시편의 기자는 "나의 모든 길과 내가 눕는 것을 살펴보셨으므로 나의 모든 행위를 익히 아시오니"(시 139:3)라고 고백합니다. 하나님께서 나의 모든 행위를 세밀하게 알고 계십니다. 지난날의 행위뿐만 아니라 앞날의 모든 행위까지 익히 알고 계십니다. 그러므로 모든 삶은 하나님의 섭리와 계획 없이 되는 것이 하나도 없습니다.

손이 발달한 우리 민족은 손에 대한 은유가 많습니다. '손이 모자란다', '손 좀 빌려다오', '손 뗐다', '손이 부끄럽다', '손이 부지런하다' 등의 표현을 합니다. 우리 옛말에도 권력을 차지하거나 영향력을 쥔 고위직이 '내 손 안에 있소이다'라고 하였습니다. 그리고 결정적 해결책을 가진 사람에게 '열쇠를 손에 쥐고 있다'라는 말을 합니다. 이런 표현은 성경에서도 자주 나타납니다. '손에 있다'는 말은 세상을 주관하시는 하나님의 전능하신 힘을 뜻하는 성경적 표현입니다. 그래서 성경은 "부와 귀가 주께로 말미암고 또 주는 만물의 주재가 되사 손에 권세와 능력이 있사오니 모든 사람을 크게 하심과 강하게 하심이 주의 손에 있나이다"(대상 29:12)라고 합니다. 예수님은 "참새 두 마리가 한 앗사리온에 팔리는 것이 아니냐 그러나 너희 아버지께서 허락지 아니하시면 그 하나라도 땅에 떨어지지 아니하리라"(마 10:29)라고 하시면서 하나님께서 우리를 머리털까지 다 세실 만큼(마 10:30) 섬세하게 삶을 살피시고 허락하신다고 하였습니다.

인간은 자신의 생각과 의지에 따라 살고 있는 것 같지만 사실은 모든 것이 하나님의 손에 있습니다. 이것을 신학적으로 하나님의 경륜 혹은 섭리라고 합니다. 하나님께서 우리의 모든 것을 미리 아시고 허락하셔야 우리가 무엇이든 할 수 있습니다. 우리는 하나님의 눈을 피하여 숨을 데도 없고, 하나님의 손을 떠나서 할 수 있는 일도 없습니다. 하나님께서는 '일거수일투족' 눈을 부릅뜨시고 우리를 바라보고 계십니다.

그렇다면 하나님께서 우리가 죄를 지을 것도 아시고, 죄를 짓는 것도 하나님께서 허용하셔야 가능한 것일까요? 거슬러 올라가서 아담과 하와와 처음 범하였던 죄를 생각해 보면 알 수 있습니다. 하나님께서 아담과 하와에게 먹지 말라고 한 선악과를 하와가 먼저 먹고 아담에게 먹게 하였습니다. 최초의 죄는 먹지 말라고 한 선악과를 먹음으로 발생하였고, 하나님은 아담과 하와가 죄를 지을 것을 미리 알고 계셨다고 합니다.

'언약신학'이라는 신학의 한 주제가 있습니다. 하나님께서는 언약(약속)의 하나님이시라는 사실을 기초로 하여 세 가지 언약을 말합니다. 첫째는 '구속의 언약'(Covenant of Salvation)이라고 하는데 삼위 하나님께서 천지를 창조하시기 전에 인간 구원의 언약을 맺으셨습니다. 둘째는 '행위의 언약'(Covenant of Behavior)인데 하나님께서 선악과를 만드시고 먹는 날에는 죽으리라고 하셨습니다. 이것은 먹지 않으면 영원히 살 것이라는 언약입니다. 셋째는 '은혜의 언약'(Covenant of Grace)으로 인간이 죄를 범할 것을 알고 하나님께서 은혜의 언약을 맺으셨다는 것입니다. 하나님께서는 창조 이전에 이미 인간이 죄를 범할 것을 아셨고, 죄를 지은 인간에 대한 구원의 방편을 마련하신 것입니다.

하나님께서 인간이 죄를 범하는 것을 허용하시거나 방관하시는 듯이 보일 때가 있습니다. 아담과 하와가 하나님의 말씀에 순종하지 않고 죄를 범할 것을 하시면서 버려두셨다는 것은 이해가 되지 않기도 합니다. 그리고 아담과 하와가 죄를 범하였을 때 없애버리고 다시 죄를 범하지 않는 인간을 창조하실 수도 있을 텐데 그렇게 하지 않은 것도 이상하게 보입니다. 그러나 제4편에서 논의한 대로 하나님께서 아담과 하와를 창조하신 것은 실수가 아니라는 것을 알아야 합니다. 그래서 하나님은 구원의 조치를 하신 것입니다.

인간은 구원을 받았다고 하지만 여전히 죄를 짓습니다. 왜냐하면 죄의 근원인 악의 존재, 사탄이 계속 존재하기 때문입니다. 사탄이 존재하는 동안 인간에게 죄는 끊이지 않을 것입니다. 인간이 육체를 가지고 있는 동안 죄도 함께 할 것이므로 그리스도께서는 육체를 가지고 오셔서 "사망의 세력을 잡은 자 곧 마귀를 없이 하시며"(히 2:14), 죄의 사슬을 끊게 하시는 것입니다.

믿음의 조상이라고 일컫는 아브라함도 하나님의 말씀을 믿고 갈대아 우르를 떠나 하란으로 갔지만 죄를 지었습니다. 율법의 대명사가 된 위대한 지도자 모세도 죄를 지어 하나님의 마음을 섭섭하게 하였습니다. 성군이라고 하는 다윗도 하나님께서 마음에 맞는 사람이라고(행 13:22)고 하셨지만 엄청난 죄를 지었습니다. 성경의 위인들 가운데 죄를 짓지 않은 사람은 없습니다. 그들은 죄를 짓지 않아서 위대한 것이 아니라 죄를 회개하고 하나님께로 돌아왔기 때문에 위인입니다. 하나님은 그들에게 죄를 짓게 하신 것이 아니라 지은 죄를 용서하신 것입니다.

하나님께서는 모든 것을 주관하시고 섭리하신다는 것은 죄를 조장하신다는 말이 아닙니다. 죄를 짓게 허용하신다는 말은 죄를 짓게 꼬드긴다는 말이 아닙니다. 하나님께서 잠시 죄를 짓는 것을 버려두신다는 말입니다. 아담과 하와가 죄를 지음으로 모든 인간은 원죄라는 죄를 가지고 태어납니다. 그러므로 인간이 죄를 짓는 것은 아주 자연스런 일입니다. 죄를 짓지 않는 사람은 없으며, 만일 죄를 짓지 않았다고 한다면 그것이 거짓말입니다. 하나님께서는 원죄를 가지고 태어난 사람들이 죄를 짓는 것을 버려두십니다. 그래서 바울은 "또한 저희가 마음에 하나님 두기를 싫어하매 하나님께서 저희를 그 상실한 마음대로 내어 버려두사 합당치 못한 일을 하게 하셨으니"(롬 1:28)라고 합니다. 그리고 상실한 마음대로 버려두므로 지은 죄를 이렇게 말합니다. "곧 모든 불의, 추악, 탐욕, 악의가 가득한 자요 시기, 살인, 분쟁, 사기, 악독이 가득한 자요 수군수군하는 자요 비방하는 자요 하나님의 미워하시는 자요 능욕하는 자요 교만한 자요 자랑하는 자요 악을 도모하는 자요 부모를 거역하는 자요 곧 모든 불의, 추악, 탐욕, 악의가 가득한 자요 시기, 살인, 분쟁, 사기, 악독이 가득한 자요 수군수군하는 자요 비방하는 자요 하나님의 미워하시는 자요 능욕하는 자요 교만한 자요 자랑하는 자요 악을 도모하는 자요 부모를 거역하는 자요 우매한 자요 배약하는 자요 무정한 자요 무자비한 자라"(롬 1:29-31). 하나님께서 버려두시면 위에 열거한 죄들뿐만 아니라 온갖 더러운 죄들을 짓고 살아가게 되는 것입니다. 이렇게 하나님은 죄를 짓게 허용하시는 것이 아니라 죄로 상실된 마음을 버려두시는 것입니다. 그리고 죄를 지은 자가 스스로 돌이켜 돌아올 때까지 길이 참으시고 기다리시는 것입니다(롬 2:4, 3:25). 하나님께서는 죄인인 우리가 죄를 지을 때 버려두십니다. 그러나 마침내 하나님께서 허용하심으로 모든 죄를 용서받고 구원을 얻게 하십니다. 여기에 우리의 소망이 있습니다.

14

신약시대에 구약은 어떤 의미가 있습니까?

성경시대는 역사적으로 구약시대, 신구약중간기, 신약시대라고 분류합니다. 구약성경의 말라기 이후에 세례요한이 등장할 때까지를 중간기라고합니다. 말라기 시대는 바사(페르시아)가 유대를 통치하던 시대였습니다. 페르시아가 헬라에 패망하여 유대는 헬라에 의해 통치되었고, 알렉산더대왕이죽은 이후에는 다섯 차례나 프톨레미 왕조와 셀류커스 왕조가 유대를 뺏고빼앗는 흑역사가 계속되었습니다. 그리고 로마가 지중해 일대를 지배하게되며 유대도 로마제국의 일부가 되었습니다. 유대가 로마의 지배 아래 있을때 예수님이 태어났습니다. 그러므로 신구약 중간기란 페르시아, 헬라, 로마의 지배 아래에 있던 약 400년의 시대를 일컫는 것입니다. 시간적으로 보면구약과 신약은 연속적 역사가 아니라 중간기라는 시간이 있는 단절된 역사입니다.

우리가 가진 성경 66권을 정경(正經, Canon)이라고 합니다. 성경은 정경 외에 외경(外經, Apocrypha)과 위경(僞經, Pseudographia)이 있습니다. 외경은 잘 알려져 있지 않은 저작이나 출처가 의심스러운 작품들입니다. 천주교회에서는 토비트, 유딧, 마카베오상, 마카베오하 등 외경을 제2경전으로 인정하지만 개신교에서는 정경만을 성경이라고 합니다. 위경은 기독교의 전통적 교리에서 벗어나 이단적 요소를 담고 있어 사실적 문헌적 가치가 적은 경전을 말합니다. 그 가운데 외경은 중간기의 역사를 기록하고 있어 정경은 아니지만 중간기 역사를 아는 데 도움을 주고 있습니다.

구약과 신약은 중간기라는 시간적 단절이 있지만 그럼에도 불구하고 하나님의 역사 섭리와 구원의 계획은 연결되어 있습니다. 전체적으로 볼 때 구약과 신약은 전혀 단절된 역사가 아니라 일관된 하나님의 섭리와 경륜이 지배하는 것을 알 수 있습니다. 하나님의 영원이란 시간 속에서 볼 때 400년의 중간기는 단절이라고 볼 수 없는 한 순간에 불과합니다. 그런 의미에서 구약과 신약은 시간적 간격 없이 하나님의 섭리가 진행된 것입니다.

구약(舊約)은 옛 약속 그리고 신약(新約)은 새 약속이라는 뜻입니다. 약속(Covenant, Testament)이란 하나님의 구원의 약속을 일컫는 것으로 예수 그리스도를 통하여 인류를 구원하시겠다는 하나님의 언약입니다. 그러므로 구약은 오실 그리스도에 대한 약속을 기록하고 있고, 신약은 오신 그리스도에 대한 약속의 성취를 기록하고 있습니다. 그리스도를 통한 인류의 구원을 성취하기 전의 역사를 구약이라고 하고, 성취한 역사를 신약이라고 하지만 본질상으로는 하나의 약속입니다. 구원 성취의 과정에 차이가 있지만 사실상 하나의 연속적 과정입니다. 그 과정의 초점은 예수 그리스도입니다. 구약은 그리스도를 보내시겠다는 약속이고, 신약은 약속하신 그리스도가 오셨고 다시 오실 것이라는 약속입니다. 그래서 성경은 예수 그리스도 없이는 아무 의미도 가치도 없는 것입니다.

성경에는 많은 인물들이 등장합니다. 성경의 등장인물을 정확하게 계수하기는 힘듭니다. 왜냐하면 성경에는 동명이인이 많은데 그 이유는 전통적으로 한 사람이 두 개 이상의 이름을 가지고 있었기 때문입니다. 성경의 등장인물이 대한성서공회의 인명사전에는 1,888명이라 하고, 한국컴퓨터선교회 인명사전에는 1,897명이라 하고, 어느 개인이 계수한 인물은 2,000명이 넘습니다. 그러나 중요한 것은 그 모든 이름을 다 알 수 있는 사람도 없으며, 모든 이름을 다 알 필요도 없습니다. 성경에는 "다른 이로써는 구원을 받을 수 없나니 천하 사람 중에 구원을 받을 만한 다른 이름을 우리에게 주신 일이 없음이라 하였더라"(행 4:12)라고 합니다. 우리가 알아야 할 이름은 '예수'라는 이름 하나입니다. 그 외의 모든 이름은 예수 그리스도를 증거하기 위한 이름들입니다.

이렇게 구약과 신약은 하나님께서 예수 그리스도를 보내시고 인간을 구원하셨다는 공통적 진리를 가집니다. 단지 구약은 예수님께서 인간의 몸으로 세상에 오시기 전의 구원의 준비 기간이었고, 신약은 성육신하셔서 구원을 성취하신 것의 차이가 있습니다. 그래서 구약과 신약은 통일된 방향으로 점진적으로 나아가고 있는 것입니다. 신약의 마지막 책인 요한계시록은 그리스도께서 이미 구원을 이루셨지만 그리스도를 통한 우리의 완전한 구원이 장차 이루어질 것을 증언하고 있습니다.

구약과 신약은 각각 다른 역사와 내용을 담고 있지만 하나의 약속이며 연속적 이야기입니다. 그러므로 구약이 없는 신약이나 신약이 없는 구약은 다 무용지물입니다. 구약이 없는 신약은 하나님의 역사의 시작을 상실한 것이며, 신약이 없는 구약은 하나님의 역사의 결론을 얻지 못한 것입니다.

구약과 신약이 하나의 이야기이듯이 신약시대에도 구약은 없으면 안 되는 하나님의 역사이며 약속입니다.

마태복음에는 예수 그리스도의 탄생과 사건을 구약의 성취라고 증언하고 있습니다(마 1:21, 22, 2:15, 23, 4:14, 21:4 등). 특히 마태는 예수 그리스도 사건이 이사야의 예언의 성취라고 여러 번 밝히고 있습니다(마 4:14, 8:17). 요한도 신약의 그리스도의 사건이 구약의 성취인 것을 "이는 선지자 이사야의 말씀을 이루려 하심이라 이르되 주여 우리에게서 들은 바를 누가 믿었으며 주의 팔이 누구에게 나타났나이까 하였더라"(요 12:38)라고 증언하고 있습니다. 이렇게 신약성경의 저자인 제자들이 예수 그리스도의 사건을 구약의 성취라고 하는 것은 그들이 구약성경을 하나님의 약속의 말씀으로 알고 있었고, 그들의 선생인 예수님께서 구약에서 약속한 메시야 즉 그리스도인 것을 확실히 믿었기 때문입니다.

예수님께서는 "내가 율법이나 선지자를 폐하러 온 줄로 생각하지 말라 폐하러 온 것이 아니요 완전하게 하려 함이라"(마 5:17)라고 하셨습니다. 이 말씀은 예수님께서 친히 구약의 성취이심을 밝히신 것입니다. 율법과 선지자는 구약을 지칭하는 말인데 메시야가 오리라고 한 구약의 약속을 완전하게 성취하려고 오셨다는 말씀입니다. 구약은 하나님의 말씀이지만 오리라고 한 메시야가 오시지 않으시므로 미완성입니다. 율법과 선지자만을 통해서는 완전한 구원에 이를 수 없기 때문입니다. 율법과 선지자는 부족한 면이 있습니다. 요즘 말로 2% 부족한 것입니다. 그것은 사랑과 은혜인데 이것을 채워 구약을 완전하게 하시려는 것이 예수 그리스도의 십자가의 구원입니다.

"완전하게 하다"라는 말의 헬라어는 '플레로오'인데 이 말은 '가득 채우다', '충만하다'는 뜻입니다. 그리스도께서 이루신 구원은 빈틈이 없이 꽉 찬 상태라는 것입니다. 구약은 빈틈이 있지만 하나님이신 예수님은 그 빈틈을 완전하게 채우셨습니다. 사람들은 완전하게 채울 수 없지만 완전하신 하나님은 빈틈없이 채우십니다. 그래서 '플레로오'라는 단어는 '신적 용어'(Divine Word)라고 합니다.

바울은 "모든 성경은 하나님의 감동으로 된 것으로 교훈과 책망과 바르게 함과 의로 교육하기에 유익하니"(딤후 3:16)라고 합니다. 바울이 디모데에게 이 서신을 쓸 때는 신약성경이 없을 때입니다. 그러므로 모든 성경이란 구약성경을 의미합니다. 바울은 모든 구약성경이 하나님의 감동으로 씌어진 것이라고 합니다. '하나님의 감동'이란 말의 헬라어는 '하나님께서 호흡하시는'이란 뜻입니다. 바울은 구약을 하나님의 감동으로 기록된 성경이라고 하고, 우리도 그렇게 믿습니다. 그러므로 구약성경도 신약성경과 똑같은 하나님의 감동으로 된 말씀으로 믿는 것이 우리의 성경관입니다. 구약의 모든 말씀은 신약시대인 지금도 우리가 믿음으로 지켜야 할 살아계신 하나님의 말씀입니다.

15

성부시대, 성자시대, 성령시대는 어떻게 이해해야 하나요?

'삼위일체'라는 용어는 성경에 없습니다. 삼위일체(Trinitas)라는 용어는 초대교회의 교부였던 털튤리아누스가 처음으로 제정하여 사용하였고 그 후에 신학적으로 사용되어 왔습니다. 그러나 성경은 삼위일체의 하나님을 곳곳에서 증거하고 있습니다. 기독교의 오랜 전통에서 삼위일체는 가장 기본적인 신앙고백의 하나로 자리를 잡았습니다.

구약성경에는 '우리'라는 복수 개념으로 하나님을 표현합니다. "하나님이 이르시되 우리의 형상을 따라 우리의 모양대로 우리가 사람을 만들고"(창 1:26)라고 합니다. 바벨탑을 쌓는 인간을 향하여 하나님께서 "우리가 내려가서 거기서 그들의 언어를 혼잡하게 하여 그들이 서로 알아듣지 못하게 하자"(창 11:7)라고 하십니다. 하나님께서 성전에서 만나신 이사야를 향하여 "내가 누구를 보내며 누가 우리를 위하여 갈꼬"(사 6:8)라고 하십니다. 하나님께서 '우리'라고 하신 것은 하나님의 삼위 개념을 일컫는 것입니다.

신약에서는 '삼위의 회동(會同)'이라고 부르는 장면이 있습니다. 이 장면을 성경은 이렇게 기록합니다. "예수께서 세례를 받으시고 곧 물에서 올라오실새 하늘이 열리고 하나님의 성령이 비둘기같이 내려 자기 위에 임하심을 보시더니 하늘로부터 소리가 있어 말씀하시되 이는 내 사랑하는 아들이요 내 기뻐하는 자라 하시니라"(마 3:16-17). 성자 하나님이신 예수님께서 요단강에서 세례를 받으실 때에 성령 하나님께서 비둘기같이 예수님 위에 임하셨고, 성부 하나님께서 "이는 내 사랑하는 아들이요 내 기뻐하는 자라"고 하셨습니다. 삼위 하나님께서 지상에서 함께 하시는 장면입니다.

예수님은 승천하시기 전에 '위대한 명령'(The Great Commission)이라 불리는 말씀을 주셨습니다. "그러므로 너희는 가서 모든 민족을 제자로 삼아 아버지와 아들과 성령의 이름으로 세례를 베풀고 내가 너희에게 분부한 모든 것을 가르쳐 지키게 하라 볼지어다 내가 세상 끝날까지 너희와 항상 함께 있으리라 하시니라"(마 28:19-20). 이 말씀에도 아버지와 아들과 성령이라는 삼위일체를 명시하는 내용이 있습니다.

바울의 축도라 불리는 고린도교회에 보낸 서신에서도 삼위 하나님이 언급되고 있습니다. "주 예수 그리스도의 은혜와 하나님의 사랑과 성령의 교통하심이 너희 무리와 함께 있을지어다"(고후 13:13)라는 말씀입니다. 이 말씀에 근거하여 성부와 성자와 성령의 이름으로 축도하는 것입니다.

삼위일체란 하나님은 한 분이면서 동시에 세 위를 가지고 계시다는 뜻입니다. 그런 의미에서 삼위일체는 논리적으로 설명할 수 있는 것이 아닙니다. 성경은 곳곳에서 하나님의 유일성을 표현하고 있습니다. "우리 하나님 여호와는 오직 유일한 여호와이시니"(신 6:4)라고 하며, "하나님은 복되시고 유일하신 주권자이시며"(딤전 6:5)라고 합니다. "그러나 우리에게는 한 하나님 곧 아버지가 계시니 만물이 그에게서 났고 우리도 그를 위하여 있고 또한 한주 예수 그리스도께서 계시니 만물이 그로 말미암고 우리도 그로 말미암아 있느니라"(고전 8:6)는 말씀에는 하나님은 한 분이라고 하며, 예수 그리스도께서 창조주이심을 증언합니다. 요한도 "그가 태초에 하나님과 함께 계셨고 만물이 그로 말미암아 지은 바 되었으니 지은 것이 하나도 그가 없이는 된 것이 없느니라"(요 1:2-3)라고 하여 예수님께서 태초에 하나님과 함께 계셨고, 예수님이 만물의 창조자이심을 증언합니다.

하나님은 한 분이시며 세 위를 가지고 계신다는 믿음으로 성부와 성자와 성령의 시대를 구분하기도 합니다. 이런 구분은 편의상 구분이지 하나님의 성품과 역할의 구분은 아닙니다. 성자 예수님이 세상에 오시기 전까지의 시간을 성부시대라고 하고, 성자 예수님이 세상에 오셔서 계신 시간을 성자시대라고 하고, 성자 예수님이 승천하신 다음에 성령께서 오신 이후 시간을 성령시대라고 합니다.

성경에서 성부시대에는 성자의 출현이 전혀 나타나지 않습니다. 단지 구약의 선지자들을 통하여 성자께서 오실 것이라는 것을 예언하였으므로 말씀을 통하여 성자 예수님께서 계신 시대입니다. 그러나 성경은 "태초에 말씀이 계시니라 이 말씀이 하나님과 함께 계셨으니 이 말씀은 곧 하나님이시니라"(요 1:1)라고 합니다. 말씀은 곧 하나님이십니다. 그리고 "말씀이 육신이 되어 우리 가운데 거하시매 우리가 그의 영광을 보니 아버지의 독생자의 영광이요 은혜와 진리가 충만하더라"(요 1:14)고 합니다. 말씀은 하나님이신데 그 말씀이 육신이 되어 우리 가운데 거하셨습니다. 다시 말하면 말씀은 하나님이시고, 육신이 되신 예수님이 하나님이시라는 말입니다. 하나님이신 예수님은 성육신하여 이 땅에 오신 성자시대 이전에도 성부 하나님과 함께 계셨습니다. 또한 성령 하나님께서도 성부시대에 함께 계셨습니다. 하나님께서 천지를 창조하실 때에 "하나님의 영은 수면 위에 운행하시니라"(창 1:2)라고 합니다. 성령께서도 성부 하나님, 성자 하나님과 함께 창조에 참여하셨습니다. 구약성경에는 '여호와의 영'(삼상 16:14, 삼하 23:2, 사 11:2, 겔 11:5 등), '하나님의 영'(삼상 10:10, 대하 15:1, 욥 33:4, 겔 11:24 등)이란 표현이 많이 나타나며 여호수아는 "그 안에 영이 머무는 자"(민 27:18)라고 합니다. 성부시대라고 하는 구약시대에도 성령 하나님께서 함께 계셨다는 것을 의미합니다. 예수님께서는 성령이신 보혜사를 승천 이후에 보내셔서(요 14:16), 성령의 시대가 될 것을 말씀하셨습니다.

삼위일체론은 인간의 논리로 설명할 수 있는 교리가 아닙니다. 셋이면서 동시에 하나라는 것이 논리적으로 맞지 않기 때문입니다. 그래서 성부, 성자, 성령은 그 본질과 인격이 모두 다른 독립된 신이라고 하기도 하였습니다. 삼위일체를 반대하는 이단 가운데는 성부 하나님만이 유일한 신이라고 주장하는 단일신론이라는 것이 있습니다. 그리고 여기에서 발전하여 다른 형태의 이단들이 생겼습니다. 하나는 양자론이라고 하여 그리스도가 단순한 인간으로 잉태되었는데 하나님의 지혜와 능력을 받아 세례를 받을 때에 아들로 인정되었다는 것입니다. 다른 하나는 하나님은 한 분이신데 각 시대마다 마스크를 바꿔 쓰고 나오신다는 양태론적 단일신론이라는 이단입니다. 즉 구약시대에는 성부 하나님의 마스크를 쓰고, 신약시대에는 성자 예수님의 마스크를 쓰고, 교회시대에는 성령 하나님의 마스크를 쓰고 나타나신다는 것입니다.

성경은 분명히 하나님은 한 분이라고 합니다. "우리 하나님 여호와는 오직 유일한 여호와이시니"(신 6:4)라고 하며, "하나님은 복되시고 유일하신 주권자이시며 만왕의 왕이시며 만주의 주시요”(딤전 6:15)라고 하며, “우리에게는 한 하나님 곧 아버지가 계시니 만물이 그에게서 났고”(고전 8:6)라고 합니다. 하나님은 한 분이십니다. 그러므로 하나님을 세 분이라고 하는 말이나 한 분인데 다른 마스크를 쓰고 나타나셨다는 말은 다 성경적이지 않습니다.

하나님은 세 위를 가지고 계신 한 분이십니다. 그리고 우리가 편의상 성부시대, 성자시대, 성령시대라고 하지만 하나님께서는 어느 때나 한 분으로 계셨고 활동하셨습니다. 성부시대에도 성자와 성령께서 함께 하셨습니다. 성자시대에도 성부와 성령께서 함께 하셨습니다. 성령시대에도 성부와 성자가 함께 하셨습니다. 삼위의 하나님께서는 어느 시대에도 나뉘지 않고 함께 하셨고, 함께 역사 섭리를 인도하셨습니다.

지금 이 시대는 흔히 말하는 교회시대 즉 성령시대입니다. 보혜사 성령께서 사도들을 통하여 교회를 세우시고 섭리하는 시대입니다. 우리 시대에도 성부 하나님, 성자 하나님은 여전히 우리와 함께 하시고 역사를 주관하시는 삼위일체 하나님이십니다.

16

예수님은 왜 아기로 세상에 오셨으며,
어린이들을 축복하셨습니까?

예수님께서는 우리를 구원하시기 위해 세상에 오셨습니다. 예수님께서 우리를 구원하시기 위해서는 하나님이셔야 하며, 동시에 사람이셔야 합니다. 사람은 사람을 구원하지 못하므로 하나님이셔야 하고, 피를 흘려야 사하심이 있으므로 피를 흘리기 위하여 사람이셔야 했습니다. 예수님은 성부 하나님과 동등한 성자 하나님이시지만 우리와 같은 사람이 되시기 위하여 사람의 모양으로 나타나신 것입니다(빌 2:8).

예수님께서 사람이 되셨다는 것은 우리와 똑같은 모습으로 성품을 지니시고 삶의 과정을 다 겪으셨다는 뜻입니다. 사람은 누구나 인간으로서의 구성을 가지고 있습니다. 육체라고 하는 외형이 있고, 정신 혹은 영혼이라고 하는 내면이 있습니다. 사람은 누구나 아기로 태어나 성장하며 육체적인 고통을 겪다가 죽습니다. 사람은 길다면 길고 짧다면 짧은 삶을 살다가 죽는 것입니다.

지금 지구상에는 약 80억 명의 인구가 살고 있습니다. 사람은 인종의 차이도 있고, 피부색의 차이도 있고, 머리카락과 눈동자의 차이도 있고, 성품의 차이도 있습니다. 그러나 과학자들의 말을 빌리면 사람과 사람의 차이는 아주 작습니다. 사람의 유전자 조직을 분석하면 30억 개 가량인데 그 조직 중 99.9%가 같다고 합니다. 0.1%의 차이가 사람들을 다 다르게 만든 것입니다. 반면에 사람과 사람 사이의 99.9%는 같습니다.

예수님도 이 세상에 오실 때에 우리들과 99.9%의 같은 점을 가지고 오셨습니다. 완전한 사람으로 오셨기에 아기로 오셨습니다. 완전한 사람으로 오셨기에 피곤하시기도 하셨고, 주리시기도 하셨고, 슬퍼하기도 하셨고, 화를 내기도 하셨고, 아파하기도 하셨고, 죽기도 하셨습니다. 예수님은 우리를 구원하시려고 대제사장으로 오셔서 죽으셨지만 "모든 일에 우리와 똑같이 시험을 받으신 이로되 죄는 없으시니라"(히 4:15)라고 합니다. 우리는 죄 때문에 시험을 받고 죽지만 예수님은 우리를 구원하시려고 사람이 되셨기에 죄가 없으십니다.

하나님께서는 아담을 흙으로 빚어 생기를 그 코에 불어 넣으시고 살아 있는 영이 되게 지으셨습니다. 그리고 아담의 갈비뼈를 뽑아 하와를 만드셨습니다. 하나님께서 하와를 만드실 때는 갈빗대를 뽑아 거기에 생기를 불어 넣으셨다는 말이 없습니다. 아담 이후의 모든 사람은 만드실 때 이미 생기가 그 속에 있게 하신 것입니다. 그리고 아담과 하와에게서 가인과 아벨이 태어났고, 아벨이 죽은 후에 셋이 태어났습니다(창 4:25). 아담과 하와에게서 가인, 아벨, 셋 세 아들만 태어난 것이 아닙니다. 아들만 셋이었다면 자녀가 번성하지 못했을 것입니다. 그런데 창세기 5장의 10명의 고조들의 역사에는 "아담은 셋을 낳은 후 팔백 년을 지내며 자녀들을 낳았으며 그는 구백

삼십 세를 살고 죽었더라"(창 5:4-5)고 합니다. 아담과 하와는 세 아들을 낳은 후에도 많은 자녀를 낳았지만 성경은 모든 자녀들의 이름을 다 기록하고 있지 않습니다. 아담과 하와 이후의 모든 사람은 한 사람도 예외가 없이 다 아기로 태어났습니다. 하나님께서 세상에 인류를 번성하게 하는 유일한 방법이 어머니의 몸을 통하여 태어나게 하는 것입니다. 사람의 임신기간은 38주, 266일로 이 기간 동안 어머니 뱃속에서 지낸 태아는 출산 과정을 통해 한 개체의 사람으로 태어나 영아(嬰兒)가 되고 자라게 됩니다.

　　앞에서 설명한 대로 예수님은 이 땅에 사람으로 오시되 완전한 사람으로 오셨습니다. 예수님은 참하나님이시며, 참사람이십니다. 완전한 사람으로 오신 예수님께서는 천지 만물과 인간을 창조하신 하나님의 창조 질서를 조금도 어기지 않으시고 그 질서대로 오셨습니다. 어머니 마리아의 뱃속에서 38주를 계셨고 베들레헴 마구간에서 탄생하셨으며, 어린 시절을 나사렛에서 보내셨습니다. 성경은 예수님의 유아기 시절을 "아기가 자라며 강하여지고 지혜가 충만하며 하나님의 은혜가 그의 위에 있더라"(눅 2:40)라고 합니다. 그리고 예수님의 소년 시절, 열두 살 때의 성전에 올라갔던 일을 기록하고 있습니다(눅 2:41-52). 그 이후에 서른 살이 되었을 때 공생애를 시작하여 서른세 살에 십자가에 못 박혀 돌아가셨습니다. 성경은 예수님의 어린 시절을 짧게 기록하고 있지만 확실한 것은 예수님께서 아기로 탄생하셔서 청소년기를 다 지나시고 어른이 되셨다는 것입니다.

　　아기로 이 땅에 오셔서 33년의 삶을 사셨던 예수님께서 어린아이들을 유난히 사랑하신 흔적이 성경에 많이 기록되어 있습니다. 제자들이 천국에서 누가 크냐고 논쟁할 때에 예수님께서 "진실로 너희에게 이르노니 너희가 돌이켜 어린아이들과 같이 되지 아니하면 결단코 천국에 들어가지 못하리라"(마 18:3)라고 하셨습니다. 예수님께서 제자들 가운데 어린아이를 세우시고 "누구든지 내 이름으로 이런 어린아이 하나를 영접하면 곧 나를 영접함이요 누구든지 나를 영접하면 나를 영접함이 아니요, 나를 보내신 이를 영접함이니라"(막 9:37)라고 하셨습니다. 어린아이들이 예수님께 가까이 오는 것을 오지 못하게 막은 제자들에게 예수님은 "어린아이들을 용납하고 내게 오는 것을 금하지 말라 천국이 이런 사람의 것이니라"(마 19:14)라고 하셨습니다. 당시의 일반적 관습은 어린이들을 무시하였습니다. 어린이들은 소외된 계층이었고, 심지어 인구수를 헤아릴 때도 어린이들은 제외되었습니다. 그런데 예수님은 어린이의 소중함을 깨우치시고, 어린이들을 사랑하셨고, 천국의 주인이라고 어린이를 높여 주셨습니다.

예수님께서 어린이들을 좋아하신 데에는 몇 가지 이유가 있습니다. 첫째는 어린이는 성장할 수 있는 가능성을 가지고 있습니다. 애굽에서 노예로 전락한 히브리인들이 수가 많아지자 애굽 왕 바로는 히브리인의 남자아이들을 다 죽이라고 명령합니다. 그는 어린이들이 자라면 자신의 적이 될 것이라 여겨 두려워했습니다. 예수님께서 태어났을 때 헤롯도 이와 비슷합니다. 유대인의 왕이 태어났다는 말을 듣고 자신의 왕의 자리를 빼앗길 것을 두려워하여 두 살 이하의 남자 어린이를 다 죽이라고 하였습니다. 둘째는 어린이는 순수합니다. 보리떡 다섯 개와 물고기 두 마리를 가지고 오천 명을 먹이신 기적은 사 복음서가 다 기록하고 있는 유일한 예수님의 기적입니다. 예수님은 한 어린이가 가지고 온 보잘 것 없는 음식으로 오천 명이 실컷 먹고 남게 하셨습니다. 어린이는 순수하기 때문에 초라한 음식이라도 예수님께 가지고 올 수 있었습니다. 어른이라면 부끄러워서라도 가지고 오지 못했을 것입니다. 셋째는 어린이는 경이감을 가지고 있습니다. 어린이들은 모든 것이 신비롭고 경이롭습니다. 그래서 어린이들이 처음 말을 배우게 되면 보는 것마다 "이게 뭐야?"라고 묻습니다. 지금은 대학생이 된 나의 큰 외손자는 미국에서 태어나서 말을 배울 때쯤 한국에 왔습니다. 나와 함께 이곳저곳을 다니면서 무엇을 볼 때마다 "Grandpa, what's that?"(할아버지 저게 뭐야?)이라고 물어보았습니다. 그런데 얼마쯤 지나 자라게 되니 더 이상 "저게 뭐야?"라고 물어보지 않았습니다. 어린이가 가지고 있는 경이감이 사라진 것입니다. 또 어린이는 열정이 있습니다. 어른들이 열정을 가지고 일하는 것 같지만 어린이의 열정을 따라가지 못합니다. 어른들은 덥다고 밖에 나가지 않고 안방을 지키겠지만 어린이들은 온몸이 땀으로 범벅이 되고 옷이 다 젖도록 친구들과 뛰어놉니다. 어른들이 춥다고 집안에서 움츠리고 있을 때, 어린이들은 놀이터에서 콧물을 흘리며 손이 얼더라도 해가 질 때까지 놉니다. 이러한 어린이들의 본성과 어린이다움이 예수님의 칭찬과 사랑을 받는 이유입니다. 그러므로 천국의 주인은 어린이다운 순수한 성품을 가져야 합니다. 예수님의 사랑을 받으며 천국에 들어갈 수 있도록 어린이와 같은 순수한 성품을 잃지 않고 잘 간직해야 할 것입니다.

17

구원자이신 예수님은 왜 하나님이며 동시에 사람입니까?

예수님의 본성에 대한 논쟁은 초대교회에 가장 어려운 과제였습니다. 예수님은 하나님으로서 성육신하셔서 인간의 몸으로 이 세상에 오셨습니다. 예수님은 하나님이시며 동시에 사람이십니다. 이런 하나님의 두 본성은 이성적 논리로 습득되는 것이 아니라 믿음으로 수용할 수 있는 것입니다. 그리하여 예수님의 두 본성을 인간의 논리로 판단하려고 하는 설(說)들이 초대교회를 어지럽게 하였습니다.

예수님을 하나님으로만 보는 설과 인간으로만 보는 설은 서로 대립하였습니다. 예수님을 하나님으로만 보는 설을 가현설(Docetism)이라고 합니다. 가현설은 예수님은 처음부터 하나님으로 이 땅에 오셨다고 합니다. 십자가를 지고 골고다로 오르실 때에 구레네 시몬이 대신 십자가를 지고 갔는데 시몬이 십자가를 지고 간 것뿐만 아니라 실제로 예수님 대신 십자가에 못 박혔다고 합니다. 사람들은 환각 가운데 예수님이 못 박혔다고 보았다는 것입니다. 그래서 가현설이라는 말은 '생각하다'라는 의미의 '도케오'에서 나온 것입니다. 예수님께서 못 박히신 것이 사실이 아니지만 그렇게 생각했다는 것입니다.

반면에 예수님을 인간으로만 보는 설을 양자설(Adoptionism)이라고 합니다. 양자설은 예수님께서 하나님이 아니라 인간이며 우리와 똑같이 세상에 태어나셨는데 어릴 때 성장과정이 너무 하나님 마음에 들어 예수님께서 세례를 받으실 때에 하나님께서 "이는 내 사랑하는 아들이요 내 기뻐하는 자라"(마 3:17)고 하시며 양자로 삼으셨다는 설입니다. 이렇게 예수님의 두 본성을 믿음으로 수용하지 못하고 이성적으로 판단한다면 이런 극단적 양자가 발생하게 되는 것입니다. 초대교회는 이 두 가지 설을 다 이단으로 정죄하였습니다.

기독교 신학에서 가장 중요한 결의를 한 공의회가 있습니다. 주후 325년에 현재 튀르키예인 소아시아 비티니아 주 니케아에서 교회가 함께 모여 개최한 세계교회회의입니다. 기독교를 공인한 로마 제국 황제 콘스탄티누스 1세에 의하여 소집된 사상 첫 공의회입니다. 이 회의에서는 예수님의 신성을 부정하는 아리우스파를 이단으로 단죄하고 아타나시우스의 신조를 채택하였습니다. 이 공의회에서는 예수님께서 신성과 인성 두 본성을 가지고 계시다는 신조를 확정하였습니다. 예수님은 참 하나님(Vere Deus)이시며, 참 사람(Vere Homo)이라는 것입니다. 예수님의 두 본성에 대한 니케아 공의회의 결정은 기독교사에서 가장 중요한 신조를 확립한 것이며 이 신조에서 벗어나면 이단으로 정죄되었습니다.

그 후 주후 451년, 현재의 튀르키예 칼케돈에서 열렸던 칼케돈 공의회에서는 니케아 공의회에서 확정된 두 본성을 확인하며 더 자세하게 두 본성의 관계를 설명하였습니다. 칼케돈 신조는 성자 하나님이신 예수 그리스도는 인간의 죄를 대속해 주시려고 완전한 인간이 되셨다고 하였습니다. 예수 그리스도는 완전한 하나님이시며 완전한 인간이십니다. 칼케돈 신조는 예수 그리스도의 두 본성인 성품에 있어서 인식되며 혼합됨이 없으시며(Not confusable), 변화됨이 없으시며(Not changeable), 분리됨이 없으시며(Not separable), 분할됨이 없으시다(Not divisional)고 정의하였습니다. 이것을 예수 그리스도께서 신성을 지닌 채 성육신하셨다는 의미인 '테오토코스'(Theotokos)를 정통교리로 확인하여 예수 그리스도의 신성과 인성이 분리될 수 없음을 강조하였습니다. 이 교리를 채택함으로 예수 그리스도가 신성만을 가지고 태어나셨다고 주장하는 '단성론'(單性論, Monophysitism)을 따르는 유키테스주의, 콥트교회 등을 추방하고, 그리스도의 인성을 강조하는 네스토리우스파 교회도 이단으로 단죄되었습니다. 네스토리우스파는 소아시아에서 자리를 잃어 '경교'라는 이름으로 중동과 중국에서 포교하였고 신라시대에 우리나라에도 들어왔다는 설이 있습니다.

예수님께서 신성과 인성을 동시에 가지고 계시다는 사실은 성경을 통하여 말씀하고 있고, 우리는 성경이 말씀하고 있는 것을 알고 믿고 있습니다. 성경에는 예수님의 신성에 대한 증언들이 수없이 많습니다. 예수님은 스스로를 '하나님의 아들'이라고 부르셨습니다(막 13:32). 그리고 다른 사람의 입을 통하여 예수님이 하나님의 아들이심을 고백하게 하십니다(마 26:63-64). 예수님은 사람으로 할 수 없는 많은 기적들을 베푸시고, 죽음 후에 다시 부활하셔서 인성을 초월한 신성을 친히 보이셨습니다.

동시에 성경은 예수님께서 성육신하셔서 인성을 가지고 세상에 오셨음을 증언합니다. 예수님께서는 여자의 몸을 통하여 이 땅에 태어나셨습니다. 공생애를 시작하시기 전에 금식하시고 주리시고 마귀에게 시험을 받으셨습니다. 먼 행로에 피곤하셨습니다. 피곤하셔서 배에서 깊이 잠이 드셨습니다. 나사로의 무덤 앞에서 눈물을 흘리셨습니다. 밀밭 사잇길을 지나가시다가 주리셔서 밀을 따서 드셨습니다. 십자가를 지시기 전에 고통을 면하게 해 달라고 하나님께 기도하셨습니다. 십자가에 달리셔서 극한 시련 가운데 하나님께 왜 버리셨느냐고 울부짖으셨습니다. 그리고 십자가에서 죽으셨습니다. 이 모든 것이 예수님의 인성을 말하고 있습니다.

예수님의 신성이 나타날 때에 인성이 사라지거나 숨어 있었던 것이 아닙니다. 예수님의 인성이 드러날 때에 신성이 없이 인성만 가지신 것이 아닙니다. 예수님의 신성과 인성은 언제나 함께 하며 동시에 예수님의 성품 속에 있었습니다. 이것이 신성과 인성을 가지고 오신 예수님의 성품의 신비입니다. 우리와 같은 인간으로 사셨지만 우리와는 전혀 다른 신성을 가지신 인간으로 이 땅에 오셔서 사신 것입니다.

그러면 왜 예수님께서는 하나님이시며 동시에 사람으로 이 땅에 오셨습니까? 결론적으로 말하면 예수님께서 우리의 구원자가 되시려고 하나님이시며 동시에 사람으로 오셨습니다. 우리를 구원하시려고 신성이신 예수님께서 인성을 가지고 오신 것입니다. 예수님의 두 본성이 아니면 우리를 구원하실 수가 없습니다. 우리를 구원하시기 위해서는 신성과 인성, 하나님과 사람의 두 성품이 필요했기 때문입니다.

인간은 죄를 지어 스스로 구원할 수 없는 전적 무능의 존재가 되었습니다. 인간이 구원을 얻기 위해서는 인간인 다른 존재가 필요합니다. 물에 빠진 사람을 구하는 제일 좋은 방법은 구조원이 물속에 들어가서 빠진 사람의 머리카락을 잡아당기는 것이라고 합니다. 그것이 제일 좋은 방법이라고 하여 물에 빠진 사람이 스스로 자신의 머리카락을 당긴다고 물에서 나올 수 있는 것은 아닙니다. 죄를 지은 인간이 스스로 구원 얻을 수 없는 것도 마찬가지입니다. 누군가가 물에 들어와 내 머리카락을 당겨 주어야 합니다. 인간은 누구도 구원에 대하여 무능하므로 하나님께서 하셔야 합니다. 그래서 예수님은 하나님으로 이 땅에 오신 것입니다.

구약에서부터 신약까지 일관되게 흐르는 인간의 구원은 피 흘림이 있어야 합니다. 구약시대에는 인간이 죄 사함을 받기 위해 속전을 내고 성전에 들어갑니다. 제사장은 그 사람의 죄를 용서받게 하기 위하여 짐승을 잡아 피를 제단에 뿌립니다. 그리고 짐승의 몸을 완전히 태움으로써 하나님께 죄 사함을 얻습니다. 구약은 예수 그리스도의 모형이며, 제사는 그리스도의 십자가의 죽으심의 상징입니다. 예수 그리스도께서 십자가에서 피를 흘려 죽으심으로 인간의 모든 죄를 한 번에 영원히 사해 주시는 것입니다. 그래서 성경은 "율법을 따라 거의 모든 물건이 피로써 정결하게 되나니 피흘림이 없은 즉 사함이 없느니라"(히 9:22)라고 합니다. 하나님은 죽을 수 없는 존재이므로 사람이 죽어야 합니다. 사람이 피를 흘려야 우리의 죄 사함이 있습니다. 그래서 예수님은 하나님이시며 동시에 사람이셔야 하는 것입니다.

예수님의 이름이 우리에게 주는 의미는 무엇입니까?

마태복음과 누가복음에는 예수님의 탄생에 대한 기사가 기록되어 있습니다. 마가복음에는 예수님의 탄생 기사가 없고, 요한복음에는 예수님의 탄생을 영적으로 해석하여 기록하고 있습니다. 예수님의 탄생 기사에는 예수님이 태어나실 때 두 가지 이름을 가지고 나신 것을 기록합니다. '예수'와 '임마누엘'입니다. 유대인의 이름에는 독특하고 고유한 의미가 있습니다.

유대인의 이름은 유대 민족의 역사만큼 오랜 역사를 가지고 있습니다. 유대인의 이름은 유대인의 언어인 히브리어에 바탕을 두고 있으며, 이름에는 이름을 가진 사람의 태어난 상황과 관련되어 있습니다. 야곱의 아들들의 이름은 한결같이 상황과 관련된 의미를 가지고 있었습니다. 르우벤은 '보라, 아들이라'는 뜻이며, 시므온은 '하나님이 들으셨다'는 뜻입니다. 그 외의 아들들도 다 그 때의 상황에 따라 지은 이름들입니다. 모세는 '물에서 건져 내었다'는 뜻이며, 모세의 아들 게르솜은 '타국에서 객이 되었다'라는 뜻입니다. 그리고 유대인의 성명철학에는 어떤 이름을 지어주면 그 이름과 같이 된다는 사상이 있습니다.

　　구약성경의 기록을 보면 유대인 공동체는 상당히 남성중심인 것 같지만 그렇지 않은 부분도 많습니다. 유대인의 이름은 전통적으로 어머니가 지어줍니다. 바벨론 포로기는 유대 역사에 여러 가지 전환점을 마련하였는데 이름의 역사도 그러합니다. 포로기 이전까지는 유대인의 가정에서 가계의 전통을 이어 이름을 짓지 않았지만 그 후로는 집안의 이름을 따라 이름을 짓는 관습이 생겼습니다. 세례요한이 태어났을 때 아버지의 이름을 따라 사가랴라 하고자 하였으나 그의 어머니가 요한이라고 하자고 아였습니다. 그 때 이웃과 친족이 "네 친족 중에 이 이름으로 이름한 자가 없다"고 하였습니다 (눅 1:61). 신약시대에는 이미 가계의 전통에 따라 친족의 이름으로 자녀의 이름을 지었다는 뜻입니다.

　　성경시대에는 아기가 태어나면 바로 이름을 지어주었지만 태어나기 전에 이미 이름을 정한 경우도 있습니다. 위에서 설명한 대로 예수님 이전에 태어난 세례요한은 태어나기도 전에 이름이 요한이라고 정해졌습니다. 그리고 예수님도 태어나기 전에 이미 이름이 주어졌습니다.

　　유대인에게 이름은 아주 중요한 의미를 가집니다. 이름에는 출생 배경과 목적과 사명이 담겨있습니다. 의미가 없는 이름이 없다고 할 만큼 고대로부터 지금까지 유대인의 이름은 고유한 뜻을 가지고 있습니다. 그런 의미에서 예수님의 이름도 출생의 목적을 확실하게 담고 있습니다. 성경은 예수님의 탄생을 이렇게 시작합니다. "예수 그리스도의 나심은 이러하니라"(마 1:18). 예수님의 탄생의 목적을 설명하면서 그 이름을 '예수'라고 명명할 것을 설명합니다.

　　신약의 첫 절인 마태복음 1장 1절에는 "아브라함과 다윗의 자손 예수 그리스도의 계보라"라고 시작합니다. 이 절은 예수님의 계보의 서론인 동시에 예수가 그리스도이심을 분명히 밝히고 있습니다. 예수가 그리스도이심을 대전제로 시작하는 것은 예수님이 어떤 분인지 그리고 예수라는 이름의 뜻이 무엇인지를 이미 설명하고 있습니다. 그리고 위에서 설명한 대로 1:18에 다시 "예수 그리스도의 나심은 이러하니라"라고 하므로 예수가 그리스도, 즉 예수님이 메시야이심을 밝히는 것으로 시작하고 있습니다.

　　'예수'는 히브리어의 '여호수아', '예수아'라는 이름의 헬라어 표기입니다. '여호와(야훼)는 구원이시다'라는 의미를 가진 이름으로서 그리스도(메시야)이신 예수님이 모든 사람의 죄를 속량하시고 구원하실 것이라는 출생의 목적을 미리 밝힌 이름입니다. '예수'라는 이름에 예수님의 사명과 목적이 다 포함이 되어 있지만 '그리스도'라는 이름이 함께 사용되므로 예수님이 구원자이심을 중복적으로 나타냅니다. 그리스도는 '기름 부음을 받은 자'의 뜻으로 히브리어 '메시야'에 해당되는 말입니다.

　　이 이름의 또 다른 중요한 의미는 예수님이 유일한 메시야란 것입니다. 여호수아나 예수아도 예수와 같은 뜻을 가지고 있지만 그리스도는 아니라는 말입니다. 예수님만 그리스도란 뜻입니다. 사도행전 베드로의 설교 가운데는 "다른 이로써는 구원을 받을 수 없나니 천하 사람 중에 구원을 받을 만한 다른 이름을 우리에게 주신 일이 없음이라"(행 4:12)라고 합니다. '예수' 이름 외에 구원받을 만한 이름이 없으며, 예수라는 이름을 가진 또 다른 이들이 있었지만 그들은 '그리스도'가 아니라는 말입니다. 스페인 계통의 이름 가운데는 '헤수스'(Jesus)라는 이름이 많이 있습니다. '헤수스' 혹은 '디 헤수스'(De Jesus)라는 이름입니다. 예수라는 이름을 가진 이들은 무수히 많지만 그리스도이신 예수는 우리의 구원자이신 예수님 한 분이십니다.

예수님께서 세상에 오실 때 가지신 두 번째 이름은 '임마누엘'입니다. 성경은 예수님의 탄생 기사에서 "보라 처녀가 잉태하여 아들을 낳을 것이요 그의 이름은 임마누엘이라 하리라 하셨으니 이를 번역한즉 하나님이 우리와 함께 계시다 함이라"(마 1:23)라고 하여 예수님의 또 다른 이름을 기록하고 있습니다. 임마누엘이라는 이름은 성자 하나님이신 예수님의 사역을 뜻하는 용어입니다.

'임마누엘'은 '함께'(With)라는 뜻의 히브리어 '임', '우리와'(Us)라는 뜻의 '마누' 그리고 '하나님'(God)이라는 뜻의 '엘'의 합성어입니다. 예수님은 죄로 인하여 단절된 하나님과 인간 사이의 막힌 담을 십자가로 하나가 되게 하셔서 화목하게 하신 중보자이십니다. 그런 의미에서 볼 때 '임마누엘'도 인류를 구원하시기 위한 하나님의 섭리이며 그리스도의 역할을 드러냅니다.

에덴동산에서 인간의 시조 아담과 하와는 하나님께서 금하신 열매를 먹고 죄를 범하였습니다. 그 결과는 하나님과의 결별이었습니다. 하나님께서 죄를 범한 아담을 찾으실 때 아담은 "내가 동산에서 하나님의 소리를 듣고 내가 벗었으므로 두려워하여 숨었나이다"(창 3:10)라고 엉뚱한 대답을 하였습니다. 죄를 범한 인간은 벗은 것이 부끄럽고, 선악과를 먹은 것이 두렵고, 하나님 보기를 싫어하여 숨었습니다. 죄는 하나님을 피하고 숨게 합니다.

신학적으로는 '죄는 분리이다'(Sin is separation)라고 합니다. 죄는 무엇을 '했다', '하지 않았다'라는 행위 이전에 하나님과 분리된 상태를 의미합니다. 하나님과 분리되었으므로 하나님께서 하지 말라는 것을 하고, 하라는 것을 하지 않는 행위로 나타나는 것입니다. 아담이 하나님의 눈을 피하여 숨었으므로 인류는 하나님과 분리되는 죄성인 원죄를 가지고 태어나고 살아가게 되었습니다.

하나님께서 처음 인간을 창조하실 때 하나님의 형상대로 지으셨습니다. 인간은 뱀의 유혹을 받아 죄를 짓기 전까지 하나님과 함께 하였고, 하나님의 대화 상대였으며, 피조물 가운데 하나님과 가장 가까운 존재였습니다. 그러나 죄를 범하므로 하나님과 가장 먼 존재가 되었고, 하나님과의 대화도 단절되어 하나님의 물으심에 엉뚱한 대답을 하게 되었습니다. 하나님과 단절된 인간은 예수님께서 임마누엘로 오셔서 구원해 주심으로 다시 하나님과 하나되는 은혜를 입었습니다. 그러므로 임마누엘도 예수님께서 구원자이심을 나타냅니다.

그 외에 예수님은 많은 별칭들을 가지고 계셨습니다. 하나님의 아들, 사람의 아들, 모퉁이 돌, 세상의 빛, 평강의 왕, 참 포도나무, 생명의 떡, 선한 목자, 길과 진리와 생명 등입니다. 예수님의 별칭들은 각각 다른 뜻을 포함하고 있지만 자세히 살펴보면 모든 별칭들이 예수님께서 구원자이심을 증명하고 예수님의 존재양식을 다양하게 표현하고 있습니다.

제3장

사람은 가장 아름다운 피조물입니다

Human being is the most beautiful creature

19

하나님의 형상이 무엇이며 나에게 무슨 의미가 있습니까?

성경은 하나님께서 사람을 창조하실 때 하나님의 형상으로 창조하셨다고 합니다. 창세기 1장 26절에는 "하나님이 이르시되 우리의 형상을 따라 우리의 모양대로 우리가 사람을 만들고"라고 합니다. 1장 27절에는 "하나님이 자기 형상 곧 하나님의 형상대로 사람을 창조하시되 남자와 여자를 창조하시고"라고 합니다. '형상'이란 말은 히브리어로 '첼렘'이며, '모양'이란 말은 히브리어로 '데무트'입니다. 두 단어는 유사한 뜻을 가진 말로 히브리어에서는 어떤 사실을 강조할 때 유사한 단어를 사용합니다. 그러나 엄밀히 말하면 '형상'은 어떤 사물의 구체적인 닮은 꼴을 가리키는 말이며, '모양'은 추상적인 면에서 유사성을 가리키지만 루터 이후에는 거의 동의어로 취급합니다.

'하나님의 형상'(Imago Dei)은 육적인 형상(Form)이 아니라 영적, 정신적 형상을 말합니다. 인간의 인격적, 종교적, 윤리적 능력 등 전인적 인격이 하나님을 닮았다는 것입니다. 그래서 신학적으로 하나님의 속성을 말할 때 '공유적 속성'과 '비공유적 속성'을 구분하여 말합니다. 공유적 속성이란 하나님과 인간이 함께 소유한 무체성, 실존성, 사고, 사랑, 정의, 거룩함 등의 속성을 말합니다. 비공유적 속성이란 하나님께서만 가지고 계시는 자존성, 영원성, 불변성, 전지성, 전능성, 편재성 등의 속성을 말합니다. 하나님은 인간에게 하나님의 많은 속성을 부여하셨습니다. 이것이 곧 하나님의 형상으로 창조되었다는 증거입니다.

초대 교부인 오리게네스(Origenes)는 인간이 지닌 하나님의 형상이란 지성(Intellect)과 영성(Spirituality)과 사랑(Love)이라고 하였습니다. 이 말은 하나님의 형상에 대한 절대적인 설명이 아니라 하나님의 중요한 속성을 의미하는 것입니다. 하나님은 지식의 하나님이십니다. 한나의 기도에는 "여호와는 지식의 하나님이시라 행동을 달아 보시느니라"(삼상 2:3)라고 합니다. 하나님은 영이십니다(요 4:24, 고후 3:17). 요한계시록에는 "주 곧 선지자들의 영의 하나님"(계 22:6)이라고 합니다. 그리고 하나님은 사랑이십니다(요일 4:8, 16). 하나님께서 사랑이시므로 하나님께 속한 자는 서로 사랑해야 합니다(요일 4:7). 우리가 하나님의 형상으로 창조되었다는 것은 하나님의 형상대로 살아야 한다는 명령(Mandate)을 받은 것입니다.

인간이 하나님의 형상과 모양으로 지으셨다는 것은 인간이 하나님의 성품의 영향을 받아 닮게 지음을 받았다는 것을 뜻합니다. 시편의 기자는 이 사실을 "그를 하나님보다 조금 못하게 하시고 영화와 존귀로 관을 씌우셨나이다"(시 8:5)라고 노래합니다. 모든 피조물 가운데 인간이 하나님과 같은 영적 성품으로 창조된 것은 하나님과의 교제 대상으로 인간만 선택되는 특권을 가졌다는 뜻입니다. 우리는 하나님의 형상을 따라 지음을 받았습니다. 형상은 원본을 반영하고 원본 없는 형상은 없습니다. 무언가의 형상이다(To be in the image)라는 말은 인간이 독립적인 존재로 창조되지 않았다는 뜻입니다.

기독교 역사에 3대 신비주의자가 있습니다. 에마누엘 스베텐보리, 마이스터 에크하르트 그리고 선다 싱입니다. 에마누엘 스베텐보리는 아이작 뉴턴과 어깨를 나란히 하던 당대 최고의 물리학자였습니다. 그러나 그는 영계를 체험한 이후 27년 동안 영계를 왕래하며 신비한 영향을 많이 주었습니다. 그는 하나님의 형상으로 창조된 인간을 이렇게 표현했습니다. "우리는 하나님을 닮아 태어났다. 하나님은 우리 인간같이 생기신 분이다. 따라서 하나님은 보이지 않는 인간이요 인간은 볼 수 있는 하나님이다." 하나님께서 인간을 하나님의 형상으로 창조하신 것은 하나님의 형상으로 하나님처럼 세상에서 살라고 하신 명령입니다.

그런데 하나님처럼 살며 하나님과 교제해야 하는 인간은 범죄로 말미암아 하나님처럼 살지 못하고, 하나님과의 교제도 단절되었습니다. 인간에게 주어진 하나님의 형상도 이성적 부분은 남아 있으나 윤리적 면은 붕괴되고 종교적 면은 전적 타락(Total depravity)하게 되었습니다. 그리하여 하나님의 속성 가운데 '공유적 속성'만 겨우 유지하게 된 것입니다.

성경은 하나님께서 당신의 형상으로 인간을 창조하신 의미를 분명히 전달합니다. 창세기 1장 28절에는 "하나님이 그들에게 복을 주시며 하나님이 그들에게 이르시되 생육하고 번성하여 땅에 충만하라, 땅을 정복하라, 바다의 물고기와 하늘의 새와 땅에 움직이는 모든 생물을 다스리라 하시니라"라고 합니다. 하나님은 하나님의 형상대로 지음받은 인간이 하나님의 뜻하신 대로 피조물을 다스리길 원하셨습니다. 창세기 1장 28절은 신학적으로 '문화명령'(Cultural mandate)이라고 합니다.

뱀은 아담과 하와를 꼬드겨 타락하게 하고 하나님의 형상을 잃어버리게 만들었습니다. 하나님의 형상을 잃은 사람은 하나님의 나라인 에덴에 살 자격을 잃게 되었습니다. 그리하여 아담과 하와는 에덴에서 추방당했고 이후 하나님의 형상을 잃은 사람들은 하나님의 사람으로 살지 못하게 되었습니다. 노아 홍수사건의 결정적 원인은 "하나님의 사람들이 사람의 딸들의 아름다움을 보고 자기들이 좋아하는 모든 여자를 아내로 삼는지라"(창 6:2)라는 말씀에 잘 나타나 있습니다. 하나님의 형상을 잃은 사람들은 하나님의 모습과 성품으로 살지 못하고 인간의 모습과 성품으로 살게 된 것입니다. 인간이 하나님이 아닌 자신의 모습과 성품으로 산다는 것은 도덕성을 상실하였다는 뜻입니다. 인간이 도덕성을 잃는다는 것은 하나님의 형상을 잃는다는 의미입니다. 도덕성은 하나님의 모습이며 하나님의 성품을 닮는 일이기 때문입니다.

성경에는 "하나님의 사람"이란 용어가 여러 번 나타납니다. 모세를 하나님의 사람이라고 하며(신 33:1), 사무엘(삼상 9:8), 엘리야(왕상 7:18), 엘리사(왕하 4:7) 그리고 무명의 선지자도 그렇게 부릅니다(왕상 13:1). 신약에서 바울은 디모데에게 "너 하나님의 사람아"(딤전 6:11)라고 하며 성경이 하나님의 사람으로 온전하게 한다고 합니다(딤후 3:17). 이 말은 하나님과 사람 사이의 중보자와 같은 고매한 신앙을 가진 사람을 일컫습니다. "하나님의 사람아"라고 하는 것은 "하나님이며 동시에 사람인 디모데야"라는 뜻입니다. 하나님의 사람은 하나님의 형상을 회복하고 깊이 지닌 자를 말합니다.

사람에게는 네 가지 중요한 만남이 있다고 합니다. 4M 즉 Master(주인), Mate(배우자), Mentor, Mission입니다. 창조주 하나님이 만드신 모든 피조물은 사명이 있습니다. 특별히 사람은 하나님의 형상을 닮은 존재로 특별한 목적과 사명을 가진 존재입니다. 그래서 사람은 세 번 태어나야 합니다. 육신의 태어남과 성령으로 거듭남, 그리고 사명을 발견하는 태어남이 있어야 합니다. 하나님의 형상을 끊임없이 찾아가며 회복해야 합니다. 영적훈련을 통한 성숙의 종착점은 하나님의 형상을 따르는 것입니다.

'웨스트민스터 소요리문답'의 제1문은 "사람의 제일 되는 목적이 무엇입니까? 사람의 제일 되는 목적은 하나님을 영화롭게 하고 하나님을 영원토록 즐거워하는 것입니다"라고 합니다. 우리가 존재하는 목적, 우리가 세상에 태어난 목적은 하나님을 영화롭게 하는 것인데 이를 위해 우리는 하나님의 형상을 회복해야 합니다. 우리가 하나님의 형상을 회복할 때에 하나님은 기뻐하시고, 하나님의 형상을 회복해야 영원토록 즐거워할 수 있습니다. 우리가 하나님의 형상을 회복할 수 있는 방편은 예배입니다. 예배의 목적은 하나님의 형상으로 인간을 창조하신 창조의 목적과 직결됩니다. 나아가 음악, 미술, 문학 등 예술은 우리 안에 있는 하나님의 형상을 가장 잘 표현하는 방법입니다.

20

하나님은 왜 죄를 범한 아담과 하와를
없애지 않고 살려두셨습니까?

하나님께서 아담에게 "선악을 알게 하는 나무의 열매는 먹지 말라 네가 먹는 날에는 반드시 죽으리라"(창 2:17)라고 하셨습니다. 하와는 선악을 아는 열매를 먹고, 아담에게 주어 그도 먹게 하였습니다. 그러나 하나님께서 반드시 죽으리라고 말씀하셨지만 그들은 죽지 않았습니다. 아담과 하와는 하나님의 말씀대로 죽기는커녕 930년을 살았습니다(창 5:5).

하와가 선악과를 먹은 다음에 하나님께서 하와에게 벌을 내리십니다. "내가 네게 임신하는 고통을 크게 더하리니 네가 수고하고 자식을 낳을 것이며 너는 남편을 원하고 남편은 너를 다스릴 것이니라"(창 3:16). 그리고 죄를 지은 아담에게는 이렇게 벌을 내리십니다. "땅은 너로 말미암아 저주를 받고 너는 네 평생에 수고하여야 그 소산을 먹으리라. 땅이 네게 가시덤불과 엉겅퀴를 낼 것이라. 네가 먹을 것은 밭의 채소인즉 네가 흙으로 돌아갈 때까지 얼굴에 땀을 흘려야 먹을 것을 먹으리니 네가 그것에서 취함을 입었음이라.

너는 흙이니 흙으로 돌아갈 것이니라"(창 3:17하-19).

그런데 하나님께서 남자와 여자에게 내리신 벌은 혹독하다기보다 인생의 가장 적나라한 삶의 모습이라 할 수 있습니다. 여자에게 해산의 고통은 여성의 가장 중요한 본분입니다. 그리고 아내와 남편과의 상호 종속관계를 일깨워주십니다. 바울이 말한 "아내들이여 자기 남편에게 복종하기를 주께 하듯 하라"(엡 5:22)나 "아내들아 남편에게 복종하라 이는 주 안에서 마땅하니라"(골 3:18)가 바울의 해석입니다. 베드로는 "아내들아 이와 같이 자기 남편에게 순종하라 이는 혹 말씀을 순종하지 않는 자라도 말로 말미암지 않고 그 아내의 행실로 말미암아 구원을 받게 하려 함이니"(벧전 3:1)이라고 합니다. 이런 사도들의 권면은 창세기 3장의 신약적 해석입니다. 그런데 '복종'이라는 단어는 맹목적 굴복 즉 굴종을 의미하는 것이 아니라 '사랑으로 따르다'는 의미입니다.

남자에게는 에덴의 땅이 아닌 오염되고 망가진 땅에서 땀을 흘려야 먹게 되고 마지막에는 흙으로 돌아갈 것이라고 하십니다. 이 또한 하나님의 벌 같은 복이며, 인생의 의미를 가르치고 있습니다. 성경은 열심히 부지런히 일할 것을 권합니다(잠 6:6, 31:13, 살후 3:12). 시편에는 "눈물을 흘리며 씨를 뿌리는 자는 기쁨으로 거두리로다"(시 126:5)라고 하여 일의 대가가 기쁨의 수확이라고 합니다. 특히 바울은 열심히 일하여 아무에게도 폐를 끼치지 말라고 합니다(고후 11:9, 고후 12:13-14, 살전 2:9, 살후 3:8). 해산의 고통과 노동의 대가는 하나님께서 인간에게 사랑으로 주신 은혜의 방편입니다.

다른 면에서 아담과 하와의 범죄를 생각해 보세요. 에덴에서 추방을 당하고, 해산의 고통과 노동의 수고를 해야 살 수 있는 인간은 죽은 것이나 마찬가지입니다. 에덴은 하나님의 나라의 상징입니다. 하나님의 나라는 공간적 개념이 아니라 '하나님의 주권'(Sovereignty of God) 즉 하나님이 통치하시는 나라를 뜻합니다. 인간이 하나님의 주권을 벗어나서 죄를 지은 것이 죽은 것입니다. 바울은 인간이 "허물과 죄로 죽었다"(엡 2:1)라고 합니다. 세상에서 잠시 동안 "공중의 권세 잡은 자"(엡 2:2)인 악의 세력에서 사는 것이 죽은 것입니다. 죄 가운데 사는 것은 죽음 가운데 사는 것입니다.

하나님께서 아담과 하와에게 "반드시 죽으리라"고 하신 것은 두 가지 의미가 있습니다. 하나는 불순종의 대가로 영혼이 죽을 것이라는 것입니다. 그리고 다른 하나는 영원히 살지 못하고 숙명적인 존재가 될 것이라는 것입니다. 만일 아담과 하와가 선악과를 먹지 않았다면 죽지 않는 생명으로 살았을 것입니다. 그러나 죄를 지으므로 죽을 수밖에 없는 존재로 살았으며 죽음이란 고통을 피할 수 없었던 것입니다.

하나님께서 인간을 죽을 수밖에 없는 존재로 만드신 것도 하나님의 사랑입니다. 죄를 지은 상태에서 영원히 사는 것은 또 다른 고통입니다. 그래서 하나님은 죄 사함을 받는 새로운 방편을 마련하셨습니다. 구약시대는 제물인 짐승의 피를 제단에 뿌려 죄 사함을 받게 하셨고, 신약시대는 예수 그리스도께서 한 번으로 영원한 어린양이 되셔서 그 피로 인류의 죄를 사하신 것입니다.

그리고 하나님께서는 인간이 죄를 지은 상태에서 영원히 살지 못하게 하셨습니다. 죄를 지은 상태에서 영원히 사는 것은 무한한 고통입니다. 그래서 인간을 죽게 하셨고 다시 영원히 살게 하시는 부활의 은혜를 주신 것입니다. 아담과 하와가 죄를 범한 후 하나님께서는 그들이 생명나무에 접근하지 못하게 하셨습니다. 성경은 "이같이 하나님이 그 사람을 쫓아내시고 에덴동산 동쪽에 그룹들과 두루 도는 불 칼을 두어 생명나무의 길을 지키게 하시니라"(창 3:24)라고 합니다. 죄를 지은 몸으로 영원히 사는 것은 저주이므로 하나님은 죽음이라는 또 다른 하나님의 복의 방편을 마련해 두신 것입니다.

그런데 하나님께서는 왜 하나님의 말씀을 어긴 아담과 하와를 없애지 않으셨습니까? 하나님께서 아담과 하와를 흙으로 돌려보내겠다고 하셨는데 저 같으면 죄를 범한 즉시 구겨서 흙으로 돌려보내고 선악과를 따먹지 않고 죄를 짓지 않을 인간을 다시 만들 것 같습니다. 하나님께서는 절대로 그렇게 하시지 않으십니다. 왜냐하면 하나님의 창조는 완전하기 때문입니다. 만일 하나님께서 아담과 하와를 없애버리고 다시 인간을 창조하셨다면 엿새 동안의 창조는 완전하지 못하며, 이레가 필요했을 것입니다.

하나님께서 아담과 하와를 만드신 것은 실수가 아닙니다. 하나님은 완전하신 분이십니다. "그는 반석이시니 그가 하신 일이 완전하고 그의 모든 길이 정의롭고 진실하고 거짓이 없으신 하나님이시니 공의로우시고 바르시도다"(신 32:4)라고 합니다. "하나님의 도는 완전하고 여호와의 말씀은 정미하니 저는 자기에게 피하는 모든 자의 방패시로다"(삼하 22:31, 시 18:30)라고 합니다. 하나님은 완전하시기에 실수가 없으십니다. 하나님은 완전하시고 실수가 없으시기에 하신 일에 후회가 없으십니다(민 23:19).

사람은 누구나 실수가 많습니다. 야고보는 "우리가 다 실수가 많으니 만일 말에 실수가 없는 자라면 곧 온전한 사람이라 능히 온 몸도 굴레 씌우리라"(약 3:2)고 합니다. 나이가 들면 좀 나아지려나 했지만 서툴기는 여전합니다. 수십 년을 수염을 깎느라 면도를 하였는데 요즘에도 가끔 실수하여 얼굴에 상처가 날 때가 있습니다. 노년이 되면 완숙하게 되는 것이 아니라 미숙함에 익숙해지는 것에 불과합니다.

우리는 하나님이 실수가 없으신 것을 압니다. 그리고 이렇게 찬송하며 고백합니다. "나의 반석이신 하나님 행하신 모든 것 완전하시니, 나의 생명 되신 하나님 내게 행하신 일 찬양합니다. 신실하신 하나님 실수가 없으신 좋으신 나의 주, 신실하신 하나님 실수가 없으신 좋으신 나의 주, 신실하신 하나님 실수가 없으신 좋으신 나의 주." 나는 실수가 많고 하는 것마다 미숙하기 짝이 없지만 실수투성이인 나를 지으신 것은 하나님의 실수가 아닙니다. 내가 죄를 범하고 실수한다고 하여 하나님께서 나를 지으신 것이 실수가 아닌 것은 선악과를 따먹고 죄를 범한 아담과 하와를 지으신 것이 실수가 아닌 것과 같습니다.

실수가 없으시고 완전하신 주님을 이렇게 찬양합니다. "완전하신 나의 주 의의 길로 날 인도하소서 행하신 모든 일 주님의 영광 다 경배합니다." 하나님께서 죄를 범한 아담과 하와를 없애지 않고 두신 것은 하나님만의 살려두실 계획이 있기 때문이었습니다. 우리는 이것을 예수 그리스도의 구원이라고 합니다.

21

하나님이 사랑하시는 자에게
시험하시는 이유가 무엇입니까?

인간에게 고난이 숙명이듯이 시험도 피할 수 없는 숙명입니다. 인간은 악한 존재와 이 땅에서 공존하고 있습니다. 악한 존재와 결별할 수 없는 인간이기에 인간에게는 항상 시험이 있기 마련입니다. 악한 존재는 예수님까지도 '시험하는 자'(마 4:3)입니다. 예수님을 시험하는 자는 예수님 공생애의 초기에 나타나 예수님을 시험합니다(마 4:1-10). 시험하는 자는 예수님께서 가장 주리실 때에 나타나 돌이 떡덩이가 되게 하라며 먹을 것으로 시험했습니다(마 4:3). 예수님을 시험하는 자는 예수님을 이기지 못하자 얼마동안 떠나갔습니다(눅 4:13). 마귀는 예수님을 영원히 떠나가지 않고 예수님을 시험할 새로운 작전을 세우기 위하여 시간벌기 작전을 짜고 있었던 것 같습니다. 시험하는 자는 예수님께서 가장 고통당하실 때에 다시 와서 예수님을 시험합니다. 예수님께서 십자가에 못 박혀서 극한의 고통을 겪으실 때 마귀는 사람들을 조종하여 "네가 너를 구원하여 십자가에서 내려오라"(막 15:30)라고 합니다. 또 대제사장과 서기관들을 통해 이렇게 시험합니다. "이스라엘의 왕 그리스도가 지금 십자가에서 내려와 우리가 보고 믿게 할지어다"(막 15:32). 십자가에서 내려오라고 하는 것은 인류를 구원하실 그리스도에게 가장 큰 시험이었습니다. 그리스의 소설가 니코스 카잔차키스는 이것을 '최후의 유혹'(The Last Temptation of Christ)이라고 하였습니다.

예수님은 세상에 오셔서 인간을 구원하시기 위하여 마귀에게 견딜 수 없는 모독과 수모를 당하셨습니다. 인간이 아닌 하나님께서 당하실 수 없는 시험을 당하신 것입니다. 예수님께서 이런 시험을 당하신 것은 우리를 시험에서 도우시기 위한 인간으로서의 체험이었습니다. 성경은 "그가 시험을 받아 고난을 당하셨은즉 시험 받는 자들을 능히 도우실 수 있느니라"(히 2:18)라고 합니다. 사람으로 오신 예수님께서 사람을 구원하시기 위하여 사람들이 당할 시험을 친히 당하셨다는 말입니다.

하나님은 사람을 시험하지 않으십니다. 각 사람이 시험을 받는 것은 자기 욕심에 끌려 마귀에게 미혹되기 때문입니다(약 1:14). 사람이 시험을 받을 때에 하나님께 시험을 받는다고 오해할 수 있지만 성경은 "하나님은 악에게 시험을 받지도 아니하시고 친히 아무도 시험하지 아니하시느니라"라고 합니다(약 1:13). 사람이 마귀에게 미혹되어 시험을 당하지만 모든 시험은 사람들이 스스로 감당할 만한 시험만 당하게 됨을 믿고 감사해야 합니다. 왜냐하면 "하나님은 미쁘사 너희가 감당하지 못할 시험 당함을 허락하지 아니하시고 시험 당할 즈음에 또한 피할 길을 내사 너희로 능히 감당하게 하시느니라"(고전 10:13)라고 하시기 때문입니다.

헬라어의 '시험하다'라는 말은 '페이라조'라는 단어입니다. '페이라조'라는 단어는 참 묘한 뜻을 가지고 있습니다. 이 단어는 '시험하다'(Test)라는 뜻과 '유혹하다'(Tempt)라는 두 가지 뜻을 동시에 가지고 있습니다. '시험하다'와 '유혹하다'는 외형적 모양은 비슷한 것 같지만 내면적 모습은 전혀 다른 의미를 가지고 있습니다. 시험은 하나님께서 하시며, 유혹은 마귀가 합니다. 시험은 더 성장하고 강하게 하려는 의도를 가지지만 유혹은 넘어뜨리고 패배하게 하려는 의도를 가지고 있습니다. 하나님은 시험하셔서 더 강한 믿음의 사람이 되게 하시지만 마귀는 믿음의 사람을 넘어뜨려 믿음을 상실하고 패배하게 만듭니다.

그래서 하나님의 시험을 잘 알고 있는 모세는 "네 조상들도 알지 못하던 만나를 광야에서 네게 먹이셨나니 이는 다 너를 낮추시며 너를 시험하사 마침내 네게 복을 주려 하심이었느니라"(신 8:16)고 합니다. 하나님의 시험의 결과는 하나님의 복입니다. 예수님께서 승천하신 후 초대교회를 향한 불같은 시험이 시작되자 이를 견딜 수 있는 믿음을 불어넣기 위하여 야고보는 "내 형제들아 너희가 여러 가지 시험을 당하거든 온전히 기쁘게 여기라 이는 너희 믿음의 시련이 인내를 만들어 내는 줄 너희가 앎이라"(약 1:2-3)고 권합니다.

악한 존재가 떠나지 않는 동안 인간에게 시험은 절대 면제되지 않습니다. 시험의 존재는 항상 있지만 믿음의 사람에게 필요한 것은 시험에 빠지지 않는 것입니다. 그래서 예수님께서 가르쳐주신 기도에도 "우리를 시험에 들게 하지 마시옵고 다만 악에서 구하시옵소서"(마 6:13)라는 구절이 있습니다. 예수님은 "우리에게 시험을 없이하여 주시고"라고 하지 않고 시험은 있지만 "시험에 들게 하지 마시옵고"라고 기도하라고 하십니다. 시험에 들지 않기 위해서는 깨어 기도해야 합니다. 마음으로는 원하지만 육신이 약하기 때문입니다(마 26:41). 하나님의 사람은 악한 시험하는 자가 다스리는 세상을 이길 수 있습니다. "세상을 이기는 승리는 이것이니 우리의 믿음이니라"(요일 5:4)라고 하십니다.

믿음의 아버지 아브라함은 하나님의 칭찬과 사랑을 받을 만큼 대단히 큰 하나님의 신뢰를 받았습니다. 창세기 22장은 하나님의 시험에 대한 아브라함의 위대한 순종과 대처가 기록이 되어 있습니다. 키르케고르는 아브라함이 아들 이삭을 모리아에 바치는 이야기가 그가 믿음의 조상으로 인정받도록 하나님을 감동시킨 장면이라고 합니다.

브엘세바에서 하나님은 아브라함을 시험하시려고 부르셨습니다(창 22:1). 결론적으로 말하자면 아브라함은 하나님의 시험에서 하나님께서도 놀라실만큼 합격했습니다. 하나님께서는 아브라함에게 "네 아들 네 사랑하는 독자 이삭을 데리고 모리아 땅으로 가서 내가 네게 일러 준 한 산 거기서 그를 번제로 드리라"(창 22:2)라고 하셨습니다. 첫째는 이삭을 드리라는 것입니다. 하나님은 어렵사리 100세에 낳은 아들을 드리라고 하십니다. 그것도 "네 아들 사랑하는 독자 이삭"이라고 하십니다. 둘째는 모리아의 산으로 가라고 하십니다. 모리아는 하란에서 사흘 길을 가야 하는 곳입니다. 아들을 바치기 위하여 사흘 길을 간다는 것은 하루하루가, 한 걸음 한 걸음이 고통이었을 것입니다. 셋째는 번제로 드리라고 하십니다. 아들을 칼로 죽이는 것은 쉬울 수 있지만 완전히 태우는 번제로 드린다는 것은 아버지로서는 가능하지 않은 일입니다. 그런데 아브라함은 이런 하나님의 시험에 합격한 것입니다.

아브라함은 하나님께서 말씀하신 다음 날 아침 일찍 두 종을 데리고 아들과 함께 길을 떠납니다. 아브라함은 하나님께서 아들을 번제로 드리라고 하셨다는 말을 사라에게는 숨긴 것 같습니다. 만일 사라에게 말을 하고 의논하였더라면 절대로 바치지 못했을 것입니다. 아버지는 아들을 바칠 수 있어도 어머니는 절대로 못 바칩니다. 길을 떠난 지 셋째 날에 하나님께서 말씀하신 산을 바라보며 종들에게 머물러 있으라고 하였습니다. 두 종이 함께 갔다면 주인이 아들을 번제로 드리는 장면을 그냥 바라보고만 있지 않았을 것입니다. 건장한 젊은 종들이 말렸다면 아브라함은 이삭을 번제로 드리는 일을 하지 못했을 것입니다.

아브라함이 아들을 제단에 올려놓고 칼을 들어 죽이려고 하자 여호와의 사자가 "아브라함아 아브라함아"라고 부르십니다. 하나님께서 얼마나 급하셨으면 두 번이나 부르셨겠습니까? 그리고 "그 아이에게 네 손을 대지 말라 그에게 아무 일도 하지 말라 네가 네 아들 네 독자까지도 내게 아끼지 아니하였으니 내가 이제야 네가 하나님을 경외하는 줄을 아노라"(창 22:12)라고 하십니다. 하나님의 시험에 합격한 아브라함에게 하나님께서는 아들 이삭 대신 번제할 숫양을 주셨습니다. 하나님은 유혹하지(Tempt) 않으시고 시험하십니다(Test). 하나님의 시험은 하나님을 더 사랑하게 하시고, 더 믿음이 강해지도록 하시는 사랑입니다. 그리고 우리에게는 은혜입니다. 시험에 이기는 자에게는 더 큰 복을 주시는 하나님이십니다.

22

인간이 죽는 날이 왜 태어나는 날보다 나으며,
죽음이 복입니까?

세상에서 가장 큰 지혜를 가진 사람이었던 솔로몬은 "아름다운 이름이 보배로운 기름보다 낫고 죽는 날이 출생하는 날보다 나으며 초상집에 가는 것이 잔치집에 가는 것보다 나으니 모든 사람의 결국이 이와 같이 됨이라 산 자가 이것에 유심하리로다"(전 7:1-2)라고 합니다. 이 말씀은 얼핏 보면 허무주의자의 탄식 소리같이 들립니다. 그러나 솔로몬은 부귀와 영화를 누린 왕으로서 자신의 삶을 돌이켜 본 지혜자의 소리를 들려줍니다.

사람은 누구나 숙명적 존재로서 죽습니다. 사람이 태어나는 것도 죽는 것도 자신의 선택이 아닙니다. 그래서 운명이라는 말로 사람의 출생과 죽음 그리고 삶을 표현하기도 합니다. 그러나 신앙의 눈으로 삶을 보면 모든 것이 하나님의 계획이며 은혜입니다. 하나님께서 내가 태어나기 전에 이미 나의 출생과 삶과 죽음을 계획하셨다는 믿음입니다.

사람은 누구나 태어나 자신의 인생을 삽니다. 누구에게나 삶은 기쁨과 고난의 연속입니다. 기쁜 일만 있는 것이 아니라 기쁨의 뒤에 아픔과 슬픔이 숨어 있습니다. 그래서 고난의 연속이라고도 하고, 고해(苦海) 즉 고통의 바다라고도 하며 '인생은 역경이다'(La vie est dure)라고도 합니다. 어떤 이는 인생의 세 가지 불행이 있다고 합니다. 첫째는 초년 출세이며, 둘째는 중년 상처이며, 셋째는 노년 빈곤이라고 합니다. 불가(佛家)에서는 이런 인간의 일생을 '생노병사'(生老病死)라고 하여 인간이 태어나서 늙고, 병들고, 죽는 허무한 과정을 겪는다고 합니다. 복을 추구하며 많은 복을 받았던 야곱도 "내 나그네 길의 세월이 백삼십 년이니이다 내 나이가 얼마 못 되니 우리 조상의 나그네 길의 연조에 미치지 못하나 험악한 세월을 보내었나이다"(창 46:9)라고 하였습니다. 가장 화려한 삶을 살았던 솔로몬도 "헛되고 헛되며 헛되고 헛되니 모든 것이 헛되도다"(전 1:2)라고 합니다.

이스라엘 전 역사에서 가장 위대한 왕이라고 존대하는 다윗을 보세요. 다윗의 생애는 잠시도 잠잠할 날이 없는 고난의 연속이었습니다. 젊을 때는 개인적인 고난의 시기를 겪었습니다. 그는 목동으로 살다가 블레셋과의 전쟁에서 골리앗을 죽이고 백성들의 환호 속에서 사울을 능가하는 인기를 누렸습니다. 그러나 이것이 화근이 되어 사울에게 쫓기고 살해의 위협을 당하며 이리저리 피해 다녀야 했습니다. 그가 왕이 되었을 때는 국가적인 고난의 시기였습니다. 그는 블레셋을 위시한 많은 주변국과 끊임없는 전쟁을 치르고 마침내 전쟁에 승리하였지만 너무 많은 피를 흘렸습니다. 이로 인해 하나님께서는 그가 그렇게 원하던 성전건축을 하지 못하게 하셨습니다. 그가 늙었을 때는 가정적인 고난의 시기였습니다. 그의 아들 압살롬이 그를 반역하므로 그는 다시 아들을 피하여 숨어야 했고 자신의 군대가 아들을 죽이는 비극을 맞이하게 되었습니다. 다윗은 뛰어난 왕이었지만 누구보다 더 많은 인생의 역경을 경험한 사람이었습니다.

인생이 고통이고 험악하며 헛된 것이므로 사람이 태어나는 것은 그 자체가 기쁨이 아닐 수 있습니다. 그래서 어떤 이는 이렇게 표현합니다. "네가 태어날 때 너는 울었지만 모두는 기뻐하였고, 네가 죽을 때 너는 기뻐하지만 모두는 울게 될 것이다." 인생이 얼마나 고통스러운지 인간은 본능적으로 태어나면서 운다고 합니다. 우리가 인생살이 한 바퀴를 돈다는 것은 고뇌가 크고 세상 사람들이 겪는 그 모든 고통을 다 겪게 되는 것입니다.

우리가 예수를 믿고 구원받았다고 하더라도 세상 사람들이 겪는 모든 고통의 순간을 겪어야 합니다. 예수 믿는 사람이 되었다고 세상의 고통을 면제받는 것은 아니라는 말입니다. 예수님이 함께 하시는 배를 타고 가도 풍랑이 일어나고(막 4:35-41), 예수님의 말씀에 순종하여 배를 저어가도 풍랑이 일어납니다(마 14:22-32). 세상에서 예수를 믿고 예수님과 함께 살아간다고 하지만 세상에서 예수 믿지 않는 사람들과 똑같은 풍랑을 만나게 되는 것입니다. 인생이란 수많은 시험 과목을 치른 후에 그 시험에 대한 해답과 교훈을 가르치는 혹독한 학교와 같습니다. 그러기에 세상에 태어나 산다는 것이 고통의 원인일 수 있습니다.

인생은 거센 풍랑 가운데 떠 있는 일엽편주에 불과합니다. 바람과 비를 피할 길이 없으며, 무더위와 강추위를 몸소 당해야 합니다. 그리고 누구나 죽음을 피할 수 없습니다. 키르케고르는 "인생이란 앞쪽으로 살아가야 하지만 뒤쪽으로만 이해할 수 있는 것이다"라고 하였습니다. 인생은 살아가는 것이지만 죽음으로 인생의 가치가 정해지는 것입니다. 그래서 인생은 사는 것이 아니라 죽는 것으로 이해할 수 있는 것입니다.

사람은 누구나 다 죽습니다. 다윗은 죽을 때에 솔로몬에게 "내가 이

제 세상 모든 사람이 가는 길로 가게 되었노니"(왕상 2:2)라고 합니다. 누구나 가야 하는 그 길입니다. 히브리서에는 "한번 죽는 것은 사람에게 정해진 것이요 그 후에는 심판이 있으리니"(히 9:27)라고 합니다. 아담과 하와가 선악과를 먹었기 때문에 먹는 날에는 반드시 죽으리라는 말씀대로 누구나 예외 없이 죽는 것입니다. "인생에 있어서 가장 확실한 것은 무엇인가? 죽음과 세금이다"라는 말도 있습니다.

그러나 하나님의 구원받는 백성에게 죽음은 축복입니다. "그의 경건한 자들의 죽음은 여호와께서 보시기에 귀중한 것이로다"(시 118:15)라고 성경은 말합니다. 우리는 하나님께서 귀중이 보시는 죽음으로 죽게 될 것입니다. 그러므로 하나님을 알지 못하는 자들처럼 죽음을 두려워하거나 피할 필요가 없습니다. 죽음을 두려워하는 자들은 죽음 이후의 세계를 알지 못하기 때문입니다. 우리는 죽음 이후의 세계, 하나님의 나라를 알기에 두려워하지 않는 것입니다.

죽기 전에는 눈물을 흘리고 사망을 두려워합니다. 마음의 상처를 받아 잠을 이루지 못하고 육신의 병으로 아파합니다. 그러나 죽음은 이 모든 것을 면하게 합니다. 성경은 "모든 눈물을 그 눈에서 닦아 주시니 다시는 사망이 없고 애통하는 것이나 곡하는 것이나 아픈 것이 다시 있지 아니하리니 처음 것들이 다 지나갔음이러라"(계 21:4)고 합니다. 어떤 이는 "예수님의 최후의 기적은 죽음이다"라고 하였습니다. 죽음은 세상의 모든 고통에서 완전히 해방되게 하는 최후의 기적입니다.

우리는 죽음 이후의 영원한 하나님의 나라가 얼마나 아름답고 찬란한 곳인지를 말씀으로 알고 있으므로 죽음은 복된 것입니다. 나의 선친께서는 일 년 가까이 투병하시다가 세상을 떠나셨습니다. 한 번은 선친께서 "내가 천당에 갔다 왔다"라고 하셨습니다. 나는 호기심에 "천당이 어떻습디까?"라고 여쭈었더니 "너무 좋더라"라고 하셨습니다. "천당이 좋은 건 저도 성경을 봐서 압니다. 얼마나 좋습디까?"라고 했더니 선친께서 "너무 좋아서 말로 다 형언할 수가 없다"고 하셨습니다. "가서 누구를 보셨습니까?" "베드로를 만났고, 바울을 만났고, 루터를 만났다." 얼마 후에 다시 병상을 찾아갔을 때 또 천당에 갔다 왔다고 하셨습니다. 아버지께서 돌아가실 때가 되었나보다 해서 천당에 갔다 왔다는 말씀이 그리 반갑지 않았습니다. "아버지, 그렇게 좋은데 가시렵니까?"라고 물었더니 선친께서는 "안 가련다"라고 하셨습니다. "왜 안 가시렵니까?" "엄마도 있고 너희들도 있고 얼마나 좋으냐?" 선친과의 대화 속에는 죽음 이후의 최상의 나라를 눈으로 보듯 그려주고 있습니다. 이 세상에서 사랑하는 가족과의 미련도 아름답지만 하나님 나라를 바라는 마음은 더 아름답습니다. 그리스도인들에게 죽음은 출생과는 비교할 수 없을 만큼 복되고 귀한 것입니다.

23

사람이 예수를 믿어도 완전하지 못한 것은
무엇 때문입니까?

완전이란 단어는 인간의 단어가 아니라 하나님의 단어입니다. 인간에게는 완전이란 기대할 수 없는 것입니다. 왜냐하면 인간은 불완전한 존재이기 때문입니다. 만일에 완전한 인간이 있다면 그는 이미 인간이 아니고 신입니다. 인간은 불완전한 존재이기 때문에 인간이 만든 모든 것이 불완전합니다. 인간이 만든 것 가운데 완전한 것은 하나도 없습니다. 인간의 최고의 기술과 경험의 결합체인 타이타닉호도 처녀 출항에서 침몰했습니다. 최고의 과학기술로 개발한 우주선도 실패를 거듭합니다. 가장 완전하게 제련한 순금도 100%라 하지 않고 99.9%라고 합니다. 죄를 지어 타락한 인간은 완전성을 잃어버린 것입니다.

어릴 때 할아버지 댁에 갔다가 송아지가 태어나는 것을 본 적이 있습니다. 송아지는 어미 배에서 나오자마자 잠시 비틀거리더니 잠시 후에는 몸을 털고 일어나 엄마소를 졸졸 따라다니다 젖을 빨고 걷기도 하고 뛰기도 하였습니다. 망아지는 일반적으로 태어난 지 1시간이면 일어나 혼자서 걷는다고 합니다. 포유동물들은 거의 이런 과정을 거쳐 성체가 되고 또 독립생활을 합니다. 난생동물도 알에서 깨어나 얼마 동안 유아기를 보내지만 금방 먹이 활동을 하고 성체가 됩니다.

그런데 인간은 그렇지 못합니다. 모든 생물들 가운데 가장 미숙하게 태어나는 것이 인간입니다. 그래서 학자들은 인간을 '미성숙한 동물'이라고 부릅니다. 태어나서 6개월 내지 1년은 어머니의 젖을 먹어야 하고, 돌이 돼서야 걸음마를 시작하고, 길게는 2살이 될 때까지 기저귀를 차야 합니다. 그 후로도 수년 동안 보호자의 보살핌이 필요합니다. 이렇게 인간은 성장이 더딥니다.

인간의 영적 성장도 마찬가지입니다. 성경은 영적 미숙아인 그리스도인들을 어린 아이에 빗대어 하는 말들이 많이 있습니다. "내가 어렸을 때에는 말하는 것이 어린 아이와 같고 깨닫는 것이 어린 아이와 같고 생각하는 것이 어린 아이와 같다가 장성한 사람이 되어서는 어린 아이의 일을 버렸노라"(고전 13:11)고 합니다. 또 자신을 낮출 때도 아이라는 표현을 씁니다. 예레미야는 "내가 이르되 슬프도소이다 주 여호와여 보소서 나는 아이라 말할 줄을 알지 못하나이다"(렘 1:6)라고 합니다.

뿐만 아니라 인간이 육체를 가지고 이 땅에 존재하는 동안 모든 것이 미완성입니다. 이 세상에서 살아 있는 동안 완전하게 완성된 사람은 하나도 없습니다. 그런 의미에서 바울은 "내가 그리스도를 본받는 자가 된 것 같이 너희는 나를 본받는 자가 되라"(고전 11:1)라고 할 만큼 자신 있는 삶을 살았지만 "내가 이미 얻었다 함도 아니요 온전히 이루었다 함도 아니라 오직 내가 그리스도 예수께 잡힌 바 된 그것을 잡으려고 달려가노라"(빌 3:12)라고 합니다. 아직도 완전한 그리스도인이 아니라 완전을 향해 나아가는 존재라는 뜻입니다.

루터는 인간을 '다 된 존재'(Geworden sein)가 아니라 '되어져 가는 존재'(Werden sein)이라고 하였습니다. 인간은 세상에 존재하는 동안은 과정 속에 있는 존재란 말입니다. 과정이란 출발한 다음에 종점을 향해 가는 경로를 의미합니다. 어떤 일을 시작하게 되면 일의 결과를 향해 가는 경로를 과정이라 하고, 인간이 세상에 태어나 삶을 시작하면 삶의 마지막인 죽음을 향해 가는 경로도 과정입니다. 그래서 인간이 살아 있는 동안은 다 된 존재, 완성된 존재가 아니라 되어져 가는 존재, 과정 속에 있는 존재인 것입니다.

이스라엘 백성들의 출애굽에서 가나안까지의 경로는 인류의 구원의 경로를 상징적으로 설명합니다. 이스라엘 백성들이 430년 동안 이집트에서 거류하면서 오랫동안 바로의 종으로 삽니다. 하나님의 은혜로 이스라엘 백성들은 모세를 통하여 출애굽하게 되었습니다. 출애굽한 백성들은 곧 가나안으로 들어간 것이 아니라 40년의 길고 험한 광야생활을 거쳤습니다. 그리고 하나님은 그들이 요단강을 건너 가나안으로 들어가게 하셨습니다.

이스라엘 백성들이 애굽을 탈출하였다고 모든 여정이 끝난 것이 아닙니다. 애굽을 탈출한 다음에는 광야생활이란 긴 과정이 기다리고 있었습니다. 이 과정을 마치지 못하면 요단강을 건너지 못했던 것입니다. 성경에서는 출애굽 1세대가 가나안에 들어가지 못했다고 말합니다. 그들은 출애굽을 완성하지 못한 비극적인 세대였습니다. 분명히 여정의 시작은 성공적이었고 과정도 좋았지만 결과를 완성하지 못했던 것입니다. 이것은 구원의 여정에서 시작은 했지만 완성하지 못하는 사람도 있다는 것을 상징하는 것입니다.

출애굽의 과정은 인류의 구원의 상징이라고 앞서 설명하였습니다. 신학적으로 구원을 '의화'(Justification), '성화'(Sanctification), '영화'(Glorification)
세 단계로 설명합니다. '의화'는 구원의 첫 단계로 의롭다고 인정받는 것입
니다. 예수를 그리스도로 믿는 믿음으로 구원받는 단계로 많은 시간을 필요
로 하지 않습니다. 예수님께서 십자가에 못 박혀 계실 때에 한 편의 강도가
"예수여 당신의 나라에 임하실 때에 나를 기억하소서"(눅 23:42)라고 하였고,
예수님은 "내가 진실로 네게 이르노니 오늘 네가 나와 함께 낙원에 있으리
라"(눅 23:43)라고 하셨습니다. 이 강도는 평생 흉악한 강도로 살다가 마지막
순간에 예수님께 구원을 받았습니다. 의롭다고 인정을 받는 구원은 이렇게
순간적으로 가능한 것입니다. '성화'는 거룩하게 되어가는 구원의 과정입니
다. 이미 의롭다고 인정을 받았지만 죽음에 들어가기까지 매일 거룩하게 다
듬어 가는 과정입니다. 이미 목욕하였다고 하더라도 매일 발을 씻어야 하는
것과 마찬가지입니다. 이 기간은 상당히 긴 시간입니다. 그리고 '영화'는 죽
음으로 들어가는 구원의 마지막 단계입니다. 인간이 죽어 하나님의 나라에
들어가게 되면 구원의 과정이 끝나게 되고 이것이 구원이 마무리 되는 영광
스런 일입니다.

위에서 설명한 출애굽의 경로를 보면 구원의 세 단계를 상징적으로
보여줍니다. '의화'는 순간적인 구원의 단계이므로 이를 상징하는 출애굽도
순간입니다. 하나님께서는 이 구원의 단계가 순간이라는 것을 보여주시려고
홍해의 물을 갈라 이스라엘 백성들이 신속하게 건너게 하셨습니다. '성화'는
긴 시간을 요구하는 구원의 단계이므로 출애굽 후의 광야생활은 40년의 험
하고 긴 여정이었습니다. 광야생활은 가나안에 들어가기 위한 훈련의 기간
으로서 출애굽 후에 요단강을 건너기까지의 과정이었습니다. 성경은 광야를
교회라고 합니다(행 7:38). 교회란 우리가 첫째 구원인 의화 이후에 하나님의

나라에 들어가는 셋째 구원인 영화에 이를 때까지 훈련받는 곳입니다. '영화'는 죽음으로 얻는 구원의 단계로 이 단계도 순간이므로 하나님은 다시 요단강의 물을 마르게 하여 신속히 건너게 하십니다.

우리 모두는 이미 구원받았지만 아직 완전한 구원에 이르지 못했습니다. 존 스토트라는 신학자는 이것을 '이미'와 '아직' 사이의 고통스러운 긴장이라고 하였습니다. 우리는 이미 구원받은 사람들이지만 아직 완전한 구원에 이르지 못했기 때문에 광야생활 같은 과정에서 분투하고 있는 것입니다. 이 과정에서는 누구나 쓰러지기도 하고 비틀거리기도 합니다. 그러나 이런 불완전한 모습이 구원을 받지 못했기 때문이 아니라는 것입니다.

존 번연의 '천로역정'에는 크리스천이 등장합니다. 크리스천은 십자가 앞까지 왔지만 무거운 죄 짐 때문에 거기서 벗어날 수 없었습니다. 결국 그는 십자가 앞에서 쓰러졌고 죄의 짐이 풀어지고 그는 자유할 수 있었습니다. 그러나 얼마 안 가서 그는 하나님이 용서하신다는 것들을 다시 줍기 시작하였습니다. 완전하지 못한 모습은 완전한 구원에 들어가기 전 누구에게나 있는 부족함입니다. 완전한 구원인 하나님의 나라에 들어가야 비로소 완전하게 되는 것입니다. 우리가 불완전한 것은 구원받지 못한 것 때문이 결코 아닙니다.

24

성경이 말하는 가정의 의미는 무엇입니까?

기독교는 가정을 소중히 여기는 가정적인 종교입니다. 기독교는 가정이 요긴한 하나님의 기관입니다. 불교를 연상하면 불상이 있는 대웅전을 떠올리게 될 것입니다. 이슬람교를 연상하면 높은 첨탑 미레넷을 가지고 있는 모스크를 떠올리게 될 것입니다. 그러나 기독교는 뾰족탑에 십자가가 있는 예배당이 교회의 원형이 아니라 가정이 교회의 원형입니다. 세상 밖으로 드러나 뾰족탑과 십자가를 가진 예배당은 콘스탄티누스 대제가 기독교를 공인한 이후인 313년 이후이었습니다.

가정은 하나님이 직접 만드신 하나님의 기관입니다. 하나님께서 남자인 아담을 먼저 만드시고, 사람이 혼자 있는 것을 좋지 않게 보셔서 여자인 하와를 만드셨습니다. 하와를 만드실 때 하나님은 아담을 깊이 잠들게 하시고 아담의 갈비뼈를 뽑아 만드셨다고 합니다. 그 때 아담은 깊은 잠에서 깨어나서 "이는 내 뼈 중의 뼈요 살 중의 살이라"(창 2:23)라고 하였습니다. 유대인들은 성경해석을 재미있게 합니다. 하나님께서 갈비뼈를 뽑아 여자를 만드신 이유를 유대인들은 이렇게 설명합니다. "만일 하나님께서 남자의 머리를 뽑아서 여자를 만드셨다면 여자가 남자를 지배할 것이다. 만일 하나님께서 남자의 발가락을 뽑아서 여자를 만드셨다면 남자가 여자를 짓밟을 것이다. 하나님께서 갈비뼈를 뽑아서 여자를 만드신 것은 갈비뼈처럼 가슴에 잘 품고 사랑하고 보호하라고 그렇게 하셨다"고 합니다.

하나님께서 남자와 여자를 창조하신 다음에 그들에게 "생육하고 번성하여 땅에 충만하라, 땅을 정복하라, 바다의 물고기와 하늘의 새와 땅에 움직이는 모든 생물을 다스리라"(창 1:28)라고 하셨습니다. 이 말씀은 하나님의 '문화명령'(Cultural mandate)이라고 이름을 붙여놓은 구절입니다. 하나님의 문화명령은 어느 개인에게 주신 명령이 아니라 남자와 여자 즉 가정에게 주신 명령입니다. 모든 것을 정복하고 다스리는 권리를 가정에게 주신 것입니다. 가정이 세상을 다스림에 얼마나 소중한가를 하나님이 직접 말씀하셨습니다.

투르나이젠은 "하나님이 이 세상에 직접 만드신 기관은 교회와 가정밖에 없다"고 하였습니다. 가정은 하나님이 직접 만드신 세상의 기관입니다. 그래서 예수님께서도 "하나님이 짝지어 주신 것을 사람이 나누지 못할지니라"(마 19:6)고 하셨습니다. 사람들이 어쩌다가 만나서 가정을 이루는 줄 알지만 모든 가정은 하나님께서 짝지어 만드신 기관입니다. 그래서 가정은 남편이나 아내나 자녀가 주인이 아니라 하나님께서 주인이 되셔야 좋은 가정, 평안하고 행복한 가정이 될 수 있습니다. 교회와 가정은 하나님께서 직접 만드신 기관이므로 가정을 작은 교회라고 부르며, 교회를 큰 가정이라고 합니다. 청교도들은 가정을 '교회 내의 작은 교회'라고 불렀습니다.

가정이 하나님이 직접 짝지어 주신 기관이므로 성경은 사람이 나누지 못하게 이혼을 금하고 있습니다. 제자들이 예수님께 이혼에 관한 질문을 하였습니다. 모세는 이혼증서를 주고 아내를 버리라고 하였다고 예수님께 말했습니다. 그 때 예수님은 "모세가 너희 마음의 완악함 때문에 아내 버림을 허락하였거니와 본래는 그렇지 아니하니라"(마 19:8)고 하셨습니다. 예수님께서는 사람들의 마음이 완악하므로 이혼을 하라고 하였지만 본래는 그렇기 않다고 하셨습니다. 이혼하는 것은 옳지 않다는 말씀입니다. 그리고 "음행한 이유 외에 아내를 버리고 다른 데 장가 드는 자는 간음함이니라"(마 19:9)라고 하셨습니다. 음행한 이유는 이혼의 사유가 될 수는 있지만 음행하면 반드시 이혼하라는 필수적 명령이 아니라는 점을 확실히 하셨습니다.

가정이 하나님이 주인이시며 중요한 기관이라는 것을 성경은 여러 측면에서 말해주고 있습니다. 성경의 역사 접근법은 가정입니다. 성경은 역사적 사실을 기록하고 있습니다. 창세기가 첫 세상의 역사이고, 요한계시록이 마지막 세상의 역사입니다. 성경은 전체가 예수 그리스도의 이야기이고, 인간 구원의 계획을 말하고 있습니다. 그런데 성경은 이 모든 이야기를 가정을 통하여 이끌어가고 있습니다. 그래서 성경에는 가문의 계보와 가족의 이름들이 수없이 많이 있습니다. 성경은 단일 책 가운데 인명이 가장 많이 나오는데 바로 이 때문입니다. 성경은 가족을 말할 때 아들, 손자, 증손자, 고손자, 현손자 등을 줄줄이 얘기합니다. 가정과 가문을 귀중하게 여기는 성경적 관점에서 그렇게 적고 있는 것입니다. 사회 비평가 존 러스킨도 "인류 역사는 세계의 역사가 아니라 가정의 역사이다"라고 하였습니다.

성경이 가르치는 가정의 구성은 부부관계입니다. 성경은 곳곳에 부부에 대한 권면이 있습니다. 바울과 베드로는 각각 부부에게 권면의 말씀을 줍니다. 바울은 아내들에게 "자기 남편에게 복종하기를 주께 하듯 하라"(엡 5:22)라고 합니다. 왜냐하면 남편이 아내의 머리됨이 그리스도께서 교회의 머리됨과 같기 때문입니다. 복종이란 단어의 뜻은 종이 상전에게 하듯 굴종의 자세가 아니라 사랑하므로 따라주라는 것입니다. 남편이 아내의 머리됨이란 지체로서 머리(Head)가 아니라 기능으로서 머리역할(Headship)을 말합니다. 이런 복종이란 자신을 죽이면 가능합니다. 자신의 자존심이나 이전의 경험 등을 모두 죽이면 복종이 어렵지 않을 것입니다.

그리고 남편들에게는 "아내 사랑하기를 그리스도께서 교회를 사랑하시고 그 교회를 위하여 자신을 주심 같이 하라"(엡 5:25)고 합니다. 복종보다 사랑이 쉬운 명령이라고 생각할 수 있지만 전혀 그렇지 않습니다. 왜냐하면 '사랑하라'고 하는 헬라어의 단어가 '아가페'이기 때문입니다. 헬라어에는 사랑하다는 단어가 세 개가 있습니다. 육적인 사랑을 뜻하는 '에로스', 형제의 사랑을 뜻하는 '필레오' 그리고 하나님의 사랑을 뜻하는 '아가페'입니다. 바울은 남편들에게 하나님이 우리를 사랑하셔서 아들을 죽이시는 그 사랑으로 아내를 사랑하라고 합니다. 하나님의 사랑으로 아내를 사랑한다는 것은 참 어렵습니다. 내 자신을 죽여야 비로소 가능합니다. 그래서 복종하는 아내, 사랑하는 남편이 되기 위해서는 모두 자신을 죽이면 됩니다. 어떤 이는 "좋은 부부관계란 나도 죽고, 너도 죽고 우리가 사는 것이다"라고 하였습니다.

가정은 사람들이 모여 구성되지만 조직이 아니라 유기체입니다. 유기체란 서로가 유기적인 관계를 가진 생명체라는 것입니다. 만일 가정에 사랑이 없으면 살아 있는 유기체가 아니라 죽은 시체에 불과할 것입니다. 성경에는 사랑이라는 단어가 수없이 많이 있습니다. 오래 전에 '사랑은 이해하는 것이다'라는 글을 본 적이 있습니다. 이해한다는 것은 "각각 자기보다 남을 낮게 여기고"(빌 2:3)라는 말이라고 봅니다. 이해하는 것은 다른 사람을 높여주고 나를 낮추는 것입니다. 영어에서 이해하다(Understand)는 말은 아래(Under)에 서다(Stand)는 뜻입니다. 서로가 남을 나보다 높여 주는 것이 사랑입니다. 탈무드에는 "내가 내 남편을 왕같이 모시게 되면 내가 왕비가 되고, 내가 내 남편을 종같이 부리게 되면 나도 종이 된다"는 말이 있습니다.

그리고 가정에는 부모와 자녀가 있습니다. 성경이 가르치는 부모와 자녀의 관계는 사랑과 순종입니다. 부모는 자녀를 사랑해야 하고, 자녀는 부모에게 순종해야 합니다. 부모와 자녀의 관계는 인격적인 관계이어야 합니다. 자녀는 부모의 소유가 아니며 부모는 하나님의 자녀인 나의 자녀를 하나님의 말씀대로 양육하는 책임을 가지고 있습니다. 부부가 위에서 말한 것 같은 관계를 가질 때에 자녀들은 자연스럽게 좋은 성품과 좋은 신앙을 가지고 자라게 될 것입니다. 이것이 가정의 원리이며, 부모의 거룩한 의무입니다.

25

사람과 다른 피조물인 동물과의 다른 점이 무엇입니까?

하나님께서는 천지를 창조하실 때 아무 것도 없는 상태에서 모든 것이 있게 하셨습니다. 성경에는 "땅이 혼돈하고 공허하며 흑암이 깊음 위에 있고"(창 1:2)라고 합니다. 혼돈하다는 것은 아무 형상이 없다는 뜻이며 (Formless), 공허하다는 것은 비어 있다는 뜻이며(Empty), 흑암이 깊음 위에 있다는 것은 끝없는 공간이 깜깜했다는 뜻입니다(Darkness). 이런 완전 무(無)에서 하나님은 유(有)를 창조하신 것입니다. 그래서 하나님의 창조를 '무에서의 창조'(Creatio ex nihilo)라고 합니다. '창조'는 없는 데서 무엇을 만드는 것을 말합니다. 원재료를 가지고 무엇을 만드는 것은 창조라 하지 않고 '조성하다' 혹은 '만들다'라고 합니다.

하나님께서는 빛을 만드셔서 흑암이 물러가게 하셨고, 하늘과 땅과 물과 동물과 식물들을 만드셔서 모든 것에 형상이 있게 하셨으며, 이 세상을 창조물로 빈틈 없이 채우셨습니다. 하나님께서 세상을 창조하실 때 창조의 단계는 매우 질서있고 과학적이었습니다. 빛을 창조하시고 식물과 동물 그리고 인간에게 필요한 모든 것을 다 창조하신 다음, 셋째 날에 식물을 만드셨고, 다섯째 날에 물고기와 새를 만드셨으며, 여섯째 날에 땅의 모든 짐승들을 창조하셨습니다.

그리고 하나님께서는 하나님의 형상을 따라 사람을 창조하셨습니다. 성경은 "우리의 형상을 따라 우리의 모양대로 우리가 사람을 만들고"(창 1:26 상)라고 합니다. 또한 이렇게 다시 설명합니다. "하나님이 자기 형상 곧 하나님의 형상대로 사람을 창조하시되 남자와 여자를 창조하시고"(창 1:27). 하나님께서 사람을 창조하실 때 하나님의 형상을 주셔서 하나님의 닮은 꼴이 되게 하셨습니다. '형상'이란 외형이 아니라 내면을 의미하며 하나님의 성품과 인격 등 하나님의 속성을 사람에게도 주셨다는 뜻입니다. 하나님의 인간 창조는 다른 어떤 피조물과는 비교할 수 없는 특권과 은총이 담겨 있는 것입니다. 사람 외에 어떤 피조물에게도 하나님의 형상을 주시지 않았기 때문에 사람의 창조는 특별합니다. 이런 하나님의 형상은 아담과 하와의 죄로 파괴되었지만 훗날 하나님의 나라에서 회복하여 하나님과 함께 살게 될 것입니다.

하나님께서는 생물을 그 종류대로 창조하셨습니다. 가축과 기는 것과 땅의 짐승을 종류대로 창조하셨습니다(창 1:24). 하나님이 땅의 짐승을 그 종류대로, 가축을 그 종류대로, 땅에 기는 모든 것을 그 종류대로 만드셨습니다(창 1:25). 이 세상에 수없이 많은 종류의 동물들을 하나님께서 다 창조하셨습니다. 그러나 동물들에게는 사람과 같이 하나님의 형상을 주시지 않으셨습니다. 동물은 하나님의 성품이나 인격을 가지지 못했다는 뜻입니다. 그런 의미에서 사람과 동물은 같은 하나님의 피조물이지만 전혀 다른 피조물인 것입니다.

사람과 동물이 다르다는 것은 하나님께서 말씀을 통해 분명하게 가르치고 있습니다. 하나님께서는 "우리의 형상을 따라 우리의 모양대로 우리가 사람을 만들고 그들로 바다의 물고기와 하늘의 새와 가축과 온 땅과 땅에 기는 모든 것을 다스리게 하자"(창 1:26)라고 하셨습니다. 흔히 '문화명령'(Cultural mandate)이라고 하는 성경 구절에는 "하나님이 그들에게 복을 주시며 하나님이 그들에게 이르시되 생육하고 번성하여 땅에 충만하라, 땅을 정복하라, 바다의 물고기와 하늘의 새와 땅에 움직이는 모든 생물을 다스리라 하시니라"(창 1:28)라고 적혀있습니다. 하나님께서 사람에게 동물을 다스리는 권리를 주신 것입니다. 사람은 동물을 다스리고, 동물은 사람의 다스림을 받게 하나님께서 창조하신 것입니다. 그런 의미에서 볼 때 사람과 동물은 창조의 원리나 창조의 목적이 전혀 다르다는 것을 알 수 있습니다.

동물의 수는 보통 사람의 머리로 기억하기 힘들 만큼 많습니다. 그런데 그 많은 동물들의 이름을 아담이 지었습니다. "여호와 하나님이 흙으로 각종 들짐승과 공중의 각종 새를 지으시고 아담이 무엇이라고 부르나 보시려고 그것들을 그에게로 이끌어 가시니 아담이 각 생물을 부르는 것이 곧 그 이름이 되었더라"(창 2:19)라고 합니다. 일반적으로 명명권(命名權)은 주인에게 있습니다. 자녀의 이름은 아버지가 짓는 것이 원칙이고, 짐승이나 물건의 이름을 짓는 권리는 주인에게 있습니다. 그렇게 볼 때 하나님께서 지으신 동물들의 이름을 사람에게 맡기신 것은 사람을 동물들의 주인으로 인정하신 셈입니다.

이분설은 인간의 구성을 영혼과 육체로 구분하는 정통신학입니다. 혹자는 영육혼으로 구분하는 삼분설을 말하기도 합니다. 삼분설을 주장하는 이들은 영은 신령한 것, 혼은 동물적인 것으로 설명합니다. 그러나 성경에는 '하나님의 혼'이란 표현도 있고, 사람이 죽었다는 말을 '영이 떠나다' 혹은 '혼이 떠나다'라고 혼용하고 있습니다. 살아 있는 동물들에게는 분명히 육체와 더불어 영혼이 있습니다. 의식과 지각을 가지고 있고 심지어 사람과 교호할 수 있는 인지능력도 있고 사랑을 표현하기도 합니다. 이런 동물의 영적인 면을 혼이라고 하고, 사람에게는 혼 외에 영이 있다고 합니다. 그러나 이런 삼분법적 해석은 잘못된 것입니다. 사람과 동물이 모두 육체와 영혼을 가지고 있는데 사람과 동물의 영혼은 본질과 영적 구성에서 전혀 다르다는 것입니다.

나의 딸과 아들도 반려견을 키우고 있습니다. 딸의 가족이었던 '코밋'은 호주에서 태어나 미국에서 살다가 사위가 한국에서 일을 하게 되면서 사위와 함께 한국에서 지내던 반려견입니다. 외손자들이 미국에 다시 데려가기 위해 건강진단을 하는 과정에서 담도암이 발견되어 치료를 받는 도중에 12살의 나이로 죽었습니다. 한밤에 장례식장을 찾아 장례를 치른 후 가족들이 슬픔에 잠기고, 외손자들은 울음을 그치지 않아 한참 애를 먹었습니다. 다시 다른 반려견을 입양하자고 했지만 외손자들은 아직 '코밋' 외에 어떤 반려견도 원치 않고 말도 꺼내지 못하게 하고 있습니다. 이제는 반려견, 반려묘 심지어 다른 동물들과 뱀, 이구아나 등 파충류까지 애완동물로 가족이 되어 한집에서 살고 있습니다. 그러나 동물은 동물이지 사람과는 다릅니다. 명견이나 희귀동물은 족보를 가지고 있지만 그 족보가 사람의 족보와 같을 수는 없습니다.

동물병원 의사의 말을 빌리면 인간의 삶의 형태가 변화하고 식생활이 달라짐에 따라 반려동물들의 육체도 많이 달라졌다고 합니다. 사람이 가진 병들을 동물도 가지게 되고 사람의 식습관에 따라 동물의 식습관도 달라졌다고 합니다. 반려동물도 사람처럼 암에 걸리기도 하고 심장이나 신장 등에 치명적인 병이 생기기도 합니다. 이것은 동물들도 사람과 같은 육체를 가지고 있다는 증거입니다. 이 말을 달리 하면 사람도 동물이라는 뜻입니다. 육체적인 면만 가지고 사람을 보면 동물과 다를 바가 없습니다. 그러나 사람은 동물에게는 없는 이성을 가진 이성적 동물입니다. 이성은 하나님께서 인간에게만 주신 특별한 은사입니다. 반면에 동물은 본능만 가지고 삽니다. 동물은 두 가지 본능적 활동만 합니다. 하나는 먹이활동이고 다른 하나는 생식활동입니다. 인간은 이 두 가지 본능이 있지만 이것만 가지고 살지 않습니다. 인간은 동물적 본능 외에 자기실현의 본능, 이성적 욕구의 본능 등을 가지고 있습니다. 동물의 영혼은 구원을 받지 못한다는 것이 결정적으로 인간과는 다르다는 것입니다.

26

인간 복제가 가능하다면 복제인간도 영혼이 있습니까?

포스트모던 시대를 이끌어가는 중요한 세 가지가 있습니다. 이것을 3D라는 약자로 표현합니다. 3D는 디지털(Digital), DNA 그리고 디자인(Design)을 의미합니다. 이 세 가지는 포스트모던 시대를 이끌어가는 새로운 기술을 촉진하고 유발하는 중요한 것들입니다. 디지털로 말미암아 발전하는 기술은 두 가지로 전자기술(IT)과 나노기술(NT)이 있습니다. DNA로 말미암아 발전하는 기술은 생명공학(BT)과 환경공학(ET)입니다. 디자인으로 말미암아 발전하는 기술은 두 가지입니다. 문화개발기술(CT)와 우주공학(ST)입니다. 이 여섯 가지 기술은 포스트모던 시대를 이끌어갈 과학의 근간이 됩니다. 산업사회를 이끌던 과학은 물리학이지만 정보사회를 이끄는 과학은 생물학이라고도 합니다. 그런 의미에서 생명공학은 우리시대의 과학을 이끌어가는 중심이며 힘입니다.

유전공학의 발달은 인류사에 엄청난 공헌을 하고 있습니다. 인간의 뿌리를 식별하고, 불치의 병을 치료하기도 하고, 강한 유전인자로 특수 분야에 최적화된 인간을 만들기도 합니다. 그러나 이런 과학의 발달은 하나님의 창조성과 인간의 존엄성을 파괴하는 결과를 가지고 와 결과적으로 과학의 역행을 조장합니다. 유전공학의 발달은 인간성을 파괴하는 끔찍한 일을 자행하고 있습니다.

　　내가 어릴 때 만화에는 공상 과학 만화가 많이 있었습니다. 당시 만화에는 실현 가능성이 전혀 보이지 않는 기계나 무기가 등장하였습니다. 우주선이니 살인광선이니 하는 것들이 최신 무기였고 우주인들은 지구인보다 월등한 무기를 가지고 우주전쟁을 벌였습니다. 그 후에 이런 공상 과학은 영화로 진보하였습니다. 소위 SF 액션, 스릴러라고 하는 영화들은 진기한 무기들의 전시장이었습니다. '스타워즈'를 비롯한 영화에서는 총이나 칼이 아니라 빛이 그 이상의 위력을 가진 무기로 나왔습니다. 그런데 그 당시에 상상 속에 있던 살인광선이 오늘날 '레이저'라는 이름으로 실현되었고, 우주선은 이제 민간 우주선으로까지 발달하였으며, 우주정거장에는 우주인들이 장기간 체류하고 있습니다.

　　생명공학의 발달로 동물의 복제가 가능하게 되자 인간복제에 대한 의구심과 가능성이 동시에 발달하였습니다. 공상 만화와 영화가 실제가 되듯이 20세기 말부터 복제인간을 주제로 한 영화가 줄을 잇게 되었습니다. '아일랜드', '레플리카', '클론' 등이 이런 류의 영화입니다. 인간의 상상, 공상은 언젠가 실현되는 것이 역사의 과정입니다. 필요는 과학의 어머니라고 하듯이 공상 속의 기계들이 이제는 우리 가정에 가전제품으로 자리 잡았고, 상상하던 기술과 의술이 우리 곁에 와 있습니다. 이런 역사의 발달과정에서 볼 때 아직은 인간의 상상에 불과하지만 언젠가는 인간복제가 실현될 수도 있다는 회의와 함께 궁금증이 듭니다.

복제란 동일한 유전적 구성을 가진 생물체를 만드는 과정을 말합니다. 복제란 말을 떠올리면 동물을 생각하기 쉽지만 복제 기술은 식물과 동물 모두에게 적용됩니다. 식물 복제는 종자, 줄기 절단, 조직 배양을 통해 이루어집니다. 동물 복제는 핵 전이라는 기술을 사용하여 동일한 유전적 구성을 가진 동물을 만드는 기술입니다. 동물 복제의 역사는 1996년으로 거슬러 올라갑니다. 복제소 '돌리'는 최초의 포유류 복제 동물이었고, 그 후로 가축들과 야생 동물 등 다양한 동물 종을 복제하였습니다. 우리나라에서는 1999년 국내 첫 체세포 복제 소인 '영롱이'가 탄생하였습니다. 복제 기술은 의학에 적용되어 질병을 치료하고 조직을 재생하는데 활용되어 의학의 발전과 인류의 건강에 도움을 주고 있습니다. 또한 복제 기술은 농축산 분야에서 질병에 저항력이 강하고 수확량이 높은 농산물 생산에 도움을 주며 멸종 위기의 종의 개체를 증가시키기도 합니다.

복제 기술은 식량문제 해결에 도움을 줄 잠재력을 가지고 있습니다. 그러나 아직은 복제가 완성된 기술이 아니며 윤리적인 문제를 야기합니다. 실제로 지금까지 동물 복제 과정에서 복제 성공률은 아주 낮습니다. 양, 쥐, 염소, 암소, 돼지 등 다섯 종류 동물들의 복제 성공률은 3-5%에 불과하다고 합니다. 더구나 복제 동물들은 대부분 태아가 되기 이전의 상태인 배아 성장 단계나 출생 전후에 죽었습니다. 우리나라의 경우 복제 동물들은 사산 혹은 비정상적인 기형 상태인 경우가 많았으며 살아서 태어난다고 해도 대부분 얼마 안 가 신부전, 심폐기능부전, 면역결핍 또는 신체기형으로 죽었다고 합니다.

인간과 동물은 육체적 조건으로 볼 때 아주 비슷합니다. 육체적으로

만 따지면 인간도 동물입니다. 동물의 복제가 가능하다면 동물인 인간도 복제가 가능하다는 전제가 성립됩니다. 그러나 생명과학자들은 동물 복제의 실패율에 근거하여 인간 복제의 가능성이 아주 희박하다고 합니다. 과학자들은 만약 인간 복제가 가능하다고 하더라도 기형아, 정신장애자 등 치명적 결함을 가지고 태어날 가능성이 크다고 밝혔습니다. 양의 복제 성공률을 근거로 인간 복제 가능성을 계산한다면 복제 인간 한 명을 탄생시키기 위해서는 1천 번의 임신이 필요하며, 이중 999번은 유산, 조산. 사산되거나 기형아가 태어나게 될 것이라고 합니다. 이런 가운데 미국의 유사 종교단체인 '라엘리언'(Raelian) 산하의 '클로네이드'사는 2002년 산모의 체세포로 첫 복제 인간인 여아가 탄생했다고 발표하였습니다. 그러나 클로네이드의 발표는 신빙성을 인정받기가 힘들며 그 후로 복제인간에 대한 발전된 이야기는 없는 상태입니다.

인간복제는 가능성이 희박하다고 하지만 생명과학이 좀 더 발달하면 가능할 수도 있다고 가정합니다. 그러나 개인적인 소견으로는 두 가지 이유에서 인간복제는 실현되지 않을 것이라고 봅니다. 더 엄밀하게 말한다면 인간복제가 실현되기 않기를 바라고 있습니다. 첫째로, 인간의 창조는 하나님이 창조하신 최후, 최고의 걸작입니다. 그런데 하나님께서 인간의 지식적, 과학적 교만을 지금까지 용납하시고 두고 보셨는데 하나님의 형상으로 창조된 인간 복제는 용납하지 않으실 것이라는 내 나름대로의 의견입니다. 둘째는 인간복제가 생물학적 기술로 가능하다고 해도 동물적 복제이지 인간적 복제가 아니라는 것입니다. 인간이란 동물적 육체와 영적 영혼을 가진 피조물입니다. 동물적 육체만 가지고는 인간이라고 말할 수 없다는 것입니다. 설사 복제를 통해 나와 똑같은 존재를 만들었다고 해도 인간이라고 할 수 없습니다. 왜냐하면 생물학적 복제는 영혼을 복제할 수 없기 때문입니다. 나와 똑같은 외형을 가진 존재가 만들어져도 영혼을 복제할 수 없다면 '인간'은 아니라는 말입니다. 그런 의미에서 복제 '인간'은 불가능하다고 봅니다.

여기에서 우리가 관심을 가져야할 것은 영혼의 구원입니다. 앞에서 생물학적 복제를 통한 존재는 영혼을 복제할 수 없으므로 엄밀하게 말하면 인간이라고 할 수 없다고 하였습니다. 영혼이 복제되지 않은 존재가 구원을 받는다는 것은 있을 수 없는 일입니다. 인간의 구원은 육체와 영혼의 구원이기 때문입니다. 물론 부활하여 하나님의 나라에 갈 때의 육체는 지금과 같은 육체가 아니라 변화된 영체(Spiritual body)입니다.

영혼과 육체의 두 요소로 구성된 인간의 영혼의 기원은 하나님이 우주 창조 시 만들어져 있었다는 선재설, 육체와 함께 부모로부터 자녀에게 생식에 의하여 유전된다는 유전설 그리고 잉태하여 출생하는 과정에 하나님이 직접 창조하신다는 창조설이 있습니다. 영혼 창조설은 개혁주의 신학자들이 지지하는 학설이며, 배아가 태아가 되는 순간 영혼이 창조된다고 믿고 있습니다. 그러므로 태아가 되면 이미 인간이며, 낙태는 살인이라고 보는 것입니다. 영혼은 하나님께서 창조하시는 인간의 영적 구성이며 생물학적 복제로는 영혼이 복제될 수 없습니다. 그러므로 복제 인간은 영혼이 없고 따라서 인간이라고 할 수 없으며 구원받을 수도 없습니다.

27

우리의 육체는 어떤 영적 의미가 있으며
어떻게 관리해야 합니까?

인간은 하나님께서 창조하신 최고의 걸작품입니다. 우리가 명승지에 가서 아름다운 경관을 보며 "와"하고 감탄하지만 우리 몸의 신비를 보면서 "와"하고 놀라지는 않습니다. 그러나 알고 보면 우리 몸은 세상의 어떤 것과도 비교할 수 없는 신비로운 창조물입니다. 육체의 구성과 구조를 잘 알고 있는 의사, 의학자들은 말할 것도 없이 인간은 누구나 자신의 몸이 신비한 생체적 구조를 가지고 있다는 것을 느낄 수 있습니다.

미래학자인 다니엘 벨은 '이데올로기의 종언'이란 저서를 남겼습니다. 많은 사람들이 공산주의와 자본주의 이데올로기의 대치가 공산주의의 소멸로 끝날 것이라고 기대하지만 인간의 이데올로기는 절대 끝나지 않습니다. 최근 우리나라 최대의 이데올로기는 육체적 건강과 장수인 것 같습니다. 텔레비전에는 각 채널마다 아침부터 저녁까지 쉴 새 없이 건강과 장수에 대한 프로그램이 넘쳐나고 있습니다. 이제 좀 먹고 살만하게 되니 건강과 장수에 관심이 극대화되고 집중되어 있는 것을 느낍니다.

우리의 몸은 관심을 기울여야 할 만큼 소중합니다. 누구나 자신의 몸을 잘 관리해야 하는 책임이 있습니다. 몸이 건강해야 행복하고, 건강은 세상의 어떤 것보다 중요합니다. 아무리 천만금을 가지고 있다고 하더라도 건강을 잃으면 아무 소용이 없습니다. 예수님께서도 "사람이 만일 온 천하를 얻고도 제 목숨을 잃으면 무엇이 유익하리요"(마 16:26)라고 하셨습니다. 우리의 몸은 세상과도 바꿀 수 없는 가치를 가지고 있는 것입니다.

여러 번 설명한 대로 인간은 영혼과 육체로 구성되어 있습니다. 이런 인간의 구성은 히브리적인 관점으로 성경이 가르치고 있습니다. 우리의 영혼과 육체는 분리되지 않으며 우리 존재는 '영육합일체'(Psychosomatic being)입니다. 육체가 약해지면 정신력이 약해지고, 정신에 이상이 생기면 육체적 질병을 일으키는 것을 보면 인간이 '영육합일체'라는 것을 알 수 있습니다. 또한 인간의 질병을 치유하는 병원에는 육체적 병뿐만 아니라 정신의학과와 같은 정신을 치유하는 분야도 있습니다.

영혼과 육체는 어느 것이 더 고귀하다고 판단할 수 없습니다. 그러나 오랜 전통적 관념에서는 영혼은 높게, 육체는 낮게 평가하였습니다. 이런 전통은 헬라적 관념과 문화에서 유래하였습니다. 헬라적 사유에는 이원론적이며 이분법적인 사고가 발달하였으므로 이런 관념을 가지게 되었고, 성경에도 헬라적 사유가 영향을 미쳤습니다. 헬라적 사유에서는 육체가 영혼을 담고 있는 외형적 그릇이라고 생각합니다. 사람이 살아 있는 동안 육체가 영혼을 보존하여 담고 있다가 육체를 벗어버리면 영혼은 불멸한다는 사상을 가지고 있었던 것입니다. 그러나 성경은 하나님의 피조물로서 영혼과 육체가 고귀하다고 말합니다.

성경은 인간의 육체가 하나님의 창조물이라고 말합니다. 하나님께서는 먼저 인간의 육체를 만드신 다음에 육체에 영혼을 불어넣어 인간을 단일체로 만드셨습니다. 육체에 하나님의 숨을 불어넣어 '생령' 즉 '살아있는 영'이 되게 하셨습니다. 이 말씀은 하나님께서 인간을 영적인 존재로 지으셨다는 뜻이지 육체가 필요 없다거나 육체가 영혼보다 열등하다는 뜻이 아닙니다.

히브리어로 '몸'은 여러 단어가 있는데 일반적으로 사용되는 단어는 '바사르'입니다. 이 단어는 사람과 짐승에 함께 사용되며 살, 고기, 육신을 뜻합니다. 헬라어로 '몸'은 '사르크스'와 '소마' 두 단어가 주로 사용되는데 모두 몸, 육체, 살을 의미합니다. '소마'는 선하거나 중립적인 뜻으로 사용되며, 반대로 '사르크스'는 경멸적이고 부정적인 뜻으로 사용됩니다. 병이 들고 죄지은 몸은 '사르크스'이지만 건강하고 덕을 베풀며 죽음에서 살아난 몸은 '소마'입니다. 요한은 태초에 "말씀(로고스)이 육신(사르크스)이 되었다"(요 1:14)라고 합니다. 예수님께서는 우리와 같은 육신(사르크스)을 입고 세상에 오셨습니다. 예수님께서 성만찬 때에 제자들에게 "이것은 내 몸이다"라고 하신 몸은 다시 살아난 거룩한 몸인 '소마'입니다.

아담과 하와가 선악과를 먹고 죄를 지은 이후에 모든 인간은 죄의 몸으로 태어납니다. 다시 말하면 인간은 육신을 가지고 이 땅에 사는 동안 죄에서 자유로울 수가 없습니다. 그래서 성경은 육신으로 사는 동안 죄가 있으며, 선한 것이 없고(롬 7:18, 7:25, 골 2:23), 육신의 생각은 사망이며, 하나님을 기쁘시게 할 수 없다(롬 8:6-8)고 합니다. 바울이 언급한 육신이라는 단어는 인간이 스스로 자신의 삶의 주인이 되어 모든 것을 주도하고 하나님의 은혜를 의지하지 않는 자아를 가리킵니다. 심지어 바울은 "오호라 나는 곤고한 사람이로다. 이 사망의 몸에서 누가 나를 건져내랴"(롬 7:24)라고 죄로 말미암아 죽게 된 육체를 저주합니다.

하나님께서 노아 시대에 홍수로 사람들을 멸망시키신 이유는 사람들이 육신이 되었기 때문입니다(창 6:3). 하나님께서 지으신 뜻이 아니라 인간이 육체의 욕심대로 살았다는 말입니다. 하나님께서 사람을 살아 있는 영으로 만드셨는데 사람들은 살아 있는 육체로 변질되고 말았습니다. 그래서 하나님은 하나님의 영이 영원히 사람과 함께하지 아니하리라고 하셨던 것입니다. 하나님의 영이 함께 하지 않으시면 사람은 영원히 육적으로만 살게 됩니다.

그러나 우리는 죄를 짓게 하는 육체를 버리거나 육체를 미워해서는 안 됩니다. 우리의 육체도 하나님이 지으셨기에 하나님의 의도대로 관리하고 사랑해야 합니다. 예수님은 "목숨이 음식보다 중하지 아니하며 몸이 의복보다 중하지 아니하냐"(마 6:25)라고 하시며 우리 몸의 소중함을 깨우쳐 주셨습니다. 헬라적 관념에서 영혼은 소중한 것이며, 육체는 죄를 짓게 하는 더러운 것이 아니라 소중하게 여기고 거룩하게 관리해야 하는 것입니다.

심지어 바울은 영혼과 육체, 영적인 것과 세속적인 것을 구분하지 않았습니다. 오히려 그는 "그러므로 형제들아 내가 하나님의 모든 자비하심으로 너희를 권하노니 너희 몸을 하나님이 기뻐하시는 거룩한 산 제물로 드리라 이는 너희가 드릴 영적 예배니라"(롬 12:1)라고 하였습니다. 우리의 몸을 거룩한 산 제물로 드려야 합니다. 우리의 몸을 드리는 것이 영적 예배입니다. 우리가 예배할 때 우리의 영혼과 육체를 함께 제물로 드려야 합니다.

나아가서 바울은 "너희 몸이 그리스도의 지체인 줄을 알지 못하느냐"(고전 6:15)라고 하였습니다. 그리스도인의 몸은 머리이신 그리스도의 지체들입니다. 그러므로 우리의 육체가 그리스도의 몸의 일부분인 것을 알고 우리의 몸을 영적 지체로 보전해야 합니다. 그렇게 해야 우리로 하여금 죄를 짓게 하는 부정적인 육체 '사르크스'가 예수님께서 우리에게 주신 거룩하고 새롭게 태어난 육체 '소마'가 됩니다. 그렇게 할 때 우리의 몸이 하나님의 성전이 되고, 하나님의 성령이 우리 몸에 계시게 될 것입니다(고전 3:16).

　　우리의 육체가 하나님의 성전이 되게 하는 것과 육체만을 아끼고 영혼을 버리며 사는 것은 전혀 다릅니다. 최근 우리나라에서는 몸짱, 얼짱을 환호하는 그릇된 문화로 몸이 식민화되고 있습니다. 한국인의 외모지상주의는 도가 지나쳐 뷰티산업의 기업화 현상까지 나타나고 있습니다. 하나님께서 창조하신 사람이 자신의 몸을 돌보는 일은 곧 하나님을 사랑하고 공경하는 일입니다. 우리가 육체의 주인이 되느냐, 육체가 우리의 주인이 되느냐에 따라 우리의 육체는 친구가 되기도 하고 적이 되기도 합니다. 우리 몸을 성령께서 계시는 거룩한 성전으로 잘 관리하여 영적 육체로 만드는 것이 우리의 소명입니다.

제4장

하나님의 나라는 생명입니다

The Kingdom of God is
life

28

홍수 이후에 노아의 의로운 가족 8명만 남았는데
왜 또 악한 사람이 생겼습니까?

여러 해 전 미국 펜실베이니아 주 랭커스터 카운티에 있는 아미쉬 마을을 방문한 적이 있습니다. 최첨단 과학 사회 속에 사는 그들의 소박한 삶도 감동이었지만 참 감동은 다른 곳에 있었습니다. 밀레니엄 극장(Millenium Theatre)에서 관람한 뮤지컬 '노아'(Noah)가 바로 그것입니다. 노아의 일생을 무척 장엄하게 만든 뮤지컬의 감동이 지금도 가슴에 남아 있습니다. 성경에는 노아 아내의 이름이 나와 있지 않지만 학자들은 라멕의 딸 '나아마'라고 합니다. 뮤지컬에서는 전승에 따라 노아가 아내를 부를 때마다 '이모나'(Emona)라고 불렀습니다. 1막의 마지막은 모든 짐승들이 방주로 들어가는 장면이 연출되었습니다. 제법 긴 시간이 지나도 무대에 아무 것도 없더니 마침내 큰 거북이 두 마리가 등장하여 천천히 방주 안으로 들어가는 것이었습니다. 관객들은 크게 환호하고 박수를 치며 좋아했습니다. 방주의 문이 '쾅' 하고 닫히며 1막이 끝났습니다. 종이 울리며 시작된 2막에서는 내부가 빛이 하나도 보이지 않는 어두움으로 가득 찼습니다. 잠시 후 눈이 부실 정도의 밝은 빛이 극장 전체를 밝히는데 '와' 소리와 함께 사방을 둘러보는 관객들의 박수소리가 끝나질 않았습니다. 극장의 사방이 완전히 방주의 내부가 된 것입니다. 관객들이 방주 안에 타고 있는 황홀한 느낌을 주는 환상적 연출이었습니다. 방주 안에서 방주에 탄 짐승들과 함께 있는 장면은 정말 압권이었습니다.

노아의 방주에는 노아와 노아의 아내, 세 아들과 세 며느리 여덟 사람이 탔습니다. 그리고 "혈육 있는 모든 생물을 너는 각기 암수 한 쌍씩 방주로 이끌어 들여 너와 함께 생명을 보존하게 하되 새가 그 종류대로, 가축이 그 종류대로, 땅에 기는 모든 것이 그 종류대로 각기 둘씩 네게로 나아오리니 그 생명을 보존하게 하라"(창 6:19-20)라고 하셨습니다. 하나님께서는 모든 생물을 암수 한 쌍씩 방주에 태워 창조하신 종(種)을 보존하게 하신 것입니다.

방주 안에 있던 사람이란 하나님께서 의롭다고 인정하신 노아와 그의 가족들만이었습니다. 노아의 가족과 방주에 탄 짐승들을 제외한 모든 코로 숨 쉬는 생물들이 다 죽었습니다(창 7:22). 노아의 가족들 가운데 세 아들과 세 며느리가 있었는데 성경은 방주 안에서 아기가 태어났다는 기록이 없습니다. 모든 짐승들이 암수 한 쌍씩 방주에 탔다고 하는데 방주 안에서 사자나 호랑이가 토끼나 사슴을 잡아먹었으면 약육강식의 비참한 결과로 약한 짐승은 방주에서 멸종하였을 것입니다. 그런데 하나님은 아기들도 태어나지 않도록 '생산법칙'을 멈추시고, 짐승들도 잡아먹고 먹히는 '정글법칙'을 잠시 멈추셔서 '방주법칙'이 홍수 시대를 지배하게 하셨습니다.

홍수가 끝나고 방주에서 나온 후 얼마 되지 않아 노아에게 가정적 불상사가 발생합니다. 노아가 포도주에 취하여 벌거벗었는데 이를 목격한 함이 발설하여 형제들의 종이 되는 저주를 받았습니다. 함이 아버지의 장막에 들어가 아버지의 나체를 본 것은 악한 일이었습니다. 의인의 가족이지만 함의 내면에는 악이 도사리고 있었습니다. 이는 아담과 하와가 죄를 범한 이후로 인간은 누구나 악으로부터 완전히 자유로울 수가 없다는 것을 의미합니다.

노아는 방주에서 나와 여호와께 제사를 드렸습니다. 그때 하나님께서 "내가 다시는 사람으로 인하여 땅을 저주하지 아니하리니 이는 사람의 마음의 계획하는 바가 어려서부터 악함이라"(창 8:21)라고 하십니다. 홍수로 노아의 가족을 제외한 모두가 멸망하였지만 하나님께서는 인간이 여전히 악하다고 말씀하셨습니다. 인간이 멸망하였지만 악이 소멸된 것이 아니라는 말입니다. 하나님께서는 노아와 그 아들들에게 "무릇 사람의 피를 흘리면 사람이 그 피를 흘릴 것이니"(창 9:6)라고 경고하십니다. 의인의 가족들이지만 이들에게 살인을 금지하는 말씀을 주신 것은 의인의 후손들 가운데 악한 자가 있을 것을 예고하신 것입니다.

그리고 성경은 노아 홍수 사건이 끝난 후 사람들이 번성하게 되자 바벨탑을 쌓아 하나님을 대적하는 악을 행하였다고 기록합니다. 하나님께서는 그 악한 모습을 보시려고 강림하셨습니다(창 11:5). 번성한 인간들의 공동체는 이미 집단적인 악이 만연하였고, "성과 대를 쌓아 대 꼭대기를 하늘에 닿게 하여 우리 이름을 내고 온 지면에 흩어짐을 면하자"(창 11:4)라고 하는 선동에 모두가 동조하였습니다. 인간 모두가 악하게 변질되었다는 뜻입니다.

그리고 그 후로 믿음의 조상이라고 하는 아브라함도 자신의 아내를 누이라고 속이는 잘못을 범하였습니다. 아브라함과 조카 롯의 종들이 좋은 목초지를 얻기 위하여 서로 다투어 아브라함과 롯이 결별하게 됩니다. 그 외에도 성경은 인간사에 끊임없는 갈등과 전쟁을 전하고 있습니다. 이는 의인의 가족만 생존하였던 홍수 사건 이후에도 죄와 악은 인간에게 절대로 끊을 수 없는 숙명이었다는 것을 의미합니다.

의인의 가족들만 방주에서 나와 인간 공동체를 다시 형성하였는데 악은 어디에서 인간에게 들어왔을까요? 성경은 악한 존재가 있다고 합니다. 악한 존재는 영적 존재입니다. 악한 존재는 '사탄' 혹은 '마귀'라고 하는데 사탄은 '대적', '대적자', '고소자'라는 뜻입니다. '마귀'는 히브리어 사탄을 헬라어로 번역한 '디아볼로'입니다. 단어로 볼 때 '사탄'은 히브리어이고, '마귀'는 헬라어입니다. 성경은 사탄과 마귀의 관계를 예수님께 시험을 당하신 사건에서 잘 설명합니다. 예수님께서 마귀에게 시험을 받으시러 광야로 가셨습니다(마 4:1). 그러나 예수님께서 마귀의 시험을 물리치실 때는 "사탄아 물러가라"(마 4:10)고 하셨습니다. 즉 마귀에게 사탄이라고 하신 것입니다. 이런 사탄과 마귀와의 관계는 요한계시록에 "마귀라고도 하고 사탄이라고도 하며 온 천하를 꾀는 자"(계 12:9)라고 하여 더 선명하게 설명합니다. 사탄과 마귀는 성경적으로 큰 차이가 없이 혼용하고 있음을 알 수 있습니다. 성경에는 사탄, 마귀의 이름도 기록되어 있습니다. 바알세불(마 10:25, 마 12:24 등), 리워야단(욥 3:8, 시 74:14 등), 벨리알(고후 6:14-15), 루시퍼(사 14:12) 등이며, 바울은 이 악한 존재를 "공중의 권세 잡은 자"(엡 2:2)라고 합니다. 악한 존재인 용은 곧 옛 뱀이요 마귀요 사탄인데(계 20:2) 마지막에 잡아서 천 년 동안 결박하여 무저갱에 던져 넣어 잠그고 그 위에 인봉하여 천 년이 차도록 다시는 만국을 미혹하지 못하게 할 것입니다(계 20:3). 다시 말하면 이 세상의 종말이 올 때까지 악한 사탄, 마귀는 계속 존재합니다. 사람들이 악한 일을 행하고 죄를 짓는 것은 악한 마귀, 사탄이 존재하는 까닭입니다. 악한 존재가 마지막 날 무저갱 속에 들어갈 때까지 인간은 악행을 저지를 수밖에 없습니다. 하나님께서도 마지막 날 영원한 심판을 하시기까지 악한 존재를 버려두십니다. 이런 하나님의 심판은 인간에게도 마찬가지입니다. 바울은 이러한 하나님의 악에 대한 기다리심을 "또한 저희가 마음에 하나님 두기를 싫어하매 하나님께서 저희를 그 상실한 마음대로 내어 버려두사 합당치 못한 일을 하게 하셨으니"(롬 1:28)라고 설명하였습니다.

　　유대인들은 신학적은 아니지만 아주 재미있고 쉽게 설명합니다. 노아 홍수 사건 이후에 악이 계속 존재했던 이유를 이런 이야기로 풀었습니다. 노아가 방주를 완공한 다음 하나님의 말씀에 따라 모든 짐승을 암수 한 쌍씩을 방주에 들어오게 하였습니다. 노아가 방주 문을 지키고 있는데 '선'이 혼자 들어오는 것입니다. 그래서 노아가 "왜 혼자 오느냐? 가서 네 짝을 데리고 오라"고 했습니다. '선'은 방주 문에서 쫓겨나 돌아가서 짝을 데리고 왔습니다. '선'이 데리고 온 짝이 '악'이었습니다. '선'과 '악'은 그래서 함께 방주에 올랐고, 의인의 가족만 타고 있던 방주에서 내린 다음에도 이 세상에는 '악'이 존재하게 되었답니다.

29

율법과 은혜는 어떤 관계가 있으며, 어떻게 다릅니까?

오래 전에 이런 글을 읽어본 기억이 있습니다. 어떤 장수인 아버지에게 아들이 있었습니다. 그 아버지는 아들을 지극히 사랑하는 인자한 아버지였습니다. 아들도 아버지를 좋아하고 아버지를 친근하게 따랐습니다. 그런데 전쟁이 발생하여 장수인 아버지는 갑옷과 투구를 쓰고 전장에 나가서 오랜 시간을 보내야 했습니다. 드디어 전쟁이 끝나고 아버지는 사랑하는 아들이 기다리고 있는 집으로 돌아왔습니다. 아버지는 반가워 갑옷을 입은 채로 아들에게 달려갔지만 아들은 갑옷을 보자 울며 달아났습니다. 아들은 오랫동안 보지 못한 아버지가 기억 속에서 사라진 것입니다. 잠시 후 아버지는 갑옷을 벗고 아들에게 가서 아들을 안았습니다. 그 때 아들은 아버지의 기억을 떠올리고 아버지에게 안겼다는 것입니다.

같은 아버지이지만 갑옷을 입은 아버지와 갑옷을 벗은 아버지는 아들에게 다른 모습이었습니다. 갑옷을 입은 아버지는 무섭고 엄격하며, 갑옷을 벗은 아버지는 부드럽고 인자한 모습입니다. 갑옷을 입은 아버지는 겉으로는 엄격하지만 속으로는 자애합니다. 갑옷을 벗은 아버지는 겉으로는 인자하지만 속으로는 여전히 엄격합니다. 하나님께서 엄격하시기만 하면 우리는 하나님을 가까이 하지 못할 것이며, 하나님께서 인자하시기만 하면 우리는 모두 패륜아가 되고 말 것입니다. 이것이 하나님이 가지고 계시는 양면성의 의미입니다.

율법과 은혜는 둘 다 하나님께서 인간에게 향하신 하나님의 섭리입니다. 율법은 아주 엄격한 명령으로 되어 있으므로 하나님이 무서우신 분이라고 느낍니다. 은혜는 분에 넘치는 호의이므로 하나님이 무한히 자애로운 분이라고 느낍니다. 위에서 말한 대로 하나님은 이 중 어느 하나가 아닌 양면이 모두 하나님의 성품입니다.

흔히 구약시대는 율법의 시대이며, 신약시대는 은혜의 시대라고 합니다. 이 말은 틀린 말이 아니지만 절대적인 구분은 아닙니다. 율법에 은혜가 없는 것이 아니며, 은혜에 율법이 없는 것이 아닙니다. 그러나 구약에는 율법이 강하게 증거(Testament) 되었으며 신약에서는 은혜가 강하게 증거되었습니다. 구약시대에는 율법이 강조되고 하나님의 은혜가 부족하였으므로 예수님께서 "내가 율법이나 선지자를 폐하러 온 줄로 생각하지 말라 폐하러 온 것이 아니요 완전하게 하려 함이라"(마 5:17)라고 하셨습니다. 율법에 은혜를 더하므로 하나님의 명령과 구원 계획을 완성하신 것입니다. 구약시대에 은혜가 없었던 것이 아닙니다. 구약시대에도 하나님의 은혜가 있었습니다. 만일 구약시대에 하나님의 은혜가 없이 율법만 있었다면 살아남을 수 있는 사람이 한 명도 없었을 것입니다. 구약시대든 신약시대든 인간은 하나님의 은혜로 사는 것이지 율법으로 사는 것이 아닙니다.

노아시대에 사람이 땅 위에 번성하기 시작하였습니다. 그 때 하나님의 아들들이 사람의 딸들의 아름다움을 보고 자기들이 좋아하는 모든 여자를 아내로 삼았습니다. 사람의 아름다움만 보는 그들의 결혼관은 죄악이었고, 남자들이 여러 여자를 아내로 삼는 일부다처가 일반화되었습니다. 하나님의 사람들이 영적으로 살지 않고 육적으로만 살았고, 죄악이 세상에 가득하였으며 그들이 마음으로 생각하는 모든 계획이 악하였습니다. 마침내 하나님은 창조하신 사람들을 지면에서 쓸어버릴 계획을 세우시며 사람 지으심을 한탄하셨습니다. 그런데 노아는 하나님께서 보시기에 의로운 사람이었습니다. 이런 사회의 관습에서 홀로 의롭게 사는 것은 불가능하지만 노아가 가능할 수 있었던 것은 하나님의 은혜를 입었기 때문입니다(창 6:8). 악한 시대에 의롭게 사는 것, 살려고 노력하는 것은 하나님의 은혜 때문입니다. 하나님의 은혜가 없이 의롭게 살 수 있는 사람은 구약시대나 지금이나 있을 수 없습니다.

하나님은 왜 율법을 하나님의 백성들에게 주셨을까요? 하나님께서는 사람들이 하나님의 율법을 온전히 지키지 못할 것을 알고 계셨습니다. 그럼에도 불구하고 율법을 주신 것은 율법을 행하는 행위로 하나님의 의가 이루어질 수 없음을 인간에게 알게 하시려는 의도였습니다. 하나님은 하나님의 온전한 의와 구원이 예수 그리스도를 통하여 이루어진다는 사실을 구약의 선지자들을 통하여 알게 하셨습니다.

율법으로는 아버지 하나님을 만족하게 할 수 없습니다. 탕자의 비유에 나오는 큰 아들은 율법주의자를 대표합니다. 그는 자신의 기준에서 의롭게 살며 한 치의 어긋남이 없이 살았지만 아버지를 기쁘게 하지 못했고, 아버지의 마음을 이해하지도 못했습니다. 율법주의자들은 항상 즐거워야 할 잔치를 망치게 하는 자들입니다. 그리고 엄격한 율법으로 말미암아 좌절하며 자신의 율법적 기준으로 다른 사람을 좌절하게 합니다.

율법주의의 치료법은 은혜입니다. 은혜는 하나님의 주권적인 사역입니다. 하나님께서 인간을 자발적으로 선택하시고 사랑하시는 언약 즉 약속하신 사랑입니다. 은혜라는 용어의 헬라어는 '카리스'인데 '분에 넘치는 호의'를 뜻하는 말입니다. 그래서 은혜는 값없이 주시는 하나님의 선물입니다. '카리스'라는 단어는 '기쁘다'라는 뜻의 '카라'에서 나온 말입니다. 은혜는 기쁜 것이고, 기뻐하면 은혜를 받게 되는 것입니다.

율법이란 언제나 상대적이고 조건적입니다. 율법은 행위를 강조합니다. 율법은 상과 벌, 복과 저주가 확실합니다. 하나님께서는 "내가 오늘 복과 저주를 너희 앞에 두나니"(신 11:26)라고 하시며 하나님의 명령을 지키면 복이 되고, 명령을 듣지 않고 다른 신을 따르면 저주를 받을 것이라고 하셨습니다. 하나님은 생명과 사망과 복과 저주를 백성들 앞에 두어 선택하게 하셨는데 생명을 택하고, 말씀을 따르므로 복을 얻으라고 하셨습니다(신 30:19). 율법은 복과 저주를 구분하고, 생명과 사망을 말합니다. 율법은 중간지대가 없습니다. 율법에는 자비와 긍휼은 없고 정죄와 심판만 있습니다.

반면에 은혜란 언제나 절대적이고 무조건적입니다. 은혜가 하나님의 절대성과 무조건적인 사랑에 의해 주어지는 것은 몇 가지 중요한 진리를 포함하고 있습니다. 첫째는 인간이 도덕적으로 타락했다는 것입니다. 둘째는 하나님의 공의로우심이 항상 인간을 향한다는 것입니다. 셋째는 타락한 인간은 영적으로 무기력하다는 것입니다. 넷째는 하나님의 주권적 자유가 인간을 향해 역사하고 있다는 것입니다. 은혜가 무조건적이라는 것은 하나님 편의 의지를 뜻합니다. 인간 편에서 무조건적은 아닙니다. 인간에게 필요한 것은 하나님을 믿는 것입니다. 하나님을 신뢰하지 않고는 은혜를 누릴 수 없습니다. 하나님의 은혜는 우리에게 그냥 내리는 것이 아닙니다. 하나님은 내리시고 우리는 선택해야 합니다. 그래서 우리가 하나님을 선택하는 조건이 하나님께서 은혜를 베푸시는 결과를 얻게 하는 것입니다.

탕자의 비유에 등장하는 큰 아들은 전형적인 율법주의자입니다. 그는 아버지의 밭에서 열심히 일하고, 집을 나간 적이 없으며, 아버지의 명을 어긴 적이 없지만 그가 열심히 일한 것은 아버지를 위한 일이 아니라 자신을 위한 일이었습니다. 율법주의자들은 쉽게 자기 의에 빠지게 마련입니다. 이런 율법적 인간은 아버지가 원하는 것이 무엇인지를 알지 못합니다. 아버지는 밭의 일이 아니라 형이 집을 나간 동생을 찾아오기를 기대했을 것입니다. 그리고 율법적 인간은 동생을 사랑하며 불쌍히 여기는 마음이 전혀 없었습니다.

돌아온 작은 아들은 아들로 인정받을 면목도, 잔칫상에 앉을 체면도 없었지만 아버지의 은혜를 수용하였습니다. 그가 집을 나갈 때는 아버지의 은혜를 거절하고 나갔지만 다시 돌아올 때는 회개하는 마음으로 아버지의 은혜를 받아들였습니다. 율법주의자인 큰 아들은 아버지의 뜻에 대항하였지만 은혜주의자인 작은 아들은 아버지의 뜻을 수용하였습니다. 율법은 대응하지만 은혜는 수용합니다. 은혜가 우리를 구원으로 인도합니다.

30

구약과 신약의 죄 사함의 차이는 무엇이며
같은 점은 무엇입니까?

인간은 부모로부터 별의별 것을 다 이어 받습니다. 좋은 기질도 이어 받고, 좋지 못한 체질도 이어받습니다. 심지어 태어나면서부터 유전적, 선천성 질병을 가지고 태어나기도 합니다. 최근 DNA 검사는 아주 세밀하게 조상으로부터 이어받은 것을 식별할 수 있으며 친부자인지 아닌지도 알 수 있습니다.

여러 해 전 옥스퍼드대학교의 브라이언 사이크스 교수는 인류는 성경에 나오는 인물인 하와의 딸 33명으로부터 유전자를 물려받은 후손이라고 발표했습니다. 고고학적으로 발굴된 인류의 뼈에서 DNA를 추출하여 연구를 인류의 유전자가 모계 족보를 따라 앞 세대에서 다음 세대로 희석되지 않은 채 그대로 전해진다는 사실을 알아냈습니다. 인류가 한 사람에 의하여 번성하였다는 것입니다. DNA 검사를 통해 육적인 식별이 가능하듯이 영적인 DNA 검사를 할 수 있다면 인류는 죄의 근원을 가진 한 종족이라는 결과가 나올 것입니다.

인간은 누구나 세상에 태어나는 순간부터 죄인입니다. 갓 태어난 아기들이 의식없이 엄마의 젖을 빨며 배변하는 것 외에는 아무것도 한 일이 없지만 죄인입니다. 다윗은 "내가 죄악 중에서 출생하였음이여 어머니가 죄 중에서 나를 잉태하였나이다"(시 51:5)라고 자신의 죄가 본성적이라는 사실을 고백합니다. 좀 억울할지 모르지만 이것이 인생의 비극입니다. 인간은 조상으로부터 기질이나 체질뿐만 아니라 이어받은 것이 또 있습니다. 바로 죄입니다. 인간의 영적 DNA인 죄는 아담과 하와를 시작으로 누구나 예외 없이 이 DNA를 가지고 있는 것입니다. 이것을 우리는 '원죄'라고 부릅니다. 성경은 "모든 사람이 죄를 범하였으매 하나님의 영광에 이르지 못하더니"(롬 3:23)라고 합니다. 모든 사람이 원죄를 가지고 세상에 태어나서 살면서 또 다른 죄를 스스로 지으며 살아갑니다. 이를 '자범죄'라고 합니다.

죄는 분리하게 합니다. 하나님과 분리된 상태가 죄입니다. 인간이 하나님과 분리된 상태에 있으므로 하나님의 말씀대로 살지 못하고 하라는 것을 하지 않으며, 하지 말라는 것을 하게 되는 것입니다. 구약적인 개념에서 죄란 율법을 범하는 것입니다. 성경은 "죄를 짓는 자마다 불법을 행하나니 죄는 불법이라"(요일 3:4)라고 합니다. 영어성경 '킹 제임스'에서는 "죄는 불법이라"라는 말씀을 "Sin is the transgression of the law"라고 하고, NIV 등에서는 "Sin is lawlessness"라고 합니다.

키엘케고르는 "죄를 짓는 것은 인간적이다. 그러나 죄에 머무는 것은 악마적이다"라고 하였습니다. 사람은 누구나 죄를 지었고 또 지을 것입니다. 베드로가 예수님을 처음 만났을 때 그는 "주여 나를 떠나소서 나는 죄인이로소이다"(눅 5:8)라고 하였습니다. 그가 죄인이라고 말한 것은 "내가 지금까지 많은 죄를 지었습니다"라는 고백이 아니라 "내가 지금까지 많은 죄를 지었고, 앞으로도 죄를 지을 것입니다"라는 고백입니다. 베드로의 고백은 정확한 죄인으로서의 고백입니다. 이 고백은 또한 우리 모두의 고백입니다.

죄에 머무는 것이 악마적이라고 한 말은 악마가 우리를 죄 사함 받지 못하도록 죄에 머물게 한다는 뜻입니다. 인간은 죄에서 벗어나야 하고, 벗어날 수 있는 길이 있습니다. 인간은 죄를 지을 줄은 알지만 죄를 스스로 용서할 수는 없습니다. 인간이 죄에 머물지 않고 벗어날 수 있는 길은 누군가가 도와주어야 한다는 것입니다. 죄에서 벗어나게 하시는 분은 하나님이시며 하나님께서는 사람의 원죄와 과거에 스스로 지은 자범죄를 다 용서하십니다. 그런데 하나님은 구약과 신약에 죄를 용서하시는 방법을 다르게 하셨습니다.

구약시대는 죄를 분별할 수 있는 근거인 규범이 율법이었습니다. 육신의 법 아래 있던 구약시대에는 아무 대가 즉 자신이 무엇을 드림이 없이 죄를 용서받을 수 없었습니다. 죄를 용서받기 위해서는 흠 없는 염소, 양, 소 등을 제사장이 잡아 그 피를 번제단 뿔에 바르고 단 밑에 쏟고 나머지를 번제단에 불사르는 속죄제를 통해 가능했습니다. 레위기 4장에는 제사장이나, 이스라엘 온 회중이나, 족장이나, 평민의 한 사람이 계명을 범하여 허물이 있게 되면 수송아지, 숫염소, 암염소를 죽여 예물로 삼아 속죄 제물로 드리라고 합니다. 사람이 죄를 지어 허물이 생기면 짐승을 잡아 피를 흘려야 용서받습니다. 죄를 지었으면 죽어야 하는데 하나님은 사람을 얼마나 사랑하시는지 사람 대신 짐승을 죽임으로 사람을 용서하시고 살게 하시는 것입니다. 구약시대에는 죄를 지으면 용서받지 못하고 반드시 벌을 받아야 하는데 피 흘림으로 죄를 용서받는 길밖에 없었습니다. 피는 생명을 상징하며 피를 제단에 뿌리는 것으로 하나님께서 다시 살게 하여 주신 것입니다(레 7:11). 사람 대신 짐승의 피로 사람을 용서하시는 것이 구약의 죄 사함입니다.

신약시대에 죄는 구약시대보다 더 근원적이며 영적입니다. 예수님은 육신의 법이 아닌 영의 법을 선포하셨고, 율법이 아닌 사랑의 법을 주셨습니다. 산상보훈에서 예수님은 육체적 살인이 아니라 형제에게 노하는 것, 형제에게 라가라 하고, 미련한 놈이라고 하는 것이 살인이라고 하셨습니다(마 5:22). 또 간음에 대해서도 성적인 관계 이상으로 음욕을 품는 것이라고 하셨습니다(마 5:27). 요한도 형제를 미워하는 자마다 살인하는 자이며 영생이 그 속에 거하지 아니하는 것이라고 하였습니다(요일 3:15).

예수님은 죄를 사하시려고 이 땅에 오셨습니다. 예수님은 스스로 "인자가 세상에서 죄를 사하는 권능이 있는 줄을 너희로 알게 하려 하노라"(마 9:6)라고 하셨습니다. 예수님은 용서하시는 권능이 있으시고, 그 권능으로 모든 사람의 죄를 용서하시려고 이 땅에 오신 것입니다. 그래서 예수님은 병을 고쳐주신 환자에게, 발에 기름을 부은 여인에게 "네 죄 사함을 받았느니라"라고 선포하셨습니다(마 9:5, 막 2:5, 눅 5:20, 눅 7:47 등). 또한 예수님은 제자들과 마지막 만찬을 하실 때 잔을 주시며 "이것은 죄 사함을 얻게 하려고 많은 사람을 위하여 흘리는 바 나의 피 곧 언약의 피니라"(마 26:28)라고 하셨습니다.

구약에서 짐승을 잡아 피를 내어 제단에 뿌림으로 인간의 죄를 사하듯이 예수님께서는 당신의 피가 죄 사함을 얻게 하는 피라고 하셨습니다. 구약시대에는 죄를 규정하는 규범이 율법이었습니다. 신약시대에는 죄를 규정하는 규범이 하나님의 말씀입니다. 이것을 생명의 성령의 법이라고 합니다(롬 8:2). 생명의 성령의 법은 구약처럼 짐승의 피를 흘리는 것이 아니라 예수님께서 십자가에서 흘리신 한 번의 피로 영원한 죄 사함을 받게 합니다. 이제는 아무리 큰 죄를 지어도 회개하면 어떤 죄든지 다 용서 받을 수 있게 되었습니다. 신약시대에는 죄를 용서받는 길은 예수님의 십자가의 피 흘림으로 이미 열려 있고, 사람이 회개하면 죄를 용서받게 되는 것입니다. 이것이 용서하시는 하나님의 사랑입니다.

어떤 주일학교 선생님이 어린이들에게 성도 안에 있는 옛 성품과 새 성품을 가르치면서 "옛 성품은 첫 아담에게서 물려받은 것이고 새 성품은 마지막 아담인 예수님에게서 물려받은 것이다"라고 했습니다. 이때 한 어린이가 물었습니다. "선생님, 우리 안에 두 아담이 살고 있다는 거죠?" "그렇지, 그런데 우리는 어떻게 죄를 짓는 걸까?" 어린이는 "선생님, 그것은 유혹이 와서 문을 두드릴 때 첫 아담이 마중 나가면 죄를 지어요"라고 했습니다. "그러면 어떻게 승리하니?" "유혹이 올 때 마지막 아담이 나가면 승리해요." 첫 아담으로 말미암아 우리는 죄를 가지고 태어나지만 둘째 아담이신 예수님의 피로 죄 사함을 받습니다. 구약과 신약의 죄 사함은 피를 흘려야 사함을 받는다는 점에서 같습니다. 그러나 신약이 구약과 다른 것은 예수님께서 한 번으로 영원히 어린양의 피를 흘리심으로 우리 모두의 죄를 사하신 것입니다.

31

구원은 일회적이라는데 왜 구원받은 사람이 죄를 짓습니까?

구원은 단회적 사건입니다. 다시 말하면 한 번 구원은 영원한 구원입니다. 신약성경에서 "내가 진실로 진실로 너희에게 이르노니 내 말을 듣고 또 나 보내신 이를 믿는 자는 영생을 얻었고 심판에 이르지 아니하나니 사망에서 생명으로 옮겼느니라"(요 5:24)는 구원에 대한 확실한 증언을 하고 있습니다. 이 말씀에서 "영생을 얻었고"라는 말씀은 헬라어의 부정과거형입니다. 헬라어의 부정과거형은 단회적 사건을 표시하는 독특한 시제입니다.

많은 그리스도인들이 자신이 구원을 받았는지 받지 못했는지 확신이 없는 구원에 대한 회의적 자세를 가집니다. 그런데 그럴 필요가 없습니다. 성경은 믿음으로 말미암아 구원을 받는다고 말씀합니다. 성경은 "그러므로 우리가 믿음으로 의롭다 하심을 받았으니 우리 주 예수 그리스도로 말미암아 하나님과 화평을 누리자"(롬 5:1), "사람이 마음으로 믿어 의에 이르고 입으로 시인하여 구원에 이르느니라"(롬 10:10), "누구든지 주의 이름을 부르는 자는 구원을 받으리라(롬 10:13), 너희는 그 은혜에 의하여 믿음으로 말미암아 구원을 받았으니 이것은 너희에게서 난 것이 아니요 하나님의 선물이라"(엡 2:8) 등 구원을 확증할 수 있는 말씀들이 이외에도 많이 있습니다. 이 말씀들은 한결같이 구원을 믿음으로 얻는다고 합니다.

구원을 얻는 믿음이란 하나님을 믿는 것입니다. 하나님의 아들 예수가 그리스도 즉 구세주이심을 믿는 것입니다. '예수를 믿는다'는 말은 예수를 나의 구주로 믿는다는 말입니다. 예수님께서 나의 유일한 구세주이시며 그 외에 구원자가 없다는 사실을 알고 믿는 것입니다. 위에서 말한 대로 우리는 하나님의 은혜로 믿음으로 말미암아 구원을 얻습니다. 우리의 구원이 행위에 있지 않다는 것입니다.

구약은 신약의 상징이며 그리스도의 모형들을 이야기합니다. 이스라엘 백성들이 하나님의 은혜로 출애굽하는데 출애굽은 구원의 상징입니다. 출애굽한 백성들에게 하나님께서 율법을 주십니다. 율법을 먼저 주시고 율법을 잘 지키면 출애굽하게 하신 것이 아닙니다. 은혜로 출애굽하고 출애굽한 백성들에게 율법을 지키라고 하십니다. 율법이 먼저가 아니라 구원이 먼저입니다. 동시에 출애굽하지 못한 사람에게는 율법도 없습니다. 구원받은 사람에게 율법을 주십니다. 우리가 율법을 지키는 것은 구원받기 위한 조건이 아니라 구원의 결과입니다. 구원받는 사람은 율법을 지켜야 하는 것입니다.

그런데 인간은 이미 구원을 받았다고 하지만 또 죄를 짓고 살아갑니다. 인간은 자신이 원하는 선택을 할 수 있는 자유선택권을 가지고 있습니다. 루터는 인간의 의지가 죄의 지배를 받는다는 '노예의지론'을 주장했습니다. 인간이 육체를 가지고 있다는 사실 자체가 죄와 무관할 수 없습니다. 바울도 로마서에서 이런 사실을 "오호라 나는 곤고한 사람이로다 이 사망의 몸에서 누가 나를 건져내랴"(롬 7:24)라고 절규하듯 토로하고 있습니다.

하나님께서 우리를 구원하실 선하신 계획은 이미 창세 전에 세우셨습니다. 바울은 "곧 창세 전에 그리스도 안에서 우리를 택하사 우리로 사랑 안에서 그 앞에 거룩하고 흠이 없게 하시려고 그 기쁘신 뜻대로 우리를 예정하사 예수 그리스도로 말미암아 자기의 아들들이 되게 하셨으니"(엡 1:4-5)라고 합니다. 하나님께서는 구원하실 사람을 세상을 창조하기 전에 이미 택정하셨습니다. 그리고 구원하시고 심판하실 하나님의 뜻은 언제나 의롭습니다(요 5:30). 인간 구원에 대한 하나님의 계획이 창세 이전에 이미 이루어졌으므로 구원받은 사람은 다시는 멸망이 없다는 것입니다. 즉 구원은 일회적인 것이며, 구원 후에 다시 멸망으로, 다시 구원을 받는 일은 없습니다. 한번 구원은 영원한 구원입니다.

그러면 구원받은 후에 또 다시 죄를 범하는 것은 무슨 까닭이며 죄를 범한 상태에서 어떻게 구원을 받을 수 있습니까? 사람은 누구나 죄를 지을 수밖에 없습니다. 이것이 죄를 가지고 태어난 원죄를 가진 인간의 한계입니다. 아담과 하와가 죄를 지음으로 인간은 모두 죄의 성품을 가지고 있습니다. 이 죄의 성품은 인간 스스로 해결할 수 없는 전적 타락입니다. 인간은 스스로 죄를 해결할 수 없기 때문에 해결자를 필요로 합니다. 우리 죄의 해결자가 바로 예수 그리스도이십니다.

예수 그리스도는 한 번으로 영원한 구원을 얻게 합니다. 다시 말하면 예수 그리스도께서 까마득한 미래에 있을 우리의 죄까지도 이미 다 해결하셨다는 말입니다. 그래서 우리가 지을 죄까지도 다 용서하시고 해결하신 것입니다. 그러면 우리가 마음 놓고 죄를 지어도 괜찮다는 것입니까? 그것은 아닙니다. 죄를 짓지 않으려고 노력하고 죄를 멀리 하는 마음과 삶이 필요합니다. 그러나 우리가 아무리 노력한다고 하더라도 죄의 성품을 가진 사람이기에 죄를 지을 수 있습니다. 예수님께서 이미 영원한 구원을 이루셨지만 우리가 용서받고 구원을 얻기 위한 조건이 있습니다. 그 조건은 바로 회개입니다. 회개할 때 죄는 다 용서받는 것입니다. 회개할 때 그 옛날 예수님께서 십자가에서 이루신 용서와 구원이 성취되는 것입니다.

우리 인간의 기억 또한 한계가 있어 과거에 지은 죄를 다 기억한다는 것은 불가능합니다. 그러나 이미 하나님의 구원 계획 속에 있는 사람은 세상을 떠나 하나님 나라에 가기 전에 그 모든 죄를 회개할 기회를 주십니다. 성경은 "이와 같이 성령도 우리의 연약함을 도우시나니 우리는 마땅히 기도할 바를 알지 못하나 오직 성령이 말할 수 없는 탄식으로 우리를 위하여 친히 간구하시느니라"(롬 8:26)라고 하여 우리가 기억하지 못하는 죄를 성령께서 대신 간구해 주신다고 합니다. 성령 하나님은 도우시는 보혜사이십니다. 성령은 우리의 회개를 도우시고 회개하게 하시는 영, 하나님이십니다.

아주 오래 전 서울 어느 교회의 전도사로 섬길 때의 일입니다. 초등학교 4학년, 2학년 두 아들을 둔 가정이 있었습니다. 그 집 가옥은 부엌이 방보다 조금 아래에 있고, 방에서 문고리를 열고 밀면 부엌으로 내려가게 되어 있는 전통 한옥이었습니다. 부엌에는 시커먼 조선솥이 걸려 있고 겨울이면 아궁이에 불을 지펴 놓았습니다. 겨울 어느 날 반려묘가 새끼를 낳았는데 고양이가 춥다고 부뚜막에다 고양이 새끼를 두었습니다. 작은 아들이 고양이 새끼를 보려고 문을 밀고 내려가다가 미끄러져 솥 위로 떨어졌습니다. 그 순간 뚜껑이 미끄러져 아이가 솥 안의 끓는 물에 빠졌습니다. 아이는 머리만 빼고 온 몸에 심각한 화상을 입었습니다. 어머니가 외출하고 돌아오니 큰 아들이 동생의 몸에 찬물만 끼얹고 있었습니다. 아이를 급히 병원이 옮겼지만 의사들은 절망적인 말만 늘어놓았습니다. 그 아이의 이모는 조카가 죽게 되었으니 "얘야, 회개할 것 없냐? 회개해야지"라고 하였고 조카는 아파 죽을 지경인데 이모가 회개를 보채니 "이모 싫어, 이모 오지마" 소리만 질렀습니다. 그런 일이 있고 나흘이 지났는데 그 아이가 "이모, 나 회개할 것 있어" 하더니 30분을 회개하더랍니다. 아이들의 죄가 무슨 큰 죽을 죄가 있겠습니까? 전부 아이들의 장난인데 회개 거리가 되었습니다. 그 날 의사가 왕진을 와서 눈을 크게 뜨고 놀라면서 말했습니다. "기적이 일어났습니다. 아기 살이 돋아나고 있습니다."

성령께서는 까마득히 잊은 죄도 기억나게 하고 회개하게 합니다. 회개는 영혼을 구원할 뿐만 아니라 육체도 살립니다. 우리 모두가 구원을 받았지만 여전히 죄를 짓습니다. 성령께서는 우리의 죄를 기억나게 하시고 회개하게 하시고 영원한 구원에 이르게 하십니다. 존 스토트는 이렇게 말했습니다. "교회는 이미 거룩하며, 아직 거룩하지 않다. 교회는 거룩해졌으며 거룩해지라고 부르심을 받는다. 우리는 '이미'와 '아직' 사이의 고통스러운 긴장 속에서 살고 있다." 우리는 '의화'라는 구원을 받았지만 아직도 '영화'라는 구원을 받지 못했습니다. 우리는 '이미'와 '아직' 사이에 살고 있지만 영원한 구원에 이르도록 성령께서 도우십니다.

32

사람이 죽으면 곧 천국과 지옥에 갑니까, 아니면 마지막 심판 후에 갑니까?

사람은 누구나 죽습니다. 그래서 사람을 숙명적 존재라고 합니다. 성경은 "한번 죽는 것은 사람에게 정해진 것이요 그 후에는 심판이 있으리니"(히 9:27)라고 합니다. 짧은 한 절에는 인간의 죽음에 대한 여러 가지 진리를 가르치고 있습니다. 첫째는 인간은 누구나 죽게 되어 있다는 것입니다. 둘째는 죽음 후에 심판이 따른다는 것입니다. 사람이 죽는다는 것은 당연한 일이며, 동시에 일생의 삶에 대한 잘잘못을 판단 받는 것도 당연한 일입니다.

우선 분명히 알아야 할 것은 천국과 지옥이 존재한다는 것입니다. 예수를 그리스도로 믿는 그리스도인들에게 성경 외에 확실한 증거는 없습니다. 성경을 하나님의 말씀으로 믿는다면 천국과 지옥을 믿을 수 있습니다. 왜냐하면 성경이 천국과 지옥을 분명히 말하고 있기 때문입니다. 성경은 천국을 '하나님의 나라'라고 표현하며 신약성경에는 80여 차례 언급하고 있습니다. 하나님의 나라 대신 '주의 나라' 혹은 그냥 '나라'라고도 합니다.

　　또한 지옥도 성경에 분명히 기록하고 있습니다. 예수님은 "만일 네 눈이 너를 범죄하게 하거든 빼어 내버리라 한 눈으로 영생에 들어가는 것이 두 눈을 가지고 지옥 불에 던져지는 것보다 나으니라"(마 18:9)라고 하셨습니다. 이 말씀은 지옥이 존재하며 죄를 범하게 되면 지옥으로 던져진다는 것을 말합니다. 지옥은 '불'이며, "지옥 곧 꺼지지 않는 불"(막 9:43)이라고 표현합니다. 지옥이 존재하며 지옥이 얼마나 고통스러운 곳인가를 말하고 있습니다.

　　성경 외에도 많은 실존 인물들이 천국과 지옥의 경험담을 글로 남겼습니다. 천국을 경험한 사람마다 천국을 표현하는 내용들이 다릅니다. 표현들이 다 다르지만 틀린 것이 아니라 모두가 맞는 것입니다. 왜냐하면 경험한 사람들의 객관적 경험이 다를 수밖에 없기 때문입니다. 요한은 계시록에서 천국을 자신의 말로 묘사하고 있습니다. 황금, 홍보석, 녹보석 등으로 표현하는데 천국은 황금이나 보석으로 장식한 곳이 아닙니다. 인간이 가진 최고의 언어로 표현한 것일 뿐입니다.

　　천국을 경험한 많은 사람 가운데 대표적인 인물이 스웨덴의 에마누엘 스베덴보리입니다. 그는 18세기에 아이작 뉴턴에 버금가는 과학자였지만 영계를 경험한 다음 과학자의 길을 버리고 27년 동안 영계를 오가며 하나님의 나라를 전했습니다. 그가 본 천국은 장애인이 없고, 모든 사람이 지상에서 가장 예쁘던 젊은 모습으로 변해 있었다고 증언합니다. 그가 세상을 떠난 후 1810년에는 스베덴보리 협회가 설립되었습니다.

　　나의 선친께서도 마지막 병상에 계실 때에 천국에 다녀오셨다고 여러 번 증언하셨습니다. 너무 좋고 황홀하여 말로 형언할 수 없다고 하셨고, 베드로와 바울 등을 만나보셨다고 하셨습니다. 천국을 경험한 분들의 증언이 다 각각이지만 한 가지 분명한 공통점이 있습니다. 천국은 너무 좋은 곳이라는 것입니다. 천국을 가보니 별로 좋지 않고 가나마나 한 곳이라고 증언한 사람은 한 사람도 없습니다. 동시에 지옥을 보았다고 한 증언의 공통점은 지옥이 너무 무섭고 괴로운 곳이라는 것입니다. 이런 증언은 성경이 이미 기록하고 있습니다.

천국과 지옥이 있다는 것을 우리는 말씀을 통하여 알 수 있습니다. 우리가 성경을 하나님의 말씀으로 믿으면 천국이 있다는 것은 의심할 여지가 없습니다. 천국이 있다는 실제적 증거도 수없이 많습니다. 천국을 경험한 자들의 증언이 성경의 말씀과 배치된다면 말씀도 증언도 진실이 아닐 수 있지만 경험한 자들의 표현이 조금씩 다르다고 하더라도 성경의 말씀과 일치한다는 것입니다. 어떤 이는 '경험해 봐야 안다', '죽어봐야 안다'라고 하지만 우리가 경험한 사실만 믿을 수 있다면 세상에는 믿을 수 있는 것이 얼마 없습니다. 더구나 죽은 후에는 알 수 없습니다.

사람이 죽은 후에 어떤 상태로 존재하는가에 대한 의문은 계속되었습니다. 헬라철학의 영향인 '영혼불멸설'이 있고, 동물이 겨울잠을 자듯이 예수님이 재림하실 때까지 무의식 상태의 수면상태가 된다는 '영혼수면설', 하나님을 믿은 사람은 천국에 들어가지만 믿지 않는 사람들의 영혼은 소멸하여 없어진다는 '영혼소멸설' 등이 있습니다. 그러나 이 모든 설은 성경적 이론들이 아닙니다.

성경은 죽음 후에 구원받은 자와 받지 못한 자가 영원한 곳으로 간다고 합니다. 성경을 통하여 죽음 이후의 삶을 이렇게 정리할 수 있습니다. 어떤 이가 세상을 떠나면 유족들을 위로하기 위하여 "천국에 가셨습니다"라고 합니다. 이 말은 틀린 말은 아니지만 정확한 표현도 아닙니다. 신약성경 '부자와 나사로의 비유'에는 부자와 나사로가 죽어 각각 다른 곳으로 갔습니다. 나사로는 낙원으로 갔고, 부자는 음부로 갔습니다. 낙원과 음부는 마주 볼 수 있고 대화도 나눌 수 있는 서로 다른 곳이지만 큰 구렁텅이가 있어 왕래하지 못하는 장소입니다(눅 16:26). 이 비유에서 알 수 있는 것은 죽음 이후에는 낙원과 음부에 모든 사람이 간다는 것입니다. 음부의 부자가 "나를 긍휼히 여기사 나사로를 보내어 그 손가락 끝에 물을 찍어 내 혀를 서늘하게 하소서 내가 이 불꽃 가운데서 괴로워하나이다"(눅 16:24)라고 한 것을 보면 음부는 성경이 말하는 불못 즉 지옥입니다. 또한 성경이 "둘째 사망 곧 불못이라"(계 20:14)고 한 것으로 봐서 지옥은 첫째 사망이고, 지옥이 둘째 사망이라는 것입니다. 이 불못은 "누구든지 생명책에 기록되지 못한 자는 불못에 던져지더라"(계 20:15)란 말씀처럼 예수님을 믿지 않고 구원받지 못한 자들이 가는 지옥을 말합니다.

'부자와 나사로의 비유'를 통하여 낙원과 음부는 예수님께서 재림하시고 심판하시기 전까지 최후의 판결을 기다리는 곳임을 알 수 있습니다. 예수님께서 십자가에 못 박혀 계실 때에 한 편의 강도가 예수님께 구원을 청원하였고, 예수님께서 "오늘 네가 나와 함께 낙원에 있으리라"(눅 23:43)라고 하신 말씀으로도 알 수 있습니다. 요한은 계시록에서 "이기는 그에게는 내가 하나님의 낙원에 있는 생명나무의 열매를 주어 먹게 하리라"(계 2:7)라고 기록하였습니다. 이는 천국과 낙원을 동일시하는 말이며, 굳이 부연하면 마지막 심판 전 낙원에 머물 때에 이미 천국에서 먹을 생명나무 열매를 먹게 될 것이라는 것입니다.

만일 낙원과 음부가 없이 천국과 지옥만 있다면 사람이 죽을 때마다 심판을 하여야 하므로 '최후의 심판', '한 번의 심판'이 될 수 없을 것입니다. 분명한 것은 사람이 죽은 후에 낙원과 음부에 가게 되며, 죽음 이후에는 다시 낙원에서 음부로, 음부에서 낙원으로 갈 수 없고 낙원에 있는 자는 심판 후에 천국으로, 음부에 있는 자는 지옥으로 들어가 영원히 거하게 되는 것입니다.

예수님께서 심판주로 재림하시면 모든 인류를 심판하실 것입니다. 한 번으로 영원한 이 심판은 이미 죽은 자들과 살아서 재림을 맞는 모든 사람들이 예외 없이 받게 됩니다. 모두가 하나님의 보좌 앞에 서 있을 것이며, 생명책에 기록된 자기 행위를 따라 심판을 받게 됩니다(계 20:12-14). 생명책에 그 이름이 기록되지 못한 자들은 불못 즉 지옥에 던져지게 되리라고 합니다.

최후의 심판 후에 믿는 자들은 천국에서 하나님과 함께 영원히 삽니다. 그 나라는 새 하늘과 새 땅입니다. 이전에 살던, 지금 우리가 사는 이 하늘과 땅이 아니라 찬란한 빛의 나라이며 다시 죄와 죽음이 없는 완전한 나라입니다. 잠에서 깨어나듯 그 나라에서 깨어날 것이며, 그리스도의 부활처럼 우리도 부활하여 영원히 천국의 삶을 살게 될 것입니다.

33

하나님의 나라는 어떤 나라이며
공간적으로 어디에 있는 나라입니까?

하나님의 나라는 성경에 많이 거론되어 있는 하늘나라입니다. 하나님의 나라는 구원받은 우리가 장차 영원히 살 나라이지만 이미 우리 곁에 있는 현재적인 나라입니다. 예수님께서 하나님의 나라는 "여기 있다 저기 있다고도 못하리니 하나님의 나라는 너희 안에 있느니라"(눅 17:21)라고 하셨습니다. 이 말씀에서 알 수 있는 것은 하나님의 나라는 이미 우리 안에 있는 현재적이며, 공간적 개념이 아니라는 것입니다.

하나님의 나라는 신약성경의 중심 테마입니다. 예수님의 선구자인 세례요한의 첫 선포는 "회개하라 천국이 가까이 왔느니라"(마 3:2)였으며, 예수님의 첫 선포도 "회개하라 천국이 가까이 왔느니라"(마 4:17)였습니다. 선포의 내용은 천국이었던 것입니다. 마태복음에서는 4회만 '하나님의 나라'라는 단어를 기록하고, 나머지 34회는 '하늘나라'로 사용하고 있습니다. 그 외에 마가복음에는 14회, 누가복음에는 22회, 요한복음에는 2회, 사도행전에는 6

회, 바울서신에는 8회 그리고 요한계시록에는 1회 사용되고 있습니다.

마태복음에는 '하늘나라'(천국)라는 용어로 사용하고 있는데 이는 유대인의 관념에서 하나님의 이름을 함부로 부르지 않기 위하여 '하나님' 대신 '하늘'이라는 말로 대치하였다고 합니다. 성경에는 '하나님의 나라'와 '하늘나라' 외에 '자기 아버지 나라'(마 13:43), '당신의 나라'(마 6:10), '나라'(마 8:12), '그리스도의 나라'(고전 6:9) 등의 표현이 있습니다. 표현은 조금씩 차이가 있지만 '하나님의 나라'와 '하늘나라'의 의미를 억지로 구분하는 것은 옳지 않으며, 의미에 차이가 없습니다. 신약성경에 '천국의 비유'라고 알려진 마태복음 13장은 천국을 잘 설명하고 있습니다.

천국의 관념은 기원전부터 이스라엘 민중 가운데 있었고, 히브리 사상의 근원이 되는 구약에 강한 배경을 가지고 있습니다. 하나님의 나라는 하나님이 지배하시는 나라로서 창조 이후 하나님의 절대적인 주권을 인정합니다. 그런 의미에서 하나님의 나라를 '하나님의 주권'(Sovereignty of God)이라고 합니다. 하나님의 주권은 하나님이 창조하신 자연이나 모든 열방에 다 미치는 것이지만 특별히 그 대상은 이스라엘 민족이었습니다.

하나님의 나라를 온전한 하나님의 주권적 통치의 나라로 볼 때 인간이 죄를 짓기 전의 에덴동산은 하나님의 나라였습니다. 하나님께서 통치하신 이스라엘의 신정정치(神政政治) 시대는 이스라엘의 범죄와 왕정정치(王政政治)로 실패하였습니다. 하나님의 나라는 이스라엘 국가를 지칭하였지만 이스라엘의 패망 이후 하나님의 나라는 지상에서 실패하고 예언자들을 통하여 미래적인 관념이 되고 신령화되었습니다. 즉 다윗의 자손에게서 이상적인 왕 메시야가 태어나게 될 것이고 그의 주권 아래서 하나님의 나라가 형성되게 될 것이라고 하였습니다. 이것이 회복될 이상적인 이스라엘 국가이며 이에 대해 이사야 11장에서 그 나라를 묘사합니다.

"이새의 줄기에서 한 싹이 나며 그 뿌리에서 한 가지가 나서 결실할 것이요"로 시작하는 이 장에서는 하나님의 나라를 다스릴 주권자인 메시야의 탄생을 묘사하고 있으며, 그 주권자의 공의로운 심판을 예언합니다. 그리고 그 나라는 하나님의 통치로 완벽하여 "이리가 어린 양과 함께 살며 표범이 어린 염소와 함께 누우며 송아지와 어린 사자와 살진 짐승이 함께 있어 어린 아이에게 끌리며 암소와 곰이 함께 먹으며 그것들의 새끼가 함께 엎드리며 사자가 소처럼 풀을 먹을 것이며 젖 먹는 아이가 독사의 구멍에서 장난하며 젖 뗀 어린 아이가 독사의 굴에 손을 넣을 것이라"라고 합니다. 그리고 그 나라는 "물이 바다를 덮음 같이 여호와를 아는 지식이 세상에 충만할 것임이니라"라고 묘사합니다.

이런 구약적 배경에서 신약의 천국관은 그리스도를 중심으로 한 하나님의 나라 즉 왕국(바셀레이아)입니다. 이 나라는 심령이 가난한 자들이 소유할 것이며(마 5:3), 의를 위하여 박해를 받는 자가 받을 것입니다(마 5:10). 천국을 먼저 구하는 자는 모든 것을 얻게 될 것이며(마 6:33), 천국을 얻기 위하여 최대의 노력을 기울이는 자가 얻을 것입니다(마 11:12). 그리스도께서 이루신 천국은 작은 것에서 큰 것으로 자라며(마 13:31), 미래에 그 나라가 이루어질 것입니다(마 6:10). 그리고 완전체로 우리에게 주어지는 하나님의 나라는 종말적 사건으로 다가올 것입니다(마 24:31).

하나님의 나라는 메시아의 도래와 일치되며, 구체적인 모습은 메시아가 옴으로써 수립될 것입니다. 예수님의 초림으로 하나님의 나라가 선포되고 현재까지 이루어졌으며, '마지막 때'(토 에스카톤)에 예수님의 재림을 통해 이루어질 것입니다. 즉 현재 하나님의 나라는 이미 우리의 마음에 있으며,

예수님의 재림과 함께 미래에 완성될 것입니다. 현재의 마음의 천국이 없이는 미래에 실현될 천국이 없고, 미래의 천국이 없이는 현재의 천국이란 무의미한 것입니다.

예수님께서 가르치신 하나님의 나라 교훈은 바울과 사도들에게 전수되어 바울서신에서도 하나님 나라의 개념을 설명하고 있습니다. 바울은 하나님의 나라를 영적인 실재로 설명하여 "하나님의 나라는 먹는 것과 마시는 것이 아니요 오직 성령 안에 있는 의와 평강과 희락이라"(롬 14:17)라고 하였고, 불의한 자는 하나님의 나라를 받을 수 없다고 하였습니다(고전 6:9-10). 그리고 믿는 자는 이미 하나님의 나라에 속하였다는 것을 강조하였습니다(빌 3:20).

성경 전체를 통하여 본 하나님의 나라는 하나님의 절대적 주권이 다스리는 나라이며, 하나님의 나라는 하나님의 백성들이 살 곳이고, 오직 믿음을 통하여 가는 곳이며, 모든 믿는 자들의 마지막 목적지입니다. 하나님의 나라는 현재적이며 동시에 미래적이라는 이중성을 가지고 있습니다. 우리가 예수를 믿는 까닭은 하나님의 나라에 가기 위함입니다. 하나님의 나라를 제하여 버리면 기독교는 다른 종교와 다름이 없는 윤리일 뿐입니다.

그리스도인들은 세상에 살면서 하나님의 나라의 삶을 살아야 합니다. 칼뱅이 말한 대로 그리스도인의 첫째 의무는 보이지 않는 하나님의 나라를 보이게 하는 것입니다. 주기도문에서 "아버지의 나라가 오게 하시며"라고 기도하는 사람은 하나님의 나라가 이 땅에 임할 수 있도록 하나님의 나라의 모습인 사랑, 공평, 정의, 평화로 살아야 합니다. "아버지의 뜻이 하늘에서와 같이 땅에서도 이루어지게 하소서"라고 기도하는 사람은 하늘의 뜻이 이 땅에서 이루어지도록 하나님의 나라의 뜻대로 살아야 합니다. 우리가 천국을 지향하면 세상을 덤으로 얻을 것입니다. 그러나 세상을 지향하면 둘 다 잃을 것입니다.

천국의 본질은 물리적 영역이 아니라 하나님께서 완전한 주권으로 통치하시는 권위의 나라입니다. 구원받은 사람들이 죽음 이후에 영원의 삶을 살게 될 나라가 천국입니다. 천국을 경험한 사람들의 천국에 대한 묘사가 각각이지만 천국의 한 부분에 불과합니다. 모든 묘사가 진실이겠지만 완전한 것은 아닙니다. 완전한 천국은 미래에 알 수 있겠지만 이미 우리는 천국의 존재를 경험하고 있으며 이를 더 확실하게 성경이 말해주고 있습니다.

인간은 본능적으로 낙원을 사모하며 이 세상에서 찾으려고 애를 썼습니다. 그래서 '유토피아', '샹그릴라', '엘도라도', '이어도' 등 지상의 낙원을 꿈꾸며 만들어 냈습니다. 하나님의 나라는 꿈꾸며 만든 나라가 아니라 하나님이 우리의 영원한 삶을 위하여 만드신 나라입니다. 내가 유학하던 학교의 조지 래드(George E. Ladd) 교수는 하나님의 나라 연구의 대가인데 그분은 하나님의 나라를 말할 때마다 눈물을 주르르 흘리셨습니다. 하나님의 나라는 그분에게는 그 자체가 감동이며, 우리에게도 벅찬 감동이고 영원한 희망입니다.

34

하나님의 나라에 가면 먹고 삽니까, 먹지 않고 삽니까?

사람에게 먹는 것과 마시는 것은 생존에 가장 중요한 요소입니다. 기본적인 생존의 문제가 해결되지 않으면 삶의 만족도뿐만 아니라 삶의 질을 향상시킬 수 없습니다. 예나 지금이나 먹는 문제는 지구상의 가장 큰 과제이며 이 문제를 해결하기 위한 지구적 노력과 정책도 많습니다. 또 이 과제는 인구문제와 연계되어 있어 인위적 해결이 쉽지 않으며 어느 하나의 해결로 해소될 수 있는 문제가 아닙니다.

식량문제를 해결하는 방법을 세 가지로 말합니다. 이것을 '3M 방법'이라고 합니다. 첫째는 맬더스(Thomas Malthus)의 '인구론'에 의한 식량 수급 방안입니다. 빈곤과 악덕의 원인이 인구의 과잉 증가로 본 그는 인구증가에 따라 식량을 증가하려고 하였습니다. 그리고 출산율을 감소시키는 등의 도덕적 억제가 필요하다고 하였습니다. 기하급수적으로 증가하는 인구에 비하여 산술급수적으로 증산하는 식량은 이 문제를 해결하지 못하였습니다.

두 번째 M은 마르크스주의(Marxism)입니다. 칼 마르크스에 의해 주창된 마르크스주의는 사유재산제 대신에 재산의 공유를 실현시킴으로써 계급 없는 평등사회를 이룩하려는 사상 및 운동이었습니다. 마르크스주의는 모든 사람에게 빵을 골고루 먹게 할 수 있다고 하였지만 결국 모든 사람이 빵을 먹지 못하게 함으로써 식량문제를 해결하지 못하였습니다.

세 번째 M은 그리스도교적 선교이념(Missionary)입니다. 이 이론은 남을 보살피고 도와주고 나누어주고 베푸는 것이 기아를 해결하는 길이라는 것입니다. 서로 나누고 보살피는 마음이 없이는 물질의 분배는 절대로 균등을 이룰 수 없습니다. 가진 자는 더욱 많이 가지게 될 것이고 가지지 못한 자는 더욱 가지지 못하게 될 것입니다. 지구상에는 스스로의 노력으로 먹지 못하는 절대빈곤자들이 20%나 있습니다. 실제로 지구는 현재 인구의 배가 되어도 인류가 서로 공유하고 공존하는 법만 배우면 얼마든지 살 수 있다고 합니다. 지구는 120억 인구가 살기에도 넉넉하다는 것입니다.

예수님은 "그러므로 염려하여 이르기를 무엇을 먹을까, 무엇을 마실까, 무엇을 입을까 하지 말라"(마6:31)라고 하셨습니다. 이 말씀은 먹는 문제, 마시는 문제, 입는 문제는 염려 거리라는 뜻입니다. 예수님 당시에 팔레스타인 지방에서 살던 이스라엘 백성들에게 가장 심각한 생존의 문제는 이 세 가지였습니다. 그 가운데서 먹는 것은 으뜸가는 문제였습니다. 한국인에게 중요한 삶의 필수적인 세 가지 요소는 의식주(衣食住)이며 가장 으뜸가는 문제는 의복 문제입니다.

성경에는 예수님의 기적들이 기록되어 있습니다. 그 기적들 가운데는 보리떡 5개와 물고기 2마리를 가지고 5천 명을 먹이신 기적이 있습니다. 그리고 보리떡 7개와 물고기 2마리를 가지고 4천 명을 먹이신 기적도 있습니다. 이 기적은 당시인들에게는 엄청난 기적이었습니다. 왜냐하면 그들에게 식생활은 심각한 생존의 문제였기 때문입니다. 우리가 족장이라고 일컫는 아브라함은 기근을 당하여 애굽으로 이주하였습니다. 이삭도 기근으로 고생하였습니다. 야곱은 기근을 만나 아들들을 애굽으로 보내 곡식을 구해 오게 하였습니다. 다시 말하면 기근은 팔레스타인 지방에서는 일상이었습니다. 그러므로 먹는 문제를 해결한 예수님의 기적은 그들이 메시아로 인정하기에 충분했습니다. 그래서 이런 기적을 '메시아적 기적'(Messianic miracle)이라고 합니다.

먹는 문제는 누구에게나 생존의 문제이며, 음식의 차이는 삶의 질과 계급의 차이이기도 합니다. 부자들과 가난한 자들의 음식은 비교 대상이 아닐 것입니다. 문화의 차이에 따라 음식도 천차만별의 종류와 맛으로 구분할 수 있을 것입니다. 이 세상에서는 못 먹는 자들이 있고, 안 먹는 자들이 있습니다. 그러나 누구나 먹어야 산다는 것은 생존법칙입니다. 살기 위해서는 먹어야 한다는 것입니다.

그렇다면 하나님의 나라에서도 먹고 사는가에 대한 궁금증이 일어납니다. 결론적으로 말하면 하나님의 나라에서도 먹고 삽니다. 세상 나라에서 먹는 것은 생존이지만 하나님의 나라에서 먹는 것은 즐거움입니다. 하나님의 나라에서는 영원한 삶을 살기에 생존의 문제는 전혀 없습니다. 즐거움을 위해 먹게 하는 곳이 하나님의 나라입니다.

요한계시록 22장에 묘사된 하나님의 나라는 하나님과 어린양의 보좌에 대해 이야기합니다. 그곳은 생명수의 강이 흐르고 강 좌우에는 생명나무가 있습니다. 생명나무는 열두 가지 열매를 맺되 달마다 그 열매를 맺습니다. 그리고 그 나무 잎사귀들은 만국을 치료합니다. 하나님 나라에는 생명나무가 있어 달마다 다른 열매를 맺습니다. 그 열매들은 하나님 나라에 있는 구원받은 자들이 먹는 먹거리입니다. 하나님 나라의 먹거리는 열매 즉 과일입니다.

과일은 최고의 먹거리입니다. 인간이 죄를 짓기 전의 에덴동산은 완벽한 하나님의 나라였습니다. 에덴동산에서 하나님께서 인간에게 먹게 하신 것은 과일입니다. 그리고 다시 하나님 나라에서 먹게 하시는 것도 과일입니다. 과일은 모든 먹거리 가운데 최고의 먹거리인 것을 증명하고 있습니다.

성경에는 하나님의 나라에 가면 먹고 산다는 말씀을 확실하게 해 주십니다. 요한계시록에는 승리하는 자에 대한 보장이 있습니다. 그 가운데는 "귀 있는 자는 성령이 교회들에게 하시는 말씀을 들을지어다 이기는 그에게는 내가 하나님의 낙원에 있는 생명나무의 열매를 주어 먹게 하리라"(계 2:7)라고 말씀합니다. 하나님의 나라의 보장 가운데 하나는 생명나무 열매를 먹게 하시겠다는 것입니다.

이기는 자에 대한 보장 가운데 먹거리를 주신다는 것은 중요한 의미를 가지고 있습니다. 앞에서 말한 대로 세상에서의 먹는 일은 생존을 위한 수단이지만 하나님의 나라에서의 먹는 일은 생존이 아니라 즐거움입니다. 하나님의 나라는 잔치집입니다. 예수님도 천국을 자기 아들을 위하여 혼인 잔치를 베푼 어떤 임금과 같다고 비유하셨습니다(마 22:2). 예수님의 종말에 대한 비유 가운데 '열 처녀의 비유'는 혼인 잔치의 비유입니다. 등을 잘 준비한 처녀들은 신랑이 오므로 함께 혼인 잔치에 들어갔다고 합니다(마 25:10). 인류의 종말을 맞아 예수님께서 재림하실 때는 사람들이 동서남북으로부터 와서 하나님의 나라 잔치에 참여하리라고 합니다(눅 13:29). 그리고 하나님의 나라에 들어간 승리자들에게 천사는 혼인 잔치에 청함을 받은 자들이라고 합니다(계 19:9).

　　하나님의 나라의 잔치를 요한계시록에서는 생생하게 기록하고 있습니다. 일곱교회에 주신 말씀 가운데 라오디게아에 주신 말씀 마지막에 "볼지어다 내가 문밖에 서서 두드리노니 누구든지 내 음성을 듣고 문을 열면 내가 그에게로 들어가 그와 더불어 먹고 그는 나와 더불어 먹으리라"(계 3:20)라고 합니다. 예수님은 쉼 없이 문을 두드리시지만 억지로 열지는 않으십니다. 문을 여는 것은 우리의 몫입니다. 그때 주님과 내가 함께 먹는 잔치가 시작되는 것입니다.

　　잔치에는 맛있는 음식이 많습니다. 그리고 좋은 음료가 있습니다. 먹거리가 없는 잔치는 없습니다. 하나님 나라의 삶은 신랑이신 그리스도와 우리의 혼인 잔치입니다. 그래서 하나님의 나라에서는 먹는 것이 끊이지 않습니다. 그 먹거리는 하나님께서 친히 만드신 최고의 음식인 과일입니다.

35

성경은 휴거를 말하는데 구원받을 사람은 모두 휴거합니까?

아주 오래 전 미국 유학시절, 나의 처가가 캐나다에 이민 가서 정착하였습니다. 장인 장모께서 출석하시던 교회의 사모님은 아주 적극적인 성품을 가지고 계셨는데 손님들이 올 때마다 이렇게 질문을 하셨습니다. "당신은 휴거를 믿습니까, 통과를 믿습니까?" 나는 장인으로부터 사모님이 그 질문을 하실 것이라는 정보를 듣고 마음의 준비를 했습니다. 아니나 다를까 나를 만나 잠시 인사를 나눈 사모님은 "목사님은 휴거를 믿습니까, 통과를 믿습니까?"라고 하였습니다. 나는 성경에는 휴거에 대한 분명한 근거도 있고, 고난을 통과할 것이라는 근거도 있으니 둘 다 믿는다고 하였습니다. 그리고 이미 구원받은 사람들은 휴거를 하든 통과를 하든 하늘나라에 가게 될 것이고, 통과를 한다고 하더라도 하나님께서 대환난을 통과할 수 있는 능력을 주실 것이라고 하였습니다. "더 중요한 것은 예수 잘 믿고 구원 받는 것입니다"라고 하였더니 더 이상 질문을 하지 않으셨습니다.

휴거(携擧)란 그리스도인 신자가 죽은 후 부활하여 살아있는 신자들과 함께 구름 속에서 재림하시는 그리스도를 만나 공중으로 올라가는 사건을 말합니다. 휴거는 "주께서 호령과 천사장의 소리와 하나님의 나팔 소리로 친히 하늘로부터 강림하시리니 그리스도 안에서 죽은 자들이 먼저 일어나고 그 후에 우리 살아남은 자들도 그들과 함께 구름 속으로 끌어 올려 공중에서 주를 영접하게 하시리니 그리하여 우리가 항상 주와 함께 있으리라"(살전 4:16-17)라는 말씀에 근거합니다. 이 말씀 "끌어올려"라는 헬라어 단어 '하르파조'에서 '휴거'라는 개념과 용어가 생기게 되었습니다.

신학적 사조 가운데 '세대주의' 혹은 '세대경륜주의'라 불리는 사조가 있습니다. 세대주의자들은 성경을 문자대로 해석하는 근본주의자들입니다. 특히 종말론적 해석은 전천년설을 취하며 성경에 나오는 예언들이 아직 성취되지 않았고 미래에 성취될 것이라는 미래주의적 관점을 가집니다. 휴거는 바로 이런 신학적 사조에서 발생하여 미국의 근본주의와 복음주의 신학에서 발전하여 강조되고 있습니다.

휴거는 전천년설을 주장하는 근본주의와 복음주의에서 주로 사용하는 종말에 대한 용어입니다. 천년설은 요한계시록 20장 1절에서 6절을 근거로 현세의 종말과 영원한 세계의 중간과정에서 오는 축복의 시기를 믿는 학설입니다. 이를 바탕으로 천년설은 세 가지로 나누어집니다. 무천년설(Amillenarianism)은 문자적 천년설을 부정하고 영적, 우화적으로 천년을 해석하는 학설입니다. 후천년설(Postmillenarianism)은 그리스도의 재림이 천년왕국 이후에 있다는 학설이며 실제적으로 무천년설과 같습니다. 전천년설(Premillenarianism)은 천년을 문자적으로 해석하여 천년왕국이 건설되기 이전에 그리스도께서 재림하신다는 학설입니다.

전천년설에 따르면 종말의 진행과 현상은 이렇습니다. 먼저 그리스도께서 공중 재림을 하시고 공중에 들린 성도들이 있으며 대환난기가 있습니다. 공중에 들린 성도들과 대환난기를 통과한 성도들이 그리스도의 지상 재림에서 함께 만나 천년왕국으로 들어가게 됩니다. 세대주의 전천년주의자들은 그리스도의 재림을 공중 재림과 지상 강림으로 구분합니다. 이 관점에 따르면 주께서 하늘로부터 강림하신다는 데살로니가전서 4장 15절에서 17절 말씀과 인자가 구름을 타고 능력과 큰 영광으로 오리라는 마태복음 24장 29절에서 31절에 묘사된 재림 이전의 사건을 설명한 것입니다. 그리스도의 재림에 대한 두 본문을 서로 다른 사건으로 보는 것입니다. 데살로니가전서의 사건은 그리스도가 공중 재림하여 구원받은 자들이 공중으로 휴거하는 것이고, 마태복음의 사건은 그리스도가 결정적으로 지상에 재림하는 것으로 구분합니다.

그 후에 사탄이 심판을 받게 되고 흰보좌의 심판을 통하여 영원 세계에서 살게 됩니다. 전천년설은 교회가 환난 이전에 들려 올린다는 전환난설과 환난을 통과한다는 후환난설로 나누어집니다. 전천년설은 그리스도의 두 번의 재림과 천 년 전의 성도의 부활과 천 년 후의 불신자의 부활, 두 번의 부활이라는 약점을 가지고 있습니다. 반면에 무천년설의 주장은 현세의 종말에 모든 성도가 다같이 대환난을 통과하고 그 후에 그리스도께서 한 번 지상에 재림하시고 신자와 불신자가 함께 부활하여 영생과 영벌로 나누어진다고 합니다.

휴거는 고대나 중세 신학에서 나온 이론이 아니며 19세기 미국의 세대주의 근본주의자들 사이에서 발생한 이론입니다. 세대주의 자체가 미국의 근본주의 교단을 중심으로 지지를 받고 있으므로 휴거도 미국의 근본주의

침례교, 오순절 교회 그리고 복음주의 교파들 사이에서 믿고 있습니다. 반면에 세계적으로 볼 때 많은 기독교 교파는 휴거를 따르지 않고 있습니다. 천년왕국을 문자적으로 믿지 않는 무천년주의자들과 천년왕국 이후에 그리스도가 재림한다는 후천년주의자들은 그리스도의 재림이 이중적이 아니라 한 번이고, 구원받은 자들이 먼저 공중에 들림 받고 그렇지 못한 자들은 남아 대환난을 통과하는 것이 아니라 공개적 단일사건으로 일어날 것이라고 합니다.

휴거를 믿는 세대주의자들은 휴거한 신자들이 그리스도를 만나는 공중을 천국이라고 해석합니다. 일부 세대주의 신학자들은 휴거하여 가는 장소가 천국이 아니라 지구상의 특정 장소라고 합니다. 휴거는 미래에 나타날 영적 사건이므로 학자들 사이에서도 이견이 있으며 휴거 자체를 부인하는 교파나 학자들도 많이 있습니다. 만일에 휴거하여 천국이 아닌 이 지구상의 어느 지역에 가게 된다면 공중에 들려 올라간다고 볼 것이 아니라 수평적으로 이동한다고 봐야 할 것입니다. 그렇다면 '하르파조'가 아니므로 휴거라고 보기는 힘들 것입니다. 앞에서 말한 대로 그리스도의 재림의 시점에 휴거가 일어날 것이라고 합니다. 성경은 그리스도가 공중 재림하실 때에 죽었던 자들이 먼저 일어나고 그 후에 살아남은 자들도 먼저 죽었다가 일어난 자들과 함께 구름 속으로 끌어올려 공중에서 그리스도를 영접하게 될 것이라고 합니다(살전 4:16-17). 휴거의 시점은 대부분 그리스도의 재림의 때라고 하지만 이에 대하여도 다른 의견이 있습니다.

근래의 기독교 역사에서는 그리스도의 종말에 대한 잘못된 설이나 주장들이 많이 있었습니다. 특히 다미선교회는 1992년 10월 28일에 휴거가 일어날 것이라는 시한부종말론을 주장하여 교회를 혼란에 빠트리고 사회적으로 큰 파란을 일으켰습니다. 시한부종말론은 그 자체가 사이비성을 가진 이론으로 그리스도께서 특정한 날 오신다는 예언적 종말론입니다. 다미선교회는 시한부종말론을 휴거와 연계하여 특정한 날 그리스도께서 재림하시고 성도들이 휴거한다고 주장했습니다. 다미선교회를 추종하던 몇몇 교회와 선교회는 하나님께서 휴거일이 연기되었다는 소식을 주셨으니 종말을 예비하자고 변명하였습니다.

세대주의와 전천년설은 19세기에 미국의 대공황 등 사회적으로 어지러운 상황에서 발달한 신학적 이론입니다. 19세기 말과 20세기 초에 한국에 들어온 미국의 선교사들은 대부분 복음적이며 근본주의적인 선교사들이었습니다. 장로교나 감리교 할 것이 없이 이런 신학적 신앙적 배경을 가진 선교사들이 한국 땅에 왔으므로 한국교회는 초기 선교사들의 가르침으로 전천년설 영향을 많이 받았습니다. 이런 영향으로 한국교회의 교단과 교파를 초월하여 거의 모든 교회들이 복음적인 선교사들의 가르침으로 전천년설과 휴거를 믿게 되었습니다.

최근에도 휴거를 믿고 강조하는 그리스도인들이 많이 있습니다. 그리스도의 재림과 종말을 간절히 준비하는 것은 좋은 일이지만 삶의 무게로 인한 현실도피적 방안으로 재림을 갈구하며 휴거를 갈망한다면 결코 바람직한 신앙의 태도는 아닙니다. 예수를 잘 믿고 구원의 확신을 가지고 살면 그리스도께서 언제 오시든지 하나님의 나라에서 영생을 누릴 것입니다.

36

개나 고양이도 영혼이 있으며 구원을 받을 수 있습니까?

가족처럼 생각하여 가까이 두고 보살피며 기르는 동물을 애완동물 혹은 반려동물이라고 합니다. 동물이지만 집에서 키우는 가축과는 다른 부류입니다. 가축이란 소나 양처럼 자원을 얻기 위해 키우는 동물을 말하지만 반려동물이란 한 집에서 사는 가족의 일원으로 생각하며 자원을 얻기 위한 동물이 아닙니다.

일반적으로 반려동물이라고 하면 개와 고양이를 떠올리지만 최근에는 다양한 종류의 동물을 애완용으로 키우고 있습니다. 포유류, 조류, 파충류, 양서류, 어류 같은 척추동물뿐만 아니라 절지동물, 연체동물 같은 무척추동물까지 애완동물의 종류가 다양해졌습니다. '2023 한국반려동물보고서'에 따르면, 2022년 말 기준 국내 반려동물 양육가구(반려가구)는 552만 가구, 반려인 1,262만 명으로 전체의 25.7%를 차지하는 것으로 나타났습니다. 4가구당 한 집 꼴로 애완동물을 키우고 있으므로 애완동물이 완전한 가족으로 인정받고 있습니다. 이제는 '동물보호법'이 제정되어 반려동물뿐만 아니라 야생동물까지도 학대하지 못하게 규정하고 있습니다.

우리나라의 경제와 문화의 발달로 반려동물에 대한 관심은 급속도로 발전하였습니다. 불과 30여 년 전까지만 하더라도 반려동물이 안방까지 차지하는 경우는 거의 없었는데 이제는 안방 침대를 함께 사용할 정도로 변화되었습니다. 심지어 과거에는 집에서 키우던 강아지를 때가 되면 잡아먹기도 하고, 잡아먹기 위하여 키우기도 하였습니다. 그러나 2024년 '개식용 종식법'이 제정되어 식용목적의 개 사육, 도살, 유통, 판매 등의 행위를 일체 금하고 있습니다. 또 야생 고양이를 학대하는 이들은 처벌받았습니다. 이런 환경의 변화는 교회에도 크고 작은 영향을 미치고 있습니다.

반려동물이 가축이 아니라 가족으로 생각하는 현대인들은 반려동물에 대한 목회적 배려도 요구하고 있습니다. 어디에나 가족처럼 강아지나 고양이를 데리고 다니는 교인들이 교회에도 데리고 오기를 원하고 있습니다. 그리하여 반려동물을 데리고 예배를 드릴 수 있게 해 달라고 요청을 하기도 하고, 함께 예배를 드릴 수 있는 방을 마련해 달라고도 합니다. 나아가서 반려동물이 아플 때에 심방을 해 달라고 하고, 죽었을 때 장례예식을 해 달라고도 합니다. 이런 요청을 선제적으로 해결하려고 모자실과 같은 모견실(母犬室)을 만든 교회도 이미 있습니다. 이런 반려인의 요구를 어디까지 들어줄 것인가라는 것은 목회자의 판단을 요하는 상당히 미묘한 과제입니다.

성경은 하나님께서 창조하신 가축과 짐승에 대해 이렇게 말합니다. "하나님이 이르시되 땅은 생물을 그 종류대로 내되 가축과 기는 것과 땅의 짐승을 종류대로 내라 하시니 그대로 되니라"(창 1:24). 그리고 땅의 짐승을 그 종류대로, 가축을 그 종류대로, 땅에 기는 모든 것을 그 종류대로 만드셨다고 합니다(창 1:25). 하나님께서 짐승을 창조하신 날은 여섯째 날 사람을 창조하기 바로 전이었습니다. 그리고 사람이 모든 짐승을 다스리게 하셨습니다(창 1:26, 28). 하나님께서 사람과 같은 날 짐승을 창조하셨지만 사람은 짐승을 다스리게, 짐승은 다스림을 받게 창조하신 것입니다.

또 하나님은 사람을 창조하실 때에 "자기 형상 곧 하나님의 형상대로 사람을 창조하시되 남자와 여자를 창조하시고"(창 1:27)라고 합니다. 하나님께서 사람을 창조하실 때에 하나님의 형상을 주셨습니다. 사람에게 하나님의 닮은 꼴이 되게 하신 것입니다. 그러나 성경은 어디에도 짐승에게 하나님의 형상을 주셨다고 하지 않습니다. 사람과 짐승은 다 같이 하나님의 피조물이지만 사람과 짐승은 창조의 내용에서 전혀 다릅니다.

신학적으로 인간의 구조를 말할 때 이분설, 삼분설이라는 설이 있습니다. 이분설은 인간은 영혼과 육체로 구성되어 있다는 뜻이고, 삼분설은 영, 육, 혼으로 구성되어 있다는 뜻으로 그리스 철학에 근거를 두고 있습니다. 정통신학에서는 이분설이 인간 구성의 정설이라고 합니다. 삼분설은 영과 혼을 구분하여 영은 인간이 가지고 있는 거룩한 부분을, 혼은 동물적이고 속된 부분이라고 합니다. 그러나 정통신학이 말하는 성경적 근거는 영과 혼을 혼돈하여 사용하고 있습니다. 사람의 구성을 '몸과 혼'으로(마 6:25, 10:28) 혹은 '몸과 영'으로(전 10:7, 고전 15:44)으로 표현합니다. 사람이 죽은 것을 '영이 떠났다'(시 31:5, 눅 23:46, 행 7:59)라고도 하고, '혼이 떠났다'(창 35:18, 왕상 7:21, 행 15:26)라고도 합니다. 혼을 동물적인 것이라고 하지만 '하나님의 혼'(사 42:1, 히 10:38)이라고 합니다. 이분설이 정통신학의 인간구성인데 짐승도 분명히 영적 부분이 있기에 논란이 있습니다. 짐승도 영혼과 육체로 구성되어 있지만 사람의 영혼과 짐승의 영혼은 그 본질에서 차이가 있다는 것입니다. 다시 말하면 위에서 설명한 대로 사람의 영혼은 하나님의 형상이 있지만 짐승의 영혼은 그렇지 않다는 것입니다.

사람이 구원을 받는 것은 죄를 지었다는 전제가 있습니다. 사람은 죄를 짓기에 죄 사함이 필요하고 죄 사함을 받은 다음에 구원을 받게 되는 것입니다. 짐승의 영혼은 구원받는 영혼이 아닙니다. 왜냐하면 짐승은 죄를 짓지 않기 때문입니다. 짐승은 생존본능에 의하여 사는 것이지 죄를 짓는 것은 아닙니다. 사자나 호랑이 같은 포식동물은 다른 동물을 죽이고 잡아 먹습니다. 그러나 다른 동물을 죽이고 먹는 것은 죄를 짓는 것이 아니라는 말입니다. 이것은 마치 초식동물이 풀을 뜯어 먹는 것이 죄를 짓는 것이 아닌 것과 마찬가지입니다.

가정에서 가족처럼 살아가는 반려동물도 마찬가지입니다. 반려동물은 주인을 잘 따르고 사랑스러운 존재이지만 어디까지나 동물이지 사람은 아닙니다. 요즘에는 반려동물에게 마치 아들딸을 대하듯 하며 주인도 아빠, 엄마, 누나, 오빠 등으로 부릅니다. 산책로를 걷다 보면 유모차에 아기가 아니라 강아지를 태우고 가는 것을 흔히 볼 수 있습니다. 가축병원에도 각종 반려동물들을 위한 진료나 시설이 갖추어져 있고, 반려동물이 죽게 되면 정식 장례 절차를 따라 화장을 하고 매장을 하기도 합니다. 그렇다고 반려동물이 사람과 동등한 품격과 생명의 존엄성을 가진 것은 아닙니다. 하나님께서 창조하신 목적이 사람과는 전혀 다르기 때문입니다.

앞에서 말한 대로 짐승은 구원의 대상이 아닙니다. 예수 그리스도께서는 죄를 지은 인간의 구원자이시지 죄를 짓지 않는 짐승의 구원자는 아닙니다. 인간은 믿음으로 구원을 받지만 짐승은 믿음을 가지는 이성적 존재가 아닙니다. 이성이란 하나님께서 인간에게만 주신 고유한 선물입니다. 구원을 얻는 것은 오직 믿음으로 가능합니다. 믿음은 인간이 은혜로 가질 수 있는 것입니다. 그러므로 믿음이라는 것이 있을 수 없는 짐승이 구원을 얻는다는 것은 있을 수 없는 일입니다.

최근에 많은 목회자들은 반려동물에 대한 교회의 배려에 관심을 가지고 있고, 목회적 역할의 한계에 대하여 고민도 하고 있습니다. 반려동물은 이미 짐승이 아니라 사람과 같은 가족의 일원이 되었기에 교회도 그 사실을 인정해야 합니다. 반려동물에 대한 성도들의 애정과 사고를 무시하는 것은 주인에게 큰 상처를 주게 됩니다. 그러므로 상처를 주지 않도록 반려동물에 대한 교회의 배려도 점점 필수적이 되어가고 있습니다.

반려동물의 병이나 죽음 등에 대한 목회적 관심은 필요합니다. 반려동물을 위한 목회적 돌봄이 아니라 반려동물의 주인을 위한 목회적 돌봄의 차원에서 관심을 가져야 합니다. 그리고 반려동물은 그리스도의 구원의 대상이 아님을 확실하게 가르칠 필요가 있습니다.

제5장

신앙생활은 생활신앙입니다

A religious life is a life
of faith

37

노아의 아들 함이 사실을 말했는데 왜 저주를 받았습니까?

성경은 우리의 머리로 이해할 수 없는 것들을 기록하고 있습니다. 우리의 머리가 아니라 하나님의 뜻으로 해석해야 감추어진 내용을 알 수 있게 됩니다. 성경은 사람인 저자가 기록한 책이지만 하나님께서 주신 영감으로 기록하였으므로 우리는 성경을 하나님의 말씀이라고 합니다. "모든 성경은 하나님의 감동으로 된 것"(딤후 3:16)이라고 인정하는 것입니다. 인간의 관념이나 생각의 한계에서 성경을 보는 것은 성경을 바르게 보는 것이 아닙니다.

노아 홍수사건이 끝이 나고 방주에서 나온 노아는 농사를 시작하여 포도나무를 심었습니다. 포도를 재배하여 포도주를 만들어 마신 노아는 취하여 그의 장막 안에서 벌거벗고 있었습니다. 노아의 아들 가운데 함이 아버지의 벌거벗은 모습을 보고 밖으로 나가서 형제들에게 알렸습니다. 그의 두 형제 셈과 야벳은 아버지의 옷을 가지고 뒷걸음으로 들어가서 아버지의 하체를 덮어 주었고 아버지의 하체를 보지 아니하였습니다. 노아는 술이 깬 다음에 작은 아들 함이 자신에게 행한 일을 알고 형제들의 종이 되리라고 저주하였습니다. 반면에 셈과 야벳은 축복하였습니다.

이런 노아의 함에 대한 저주와 셈과 야벳에 대한 축복은 공평하지 않아 보입니다. 하나님께 은혜를 입었던 의로운 노아의 행동치고는 졸렬해 보이기도 합니다. 왜냐하면 문제의 발단은 노아 자신에게 있습니다. 노아가 취하여 벌거벗고 실수한 책임이 자신에게 있음에도 불구하고 마치 함에게 모든 책임을 전가한 것 같습니다. 또 함이 제일 먼저 아버지의 장막에 들어갔으므로 벌거벗은 것을 볼 수밖에 없었을 것입니다. 셈이나 야벳이 먼저 들어갔다면 그들도 아버지의 하체를 보았을지 모릅니다. 그리고 그 한 번의 실수로 형제들의 종이 되게 하는 평생의 저주는 지나치게 가혹해 보입니다. 이런 성경 이야기의 해석이 인간의 잣대에서는 이해가 되지 않고 하나님께서 공평하지 않으신 것처럼 보입니다.

함은 아버지의 하체를 보고 밖으로 나가서 그의 두 형제에게 알렸습니다(창 9:22). 함은 아버지가 벌거벗은 것을 알지 못하고 아버지의 장막에 들어갔을 것이고 뒤돌아설 겨를도 없었을 것입니다. 그리고 장막을 나와서 형제들에게 아버지의 벌거벗었음을 일러주었습니다. 함 덕에 셈과 야벳은 아버지의 장막에 뒷걸음으로 들어갈 수 있었고 아버지의 하체를 보지 않을 수 있었습니다. 함 덕에 셈과 야벳은 축복을 받을 수 있었고, 함은 그들을 섬기는 자가 되었습니다. 함 덕에 아버지의 하체를 보지 않고 복을 받았다면 셈과 야벳은 함에게 빚을 진 셈이니 함이 그들의 종이 되지 않고 지낼 수 있게 해야 공평한 것이 아니겠습니까?

사람의 머리와 판단으로 보면 함은 억울한 면이 많이 있습니다. 함은 사실을 사실대로 말했고 거짓말을 한 것도 아닙니다. 자신이 본 것을 그대로 전달했을 뿐입니다. 그런데 왜 함은 혹독한 저주를 받아야 했습니까? 성경이 "야벳을 창대하게 하사"(창 9:27)라고 전하는 것을 보면 함은 당대가 아니라 후대까지 저주를 받아 대대로 셈과 야벳을 섬기는 종이 되었습니다.

성경이 우리에게 전하는 메시지는 위에서 말한 인간의 억울함, 혹독함에 하나님의 마음이 있다는 것입니다. 함은 분명히 사실을 사실대로 이야기했습니다. 그러나 함이 놓치고 있는 것은 아버지의 부끄러움을 감추어주지 못했다는 것입니다. 거짓 없이 사실대로 이야기하는 것이 중요한 것이 아니라 아버지의 부끄러운 사실을 감추어주는 것이 더 중요하다는 것을 말합니다. 이런 인간의 기본 배려와 윤리를 벗어난 함은 자손 대대로 셈과 야벳을 섬기는 저주를 받은 것입니다.

인간은 사실을 사실대로 이야기하는 것을 정의하고 합니다. 왜냐하면 사실을 사실대로 말하지 않고 사실을 은폐하고 왜곡하는 일들이 너무나 흔하기 때문입니다. 최근에는 사실이 아닌 것이 사실보다 더 사실처럼 보이게 포장되는 것을 볼 수 있습니다. 매일같이 접하고 있는 '가짜뉴스'가 그러하고, '포샵'이 된 영상이 그러하고, 실제와 구분이 되지 않는 '딥페이크'가 그러합니다. 그래서 요즘은 이런 것들로 사실을 분간하고 증명하는 것은 불가능합니다.

하나님의 마음으로 사실을 보면 인간이 보는 것과 다릅니다. 하나님은 사실을 사실대로 말하는 것만을 정의라고 하지 않으십니다. 사실이라도 말하지 않고 심지어 사실을 감추어주는 것을 정의라고 하시는 것이 하나님의 마음입니다. 그래서 예나 지금이나 '정의'의 기준이 절대적이 아니라 시대에 따라, 지역에 따라 다르게 나타납니다.

저는 키가 크지 않습니다. 저를 향해서 키가 작다고 하는 말은 사실입니다. 그러나 만일에 누군가가 저에게 "키가 작은 사람이 까분다"라고 하면 분개할 것입니다. 어떤 사람은 얼굴이 좀 못생겼을 수 있습니다. 얼굴이 못생긴 것은 자신의 책임이 전혀 아닙니다. 그런데 다른 누군가가 "얼굴도 못생긴 사람이 나댄다"라고 하면 분개할 것입니다. 우리 주위에는 장애를 가진 이웃들이 있습니다. 이들에게 누군가가 장애를 들먹인다면 분개할 것입니다. 그래서 요즘은 장애인에 대해서도 혐오스런 용어를 사용하지 않습니다. 사실이지만 사실대로 이야기하면 안 되는 이유가 바로 여기에 있습니다. 감추어 주어야 할 사실들이 얼마든지 많이 있다는 것을 알아야 합니다. 또 감추어 주는 것이 미덕입니다.

예수님의 탄생 기사에서 요셉의 위대한 인격이 드러나 있습니다. 요셉은 호적하기 위하여 약혼한 마리아를 데리고 베들레헴으로 갔습니다. 마리아는 요셉과 동거하기 전에 성령으로 잉태되어 이미 해산할 날이 가까웠습니다. 요셉은 마리아가 임신한 사실을 알았지만 드러내지 않고 감추어 주었습니다. 성경은 "그의 남편 요셉은 의로운 사람이라 그를 드러내지 아니하고 가만히 끊고자 하여"(마 1:19)라고 합니다. 그리고 다음에 주의 사자가 성령으로 잉태된 것을 요셉에게 일러주었습니다(마 1:20). 요셉은 주의 사자가 그에게 성령으로 임신한 사실을 일러주기 전에 이미 마리아의 임신 사실을 드러내지 않으려고 하였습니다. 고대 유대 율법주의에 의하면 혼전 임신이나 간음의 경우에는 혹독한 벌을 면하지 못하였습니다. 시아버지 유다에 의하여 임신한 며느리 다말이 과부로서 임신하였다는 말을 듣고 유다는 "그를 끌어내어 불사르라"(창 34:24)고 하였습니다. 이른 아침에 간음 현장에서 잡혀 예수님께 끌려 왔던 여인에게 군중들은 "율법에 이러한 여자를 돌로 치라 명하였거니와 선생은 어떻게 말하겠나이까"(요 8:5)라고 하였습니다. 예수님께서도 그들에게 "너희 중에 죄 없는 자가 먼저 돌로 치라"(요 8:7)고 하셨습니다. 율법은 간음한 자를 돌로 치라고 하였고, 예수님도 율법을 부정하지 않으셨습니다. 그러나 예수님은 용서와 은혜가 율법보다 더 위대하고 우선적인 것을 말씀하셨습니다. 예수님께서 오신 이유도 율법을 폐하려 하신 것이 아니라 완전하게 하시기 위함이었습니다. 율법은 사랑과 은혜로 비로소 완성됩니다.

요셉은 마리아의 임신 사실을 가만히 끊고자 하였습니다. 요셉은 마리아의 임신 사실을 떠벌리지 않고, 감추어 주려고 했습니다. 이런 요셉의 자세는 율법에 정면으로 배치되는 행위입니다. 오히려 임신 사실을 알리고 동네 한 가운데 데려다가 돌로 치든지 불로 사르든지 해야 율법적인 것이었습니다. 그런데 성경은 요셉이 그렇게 한 이유가 의로운 사람이기 때문이라고 말합니다.

하나님께서 원하시는 의는 노아의 실수와 부끄러움을 감추어주지 않고 사실을 사실대로 말하는 것이 아니라 부끄러움을 보지 않고 덮어주는 것입니다. 하나님의 의는 율법적으로 단죄하여 벌을 주는 것이 아니라 가만히 눈감아주고 감싸주는 사랑의 행위입니다.

38

세례의 의미가 무엇이며
반드시 세례를 받아야 구원을 받습니까?

개신교에서 성례란 성찬과 세례(침례)를 말합니다. 세례는 그리스도께서 제정하여 시행하라고 하신 성례입니다. 예수님은 승천하시기 전에 제자들에게 "그러므로 너희는 가서 모든 민족을 제자로 삼아 아버지와 아들과 성령의 이름으로 세례를 베풀고"(마 28:19)라고 하셨습니다. 제자를 삼은 표시(Sign)가 세례라는 것입니다. 초대교회에서는 세례를 받는 것은 제자가 된다는 것입니다. 우리가 세례를 받았다는 것은 예수님의 제자인 성도가 되었다는 증거이고 표시입니다. 물로 씻는 예식인 세례는 우리를 구원하는 표입니다. 베드로는 "물은 예수 그리스도께서 부활하심으로 말미암아 이제 너희를 구원하는 표니 곧 세례라"(벤전 3:21)라고 합니다.

세례는 세 가지 형식을 가지고 있습니다. 첫째는 물속에 잠그는 것입니다. 문자적으로는 침례입니다. 세례를 베풀다는 말의 헬라어 '밥티조'는 '잠그다'라는 뜻입니다. 세례는 물에 잠그는 것이 원칙입니다. 둘째는 물을 붓는 것입니다. 세례를 받는 사람이 세례복을 입고 서 있으면 머리에서부터 물을 부어 온몸을 적시게 하는 것입니다. 물을 담은 세례탕을 준비하는 대신 물을 부으면 되므로 간편한 세례 방식입니다. 셋째는 물을 뿌리는 것입니다. 장로교회의 일반적 세례 형식으로 물을 조금 머리에 뿌리는 방식입니다.

세례는 기독교의 아주 중요한 예전으로서 예수님께서 친히 명하신 성례전입니다. 세례는 물속에 잠그는 것으로 죄를 깨끗이 씻는다는 상징적 의미를 가지고 있습니다. 바울은 "이는 곧 물로 씻어 말씀으로 깨끗하게 하사 거룩하게 하시고"(엡 5:26)라고 합니다. 동시에 물속에 들어갈 때에 옛 사람이 죽고 물속에서 나올 때에 새 사람으로 산다는 것을 상징합니다. 그러나 물로 세례를 받는 것은 어디까지나 형식입니다. 세례를 받을 때 물 속에 들어갔다 나왔다고 하더라도 죄를 씻거나 옛 사람이 죽고 새 사람이 사는 것은 아닙니다. 세례를 받을 때 이런 예전적 의미를 알고 세례를 받은 후 거룩한 새 사람으로 사는 것이 중요한 것입니다. 그러므로 물속에 잠그든, 물을 붓든, 물을 뿌리든 세례의 형식은 상징일 뿐입니다. 물속에 잠근다고 죄가 씻어지고 물을 뿌린다고 죄가 씻어지지 않는 것이 아니라는 말입니다. 그러므로 세례는 외적 형식보다 내적 의미가 중요한 것입니다.

세례는 물로 씻어 깨끗하게 된다는 의미도 있지만 결과적으로 그리스도에게 접붙임을 받아 그리스도와 함께 살게 하시는 약속입니다. "누구든지 그리스도와 합하기 위하여 세례를 받은 자는 그리스도로 옷 입었느니라"(갈 3:27)고 하신 말씀 가운데는 세례를 받은 자는 그리스도의 모습을 가지게 된다는 말입니다. 그리스도의 모습을 가지고 함께 살게 된다는 것은 그리스도의 죽으심과 함께 세례를 받고(롬 6:3), 그리스도와 함께 일으키심을 받았다는 것입니다(골 2:12).

세례는 교회 밖에 있는 사람 즉 예수님을 믿지 않는 사람에게 베푸는 것이 아닙니다. 세례를 받는 조건은 예수 그리스도가 자신의 구세주이심을 고백하는 것입니다. 즉 예수가 그리스도이심을 고백하는 것입니다. 예수님께서 모든 민족을 제자로 삼아 세례를 베풀라고 하신 말씀도 마찬가지입니다. 제자는 예수를 그리스도로 고백한 사람을 말합니다. 예수님께서 승천하신 후 베드로가 예수님이 그리스도이심을 선포하였을 때 하루에 삼천 명이 세례를 받았습니다(행 2:41). 말씀을 듣고 예수가 그리스도이심을 고백하는 사람은 누구나 세례를 받았습니다(행 10:48).

세례를 받는다는 것은 예수를 그리스도로 고백한다는 뜻입니다. 예수가 그리스도라는 신앙고백이 없이는 세례를 받을 수 없습니다. 예수가 그리스도 즉 구원자이심을 고백하는 것은 회개하는 것이며 이것이 곧 믿음입니다. 구원자는 회개하는 자의 죄를 용서하시는 분이기 때문입니다. 회개한 자는 세례를 받을 자격이 있습니다. 베드로도 "베드로가 이르되 너희가 회개하여 각각 예수 그리스도의 이름으로 세례를 받고 죄 사함을 받으라 그리하면 성령의 선물을 받으리니"(행 2:38)라고 하였습니다. 복음을 듣고 믿는 것은 세례를 받는 조건이며, 복음을 듣고 믿는 온전한 믿음을 가진 자는 누구나 세례를 받게 됩니다(행 18:8).

대부분의 개신교회에서는 유아세례를 베풉니다. 위에서 말한 대로 세례란 예수가 그리스도이심을 고백하는 것이 조건입니다. 그러나 아기들은 이런 신앙고백을 할 수가 없습니다. 그럼에도 불구하고 교회가 아기들에게 세례를 베풀 수 있도록 성례를 제정한 것은 성경적 근거와 의미가 충분히 있습니다.

성경에는 하나님께서 하나님의 백성으로 선택하시는 증거로 난지 팔일 만에 아기에게 할례를 베풀게 하셨습니다. 할례란 남아의 양피를 베어내는 예식입니다. 구약성경이 기록된 히브리어의 거룩하다는 단어는 '카도쉬'인데 '잘라내다'라는 뜻입니다. 양피를 자르는 것은 거룩한 하나님의 백성이 되었다는 의식이며 하나님의 백성의 표입니다. 하나님께서는 할례를 난지 팔일 만에 하게 하셨습니다. 하나님께서 아브라함에게 할례의 의식을 명하셔서 하례를 행하였을 때 아브라함은 99세였고 이스마엘은 30세였습니다. 그리고 아브라함의 모든 식솔들이 함께 할례를 받았습니다(창 17:23-27). 그후에 이삭이 태어났을 때 이삭은 하나님께서 말씀하신 대로 난지 8일 만에 할례를 행하였습니다(창 21:4). 난지 팔일 만에 할례를 행하여 하나님의 백성이 되게 하신 것은 유아세례의 중요한 근거가 됩니다. 또한 신약성경에는 바울이 예수가 그리스도이심을 전하였을 때 복음을 받은 루디아는 "그와 그 집이 다 세례를" 받았습니다(행 16:15). 바울이 복음을 전하다가 감옥에 갇혔을 때에 바울을 지키던 간수가 "자기와 그 온 가족이 다 세례를" 받았습니다. 성경에서 모든 가족이 다 세례를 받았다는 것은 아기들도 세례에서 제외되지 않았다는 증거입니다. 성경은 이런 유아세례의 구약적, 신약적 근거를 가지고 있습니다. 아기들은 자신들의 의지로 예수를 그리스도로 고백할 수 없으므로 부모가 대신하여 고백하고 아기들을 그 신앙고백대로 양육하기로 서약하는 것입니다. 바울은 부모의 믿음을 통하여 자녀들이 깨끗하게 된다고 합니다(고전 7:14). 개신교의 교파 가운데는 유아세례를 인정하지 않고 대신 아기를 하나님께 드리는 예식을 하기도 합니다. 세례는 예수 그리스도를 고백하는 신앙고백이 필요하므로 아기들에게 세례를 베푸는 것이 옳지 않다는 이론도 있습니다. 그러나 성경 속 여러 부분에서 아기들을 하나님의 백성으로 인정하는 말씀도 충분히 발견됩니다.

이런 모든 말씀들을 종합해 볼 때 세례는 회개를 통하여 예수를 그리스도로 고백하는 회개의 징표입니다. 예수님께서도 세례를 받으셔서 우리에게 모범을 보여주셨습니다. 회개하고 믿는 자는 반드시 세례를 받으라는 표시입니다. 그래서 세례는 구원의 표입니다(벧전 3:21). 예수를 그리스도로 믿고 구원을 받았다는 표를 받는 것이 세례를 받는 것입니다. 예수 그리스도를 믿고 구원받은 삶을 사는 것이 중요합니다. 그러나 그리스도인은 교회 공동체를 통하여 내가 구원받는 자가 된 것을 인정받는 것도 중요합니다. 그래서 세례는 아무도 몰래 혼자 집에서 내가 내게 세례를 베풀거나 목사님을 모셔서 받는 것이 아니라 교회에서 공중 앞에서 세례를 받고 세례를 받았음을 선포하는 것입니다.

그리스도를 믿는 수많은 사람 가운데는 세례를 받지 않고 구원받은 사람도 있을 것입니가. 동시에 진정한 신앙의 고백이 없이 세례를 받고도 구원받지 못한 사람도 있을 것입니다. 세례를 받아야 구원받는 것은 아니지만 구원을 받은 사람은 반드시 세례를 받습니다.

39

성례전은 세례와 성찬인데 왜 가톨릭의 성례와 다릅니까?

우리 개신교회에서는 세례와 성찬을 성례라고 부릅니다. 성례전이란 헬라어의 "뮈스테리온" 즉 '신비'로서, 라틴어로는 "쎄크라멘트"라고 합니다. 성례전은 예수 그리스도께서 우리에게 주신 약속에 근거하는 것이므로, 성경 말씀을 확신할 때에만 그 가치가 있으며 성경을 떠나서는 아무런 의미가 없습니다. 만일 성경 말씀을 떠나고 믿음이 전제되지 않으며 성령님의 도우심을 의지하지 않는 성례전이 행해진다면 그것은 미신적인 행위에 지나지 않을 것입니다.

성례전은 예수 그리스도께서 친히 제정하신 거룩한 의식으로서 이 의식을 통하여 그리스도 안에 나타난 하나님의 은혜와 언약의 표시가 성도들에게 제시되고, 적용되는 것입니다. 그리고 성도들은 이 예식을 통해 믿음과 순종을 표현하게 됩니다. 즉 성례전은 은혜 그 자체는 아니지만 은혜의 방편(Means)이요, 표시(Sign)가 되는 것입니다. 그러므로 성례는 구원받은 사람이 구원받은 표로서 행하는 것이지 그것 자체가 구원은 아닙니다.

그러므로 성례전은 그리스도의 명령에 순종하는 것이며 우리의 신앙 생활에 있어 매우 중요하고도 거룩한 예식인 것입니다. 성도들은 성례에 참여함으로서 그리스도 안에 나타난 하나님의 용서와 사랑, 은혜와 축복을 확인하게 됩니다. 그리고 새로운 용기와 위로와 소망을 얻게 됩니다.

성례는 상징적인 것이지 은혜 그 자체는 아닙니다. 우리가 죄 사함 받고 구원을 얻은 것은 예수 그리스도를 나의 구주로 믿고 고백하는 믿음만으로 이루어지는 것입니다. 따라서 이미 말씀드린 것처럼 성례는 말씀을 떠나서 독립적으로 시행될 수 없고 항상 말씀에 의존하여 시행되는 것입니다. 그러므로 성례는 성령의 역사하심이 없이는 이해할 수 없으며 아무 의미 없는 것이 되고 맙니다. 집례자나 참여자 모두가 말씀과 성령으로 충만할 때, 주님의 은혜와 사랑과 축복의 의미가 우리의 심령 속에 실제적으로 부딪쳐 오는 것입니다.

세례란 헬라어의 "밥티스마"로서 "물로 씻다" 혹은 "물속에 잠그다"라는 뜻으로 문자적으로는 침례를 의미하나 일반적으로 세례라고 합니다. 세례는 성부, 성자, 성령의 이름으로 물로 씻거나 물속에 잠그는 의식인데 우리가 그리스도를 통하여 죄 씻음 받고 구원받았음을 증명하여 주는 것이며, 이제부터는 그리스도의 사람이 되기로 결심하는 약속의 표입니다.

세례는 구원의 표입니다. 베드로전서 3장 21절에는 "물은 예수 그리스도께서 부활하심으로 말미암아 이제 너희를 구원하는 표니 곧 세례라 이는 육체의 더러운 것을 제하여 버림이 아니요 하나님을 향한 선한 양심의 간구니라"라고 합니다. 이 말씀의 의미는 세례가 우리의 죄를 없애는 구원의 능력이 아니라 구원의 표, 즉 내가 예수를 나의 구주로 믿어 구원을 얻었다는 표라는 뜻입니다. 세례는 그리스도와 함께 죽고 그와 함께 다시 사는 것을 의미합니다. 또한 세례는 교회의 한 지체가 되었음을 의미합니다.

성찬은 그리스도의 죽으심을 기념하는 것입니다. 하나님의 아들 예수 그리스도는 모든 인간의 죄악과 허물 때문에 이 세상에 오셔서 피 흘리시며 십자가에서 죽으셨습니다. 우리는 성찬을 통해 그의 죽으심을 기념하며 감사하는 것입니다. 성찬은 그리스도와 연합하는 것입니다. 성찬은 나의 자아와 세속적인 생활을 십자가에 못 박고 이제부터는 그리스도와 연합하여 새로운 삶을 살리라는 결심이며 신앙고백입니다. 그러므로 성찬식을 행한 후부터 새로운 삶이 시작되어야 합니다. 하나님의 무조건적인 사랑을 받았으니 나도 주를 위하여 사랑으로 봉사하리라는 신앙고백을 해야 하는 것입니다. 그리하여 성찬은 그리스도와 연합하는 생명의 잔치입니다. 거룩한 나눔입니다. 성찬 예식을 통하여 우리는 주의 죽으심을 다시 오실 때까지 전해야 합니다. 또 앞으로 오게 될 왕국에서 하나님의 자녀로 주님의 식탁에 같이 앉아 예수 그리스도께서 주시는 떡을 먹는 그날이 오고 있다는 사실을 증거해야 합니다. 성찬은 하나님께서 그리스도 안에서 성령을 통하여 그리스도의 몸 된 우리들과 만나기 위하여 베풀어주시는 친교의 식사입니다.

초대교회는 성찬예식으로 말미암아 많은 순교자를 냈습니다. 이방인들은 성찬을 그릇 이해하여 그리스도를 믿는 사람들끼리만 모이는 파벌주의라고 생각했고 가족까지도 제외시킨다고 하여 가정 파괴범이라고도 했으며 심지어는 살과 피를 먹는다면서 식인종으로 몰아 순교의 빌미를 삼았습니다. 그러므로 우리는 성찬을 대할 때마다 순교의 정신으로 우리도 몸과 피를 제공할 다짐을 가지고 참석해야 할 것입니다.

교회가 성례전에서 세례와 성찬을 행하는 것은 예수님께서 오직 이

두가지만 친히 명하셨기 때문입니다. "이를 행하여 나를 기념하라"(눅 22:19, 고전 11:24-25)라고 하셨기 때문에 때를 따라 성찬을 행합니다. 그리고 세례는 "아버지와 아들과 성령의 이름으로 세례를 주라"(마 28:19)라고 하셨기 때문에 일생에 단 한 번만 행하는 것입니다. 성경은 그 외의 것을 그리스도께서 제정해 주시지 않았기 때문에 성찬과 세례만을 성례라고 하는 것입니다.

반면에 가톨릭교회는 일곱 가지 성례를 가지고 있습니다. 이것을 '7성사'라고 하는데 그리스도 안에서 새로운 생명을 얻고 기독교인이 되는 '세례성사', 세례를 통해 받은 은사를 완성하고 성숙한 신앙을 이어가는 '견진성사', 예수님의 빵과 포도주를 기리며 교회 안에서 형제 자매가 일치하게 되는 '성체성사', 신자가 자신의 죄를 고백하고 용서받는 '고해성사', 정신적 육체적 고통을 당하는 자에게 하나님의 특별한 은혜와 위로를 전달하는 '병자성사', 교회의 사제 즉 주교, 신부, 부제의 성직자가 되기 위한 '성품성사', 남녀가 배필이 되어 사랑의 공동체가 되기 위하여 맹세하는 '혼인성사'가 있습니다. 가톨릭교회에서는 여러 가지 의미를 부여하여 7성사를 제정하였지만 종교개혁 이후에 개신교에서는 예수님께서 직접 제정해 주신 2가지 외에는 성례로 인정하지 않습니다. 성례란 예수님께서 직접 제정해 주신 근거에 의한 것이므로 나머지 5가지 성사(성례)는 의미 있고 중요한 예식이지만 개신교에서는 성례라고 하지 않습니다.

이미 세례를 받은 그리스도인들은 다시 세례를 받지 않지만 그리스도의 몸과 피를 기념하는 성찬을 통하여 예수 그리스도에게 접붙임을 받아 한 몸이 되었음을 확신하게 되고, 예수 그리스도의 죽으심과 부활의 능력이 바로 나의 것이 됨을 더 확신하게 됩니다. 세례를 받을 때는 물론이고 받은 이후에도 항상 그리스도의 몸과 피를 묵상하며 죄를 씻음 받음을 감사하는 삶이 진정한 세례의 삶입니다.

성찬에도 회개하는 마음과 뜨거운 감사 속에서 참여하여 예수 그리스도의 살을 먹고 피를 마심으로 주님의 구속의 은혜를 경험하고 하나님의 깊은 사랑에 감격하며 새로운 헌신을 결단하도록 해야 할 것입니다. 그리고 한 몸과 한 피를 먹고 마시는 형제자매로서 한 공동체가 되었음을 감사하고 묵상해야 할 것입니다. 성례전에 말씀과 믿음으로 참여할 때 생명과 축복이 넘칩니다. 성례전의 삶이란 이 은혜를 깊이 간직하고 주님 오실 때까지 세례의 감격과 성찬의 기쁨이 넘치는 삶입니다.

40

성경이 말하는 성령강림은 무엇이며, 어떻게 나타납니까?

성령은 삼위 하나님의 한 위이십니다. 성령은 성부 하나님, 성자 하나님이신 예수님과 같은 하나님이시며 영으로 우리 가운데 임재하여 계십니다. 구약은 상징과 모형들을 통하여 신약의 그리스도를 설명합니다. 흔히 성령이라고 하면 구약시대가 아니라 신약시대의 하나님이라고 생각하기 쉽지만 그렇지 않습니다. 구약시대에도 성령께서는 계셨고, 성경 곳곳에서 성령을 '하나님의 영'이라고 상징적으로 표현합니다. 창세기에 "하나님의 영은 수면 위에 운행하시니라"(창 1:2)라는 말씀은 성령께서 천지 창조에 창조자로 함께 하셨다는 말입니다. 구약에는 하나님의 영이라는 말씀이 여러 곳에 기록이 되어 있습니다(민 24:2, 삼상 10:10, 대하 15:1, 욥 33:4 등).

또한 구약성경에는 성령을 '불'이라는 상징어로 표현합니다. "네 하나님 여호와는 소멸하는 불이시요 질투하시는 하나님이시니라"(신 4:24), "어떤 국민이 불 가운데에서 말씀하시는 하나님의 음성을 너처럼 듣고 생존하였느냐"(신 4:33), "하나님의 불이 하늘에서 떨어져서 양과 종들을 살라 버렸나이다"(욥 1:16) 등의 말씀이 있습니다. 아론의 아들들인 나답과 아비후는 다른 불을 여호와 앞에 드리다가 죽었다고 합니다(민 26:61). 불은 성령을 상징하며, 다른 불은 악한 영을 상징하는 말입니다.

솔로몬이 성전봉헌 기도를 마쳤을 때 불이 하늘에서부터 내려와서 그 번제물과 제물들을 살랐다고 합니다(대하 7:1). 성령의 상징인 불이 기도를 마쳤을 때에 성전에 내려왔습니다. 이 말씀은 구약의 대표적인 성령강림의 모형입니다. 기도를 마쳤을 때에 성령께서 강림하셨다는 것입니다. 성령은 하나님의 영, 하늘의 영이시므로 불도 성령도 내리다, 강림(降臨)이라고 표현합니다.

엘리야가 갈멜산에서 450명의 바알 선지자와 여호와가 참 신인지, 바알이 참 신인지 전투를 합니다. 바알 선지자들은 바알을 소리 높여 부르고, 창으로 자신들의 몸을 찌르며 바알에게 응답하라고 하였지만 바알은 응답이 없었습니다. 엘리야는 제단을 쌓고 소를 잡아 제단에 올리고, 3년 6개월 동안 비가 오지 않았지만 제단 주위에 도랑을 파고 물을 담았습니다. 모든 준비가 끝났을 때 엘리야는 "내게 응답하옵소서 내게 응답하옵소서"라고 하나님께 간구하였고, 여호와의 불이 내려서 번제물과 나무와 돌과 흙을 태우고 또 도랑의 물을 핥았습니다(왕상 18:37-38). 제단의 모든 준비가 끝났을 때 사람이 불을 지피는 것이 아니라 하나님께서 직접 하늘에서 불을 내리셔서 제물을 태우십니다. 제단의 준비가 끝나면 불은 하나님이 내려주십니다.

신약의 성령강림은 예수님께서 승천하심으로 시작됩니다. 예수님께서는 다락방 강화에서 이미 보혜사 성령께서 강림하실 것을 미리 말씀하셨습니다. "내가 아버지께 구하겠으니 그가 또 다른 보혜사를 너희에게 주사 영원토록 너희와 함께 있게 하리니 그는 진리의 영이라"(요 14:16-17상)라고 하십니다. 성령은 보혜사 곧 아버지께로부터 나오시는 진리의 성령입니다(요 15:26). 그리고 예수님은 "내가 떠나가지 아니하면 보혜사가 너희에게로 오시지 아니할 것이요 가면 내가 그를 너희에게로 보내리니"(요 16:7)라고 하십니다. 보혜사는 예수님이 승천하시면 오실 성령 하나님이십니다.

예수님의 이 약속은 곧 이루어졌습니다. 사도행전 2장은 예수님께서 승천하신 후에 120명의 제자들이 예루살렘 마가의 다락방에 모여 기도할 때에 성령께서 강림하셨다고 말합니다. 마치 솔로몬의 성전봉헌의 기도가 끝났을 때 하늘에서 불이 내려온 것처럼 기도하는 가운데 성령께서 강림하셨습니다. 하늘로부터 급하고 강한 바람이 그들이 앉은 온 집에 가득하였고, 불의 혀처럼 갈라지는 것들이 각 사람 위에 임하였습니다. 바람 같은 성령은 온 집에 가득하였고, 불의 혀같은 성령은 각 사람 위에 임한 것입니다. 성령이 온 집에 가득하였다는 것은 성령의 보편성을 의미합니다. 하나님의 교회, 기도하는 곳에는 언제나 성령께서 온 집에 가득합니다. 그리고 각 사람 위에 임하였다는 것은 성령의 개별성을 의미합니다. 온 집에 가득한 성령의 보편적 강림도 중요하지만 더 중요한 것은 각 사람에게 임한 성령의 개별적 강림입니다. 아무리 내 교회에 성령이 강림하셨다고 하지만 내가 성령이 충만하지 못하면 아무 소용이 없는 일입니다. 성령강림의 표적은 방언으로 나타났습니다.

사도행전 10장에는 또 다른 성령강림의 장면을 소개합니다. 고넬료는 이달리야 부대의 백부장으로 로마 군인이었지만 경건하고 하나님을 경외하는 사람이었습니다. 그가 기도하는 가운데 환상 중에 사람을 욥바에 보내어 베드로를 청해 오라는 계시를 받았고 그는 즉시 하인 둘과 부하 한 사람을 욥바로 보냈습니다. 다음 날 그들이 욥바에 가까이 왔을 때에 베드로가 기도하러 지붕에 올라갔는데 환상 중에 보자기에 싸인 깨끗하지 못한 짐승들을 먹으라는 음성을 들었습니다. 베드로가 더러운 짐승들을 먹지 못한다고 하자 하나님께서는 이미 깨끗하게 하였다고 하셨습니다. 베드로는 그 사람들을 따라 가이사랴의 고넬료의 집에 들어가 말씀을 전하였습니다. 베드로가 말씀을 전하는 가운데 이방인들에게도 성령께서 강림하셨고, 성령을 받은 이들에게 세례를 베풀게 하였습니다. 성령강림의 표적은 방언과 하나님을 높임으로 나타났습니다.

성령강림은 어느 때나 나타나며 경험할 수 있습니다. 기도와 말씀 외에 묵상, 독서, 대화를 통하여도 경험할 수 있지만 기도와 말씀이 기초가 되지 않으면 안 됩니다. 어떤 권사님은 댁에서 가족들을 위하여 식사준비를 하다가 강한 성령강림을 체험하였다고 합니다. 요리가 성령강림의 채널이 아니라 가족들을 위하여 기도하는 마음으로 요리를 하였기에 성령을 체험하게 된 것입니다.

영성가들은 기도와 말씀이 성령강림의 방편이라고 합니다. 그런데 기도와 말씀은 병행되어야 합니다. 사도행전에 기도하는 가운데, 말씀을 듣는 가운데 성령께서 강림하셨다고 하여 둘 가운데 어느 하나만 하면 되는 것이 아닙니다. 그래서 기도하지 않고 말씀만 보면 이성주의에 빠지고, 말씀 보지 않고 기도만 하면 신비주의에 빠진다고 합니다. 이성과 신비는 인간에게 주신 아주 중요한 하나님의 선물입니다. 그러나 이성주의나 신비주의에 빠지는 것은 기독교의 본질에서 벗어나는 것입니다. 기도와 말씀이 균형을 이룰 때 가장 완전한 성령강림을 경험하게 되는 것입니다.

성령강림은 하나님의 본성적 사랑의 표현입니다. 성경은 "하나님이 보내신 이는 하나님의 말씀을 하나니 이는 하나님이 성령을 한량 없이 주심이니라"(요 3:34)라고 합니다. 하나님은 하나님이 보내신 예수님께 성령을 한량 없이 주셔서 일하게 하시는 분이십니다. 예수님도 "너희가 악할지라도 좋은 것을 자식에게 줄 줄 알거든 하물며 너희 하늘 아버지께서 구하는 자에게 성령을 주시지 않겠느냐"(눅 11:13)라고 하시며 하나님께서 성령 주시기를 기뻐하시는 아버지이심을 증거합니다.

예수님은 예수님을 믿고 따르는 제자들이 성령 받기를 원하셨습니다. 예수님께서 부활하신 다음에 제자들을 만나셨을 때에 "이 말씀을 하시고 그들을 향하사 숨을 내쉬며 이르시되 성령을 받으라"(요 20:22)라고 하셨습니다. 하나님의 영이신 성령께서는 성령강림 이후에 항상 임재하여 계십니다. 기도와 말씀으로 준비된 사람은 언제나 성령을 받습니다. 우리 곁에 강림하여 계시는 성령께서는 우리가 기도하고 말씀을 읽을 때에 충만하게 하시고 그 성령으로 전도하게 하시며(고전 2:4), 온갖 은사를 행하게 하십니다(고전 12:4-12).

41

이단이 무엇이며, 어떻게 이단을 분별할 수 있습니까?

최근 한국교회는 이단으로 몸살을 앓고 있습니다. 이단이 요즘에만 있는 것은 아니지만 현재 부쩍 교회에 상처를 주며 어지럽게 만들고 있습니다. 그래서 교회들마다 '신천지(이단) 추수꾼의 출입을 금합니다' 등의 표시를 교회 입구에 붙이기도 합니다. 교회가 외적으로 성장하고 커갈 때 이와 병행하여 이단이 번성하는 사례를 많이 볼 수 있습니다. 한국교회도 한참 성장할 때 여러 이단들이 교회란 간판을 걸고 구세주 행세를 하였습니다.

이단(異端)이란 한자어에서 일반적 실체를 알 수 있습니다. 처음에는 아주 복음적인 모습을 띄고 시작을 하지만 끝(端)이 다르게(異) 변질되는 것입니다. 사전적 의미는 정통 이론에서 벗어난 교리나 주장 등을 총칭하는 말입니다. 철학, 과학, 예술 등 다양한 분야에서도 권위 있는 이론이나 의견에 반대되는 학설 등을 이단이라고 하지만 주로 종교적 의미에서 사용됩니다. 이단이란 단어는 기독교에서 주로 사용하고 있는데 많은 교파나 교단이 있지만 정통적인 교리에서 벗어나 최후의 구원관이 다르면 이단으로 단정하였습니다. 이단을 영어로는 'Heresy'라고 합니다. 이 단어의 어원은 헬라어의 다르다는 뜻의 '헤테로스'입니다. 이단이라는 한자어에서와 마찬가지로 이단은 정통과 다른 사상을 말합니다. 일반적으로 이단들을 보면 처음에는 성경말씀의 해석도 권위가 있고, 성령의 역사도 나타나고, 집단이 나름대로 성장을 합니다. 그러나 갈수록 성경해석이 엉뚱한 데로 빠지며, 인위적인 행태로 성령의 역사를 위장하고 교주를 신격화하게 됩니다.

이단은 현대에 와서 발생한 것이 아닙니다. 구약시대부터 이단들은 무수히 많았습니다. 제1대 제사장인 아론의 아들들인 나답과 아비후는 이단이었습니다. "아론의 아들 나답과 아비후가 각기 향로를 가져다가 여호와께서 명령하시지 아니하신 다른 불을 담아 여호와 앞에 분향하였더니"(레 10:1)라고 성경은 말합니다. '다른 불'이란 하나님의 불, 거룩한 영이 아닌 다른 영을 말합니다. 지금도 이단들은 하나님의 영이 아닌 다른 영으로 말씀을 해석하고 성도들을 미혹하며 멸망의 길로 인도합니다. 성경에서는 나답과 아비후가 제단에 드린 불이 여호와 앞에서 나와 그들을 삼켜 여호와 앞에서 죽었다고 말씀합니다(레 10:2). 하나님께서 다른 불을 드리는 이단을 얼마나 싫어하시는지를 밝히십니다. 나답과 아비후가 자신들이 드린 불에 죽은 것 같이 이단들은 자신들의 거짓 영으로 말미암아 죽게 될 것입니다. 그 외에도 하나님을 부인하는 자, 하나님을 모독하는 자, 하나님의 영을 거스르는 자들이 모두 이단이라고 할 수 있습니다.

신약성경에도 여러 이단들이 등장합니다. 신약시대에는 할례주의자라고 일컫던 유대주의적인 율법주의자들과 당시에 유행하던 헬라철학에 뿌리를 둔 영지주의자들을 이단이라고 할 수 있습니다. 신약시대의 이단이란 예수 그리스도의 신성과 인성을 부정하는 자들이라고 볼 수 있습니다. 당시에 우상숭배자들, 하나님을 믿지 않는 자들이 있었지만 이들을 이단이라는 범주에 한정하는 것은 옳지 않습니다.

　　신약성경에는 주로 바울서신에 이단에 대한 바울의 배격과 다툼이 기록되어 있습니다. 위에서 말한 율법주의자들은 할례와 율법준수에 대한 이견으로 바울과 갈등을 빚었습니다. 그들은 할례와 율법을 강조하기 때문에 그리스도의 구주성을 부인하고 복음을 부정했습니다. 그 외에도 신화와 끝없는 족보에 몰두하여 믿음 안에 있는 하나님의 경륜을 이루지 못하고 변론을 내는 자들이 이단에 속하였습니다(딤전 1:4). 또한 얀네와 얌브레가 모세를 대적한 것 같이 진리를 대적하고, 마음이 부패하여 믿음을 버린 자들이 이단입니다(딤후 3:8).

　　예수 그리스도의 신성만 인정하는 '가현설'과 인성만 인정하는 '양자설'은 신약시대에 이미 존재하고 있었습니다. 요한서신에서는 특히 예수 그리스도의 육신으로 오심을 부인하는 가현설 이단인 영지주의자들을 책망하고 있습니다. 베드로의 서신인 베드로후서와 예수님의 육신의 동생인 유다가 쓴 유다서는 호색하는 삶을 조장하는 거짓 선지자들, 꿈으로 사람의 영혼을 망하게 하는 이단을 책망하고 있습니다. 요한계시록에서는 정체를 알 수 없지만 그릇된 영으로 사람을 미혹하는 니골라당, 발람의 교훈을 따르는 자, 여자 이세벨 등이 이단으로 판단할 수 있습니다.

　　세계적으로 전파된 이단으로는 여호와의 증인, 안식교, 몰몬교 등이 있습니다. 이 세 이단은 미국에서 발생하여 미국의 재림파의 영향으로 이단 종파로 발전하였습니다. 여호와의 증인은 '워치타워 성서책자협회'를 설립하면서 조직되었습니다. 안식교는 '제칠일 안식일 예수재림교회'라는 긴 이름을 가진 이단으로 안식일인 토요일에 예배를 드리며, 예수님의 재림을 강조하여 초기에는 시한부종말론을 주장하였으나 지금은 시한부종말론을 포기하였습니다. 몰몬교는 19세기 초 미국 동부에서 조셉 스미스를 통하여 시작된 회복주의 운동입니다. 성경 외에 몰몬경이란 경전을 가지고 있으며 '예수 그리스도 후기 성도교회'라는 이름을 가지고 있지만 몰몬교라고 불립니다. 미국 동부에서 시작되었으나 초기에 엄청난 박해를 받아 서부로 이주하였고 미국의 서부개척사에 많은 공헌을 하였다고 알려져 있습니다.

한국에서 발원한 이단들도 굉장히 많습니다. 문선명에 의해 시작된 통일교는 '세계평화통일가정연합 ○○가정교회'라는 이름을 사용하며, 문선명 부부를 참 부모님이라 부릅니다. 통일교는 '원리강론'이라는 교리서를 가지고 있는데 성경 외의 또 다른 그들의 경전이라고 볼 수 있습니다. 천부교는 박태선에 의해 시작된 이단으로 초기에는 '전도관'이라 하였고 곳곳에 '신앙촌'을 형성하여 '시온'이란 상표로 많은 제품들을 만들어 부를 쌓았습니다. 영생교는 조희성에 의해 '하나님의 성회 승리제단'이라는 이름으로 창설되었으며 전도관이라는 신종교에서 파생된 또 다른 신흥종교의 유형이며 천년왕국운동의 전형적인 유형이라고 할 수 있습니다. 신천지는 '신천지예수교 증거장막성전'이 본래의 명칭이며 이만희에 의해 창설된 가장 공격적으로 포교하고 있는 이단입니다. 요한계시록을 강조하여 가르치므로 신천지라고 부르며, 12지파로 나뉘어 활동하고 있고, 포교자를 파수꾼이라고 부릅니다. 그 외에도 '하나님의 교회', '장막성전', 'JMS' 등 한국산 이단들이 무수히 많이 있습니다.

신학적으로 이단을 판별하는 기준은 '아타나시우스 신조'라고 불리는 니케아 공의회의 결정입니다. 니케아 공의회는 기독교 역사에서 가장 중요한 신학적 결의를 한 회의입니다. '아타나시우스 신조'에서 벗어나면 이단이라고 단정하는 것입니다. 특히 그리스도의 유일성과 두 본성은 정통과 이단을 구분하는 기본입니다.

이단을 판별하는 아주 간단한 몇 가지 법이 있습니다. 첫째는 삼위일체론입니다. 하나님은 한 분이시며 세 위를 가지고 계시고, 그리스도는 하나님이며 동시에 사람이며, 성령이 성부와 성자와 더불어 하나님이시라는 것을 부인하면 이단입니다. 둘째는 성경론입니다. 정통 기독교는 성경이 유일한 경전이라고 믿습니다. 어떤 종파이든지 성경 외에 다른 경전을 가지고 있으면 이단입니다. 셋째는 교회론입니다. 우리는 사도신경을 통하여 고백하듯이 거룩한 공교회를 믿습니다. 공교회란 모든 보편적 교회를 말합니다. 그런데 "그 교회에 가면 구원받지 못한다. 우리교회에 나와야 구원받는다"라고 하면 완전히 이단입니다. 넷째는 종말론입니다. 예수님은 확실히 재림하십니다. 그러나 언제 다시 오실지는 아버지 외에 누구도 알지 못합니다. 그러므로 예수님의 재림의 날짜를 인위적으로 계산하여 믿는 '시한부종말론'은 이단입니다. 바른 성경적 신앙만이 이단의 꼬임을 물리칠 수 있습니다.

42

구원은 하나님의 예정인데 굳이 전도하고
열심히 믿을 필요가 없지 않습니까?

예정론이란 신학적 주제는 지금까지 많은 찬반의 논란을 일으켰습니다. 바울은 로마서(8:29-9:33)와 에베소서(1:3-14)에서 예정론의 성경적 근거를 제시하고 있습니다. 예정론은 영어로 'Predestination'이라고 하는데 미리 운명지어졌다는 뜻입니다. 그런 의미에서 예정론을 문자적으로 말하면 모든 것이 미리 운명지어졌다고 규정하는 이론입니다.

하나님의 신성을 말할 때 전지(Omniscience), 전능(Omnipotence), 전재(Omnipresence)라고 합니다. 하나님은 모든 것을 아시고, 모든 것을 하실 수 있고, 모든 곳에 다 계시다는 말입니다. 실제로 우리가 하나님의 신성을 표현할 때 이보다 더 명확한 표현은 없지만 하나님은 이보다 위대하신 분이십니다. 하나님은 인간의 머리로 상상할 수 없는 위대성을 가지고 계시며, 인간의 말로 표현하는 이상의 절대성을 가지고 계십니다.

하나님의 예정이란 하나님께서 무엇을 미리 정하신다는 뜻 이전에 더 중요한 의미를 가지고 있습니다. 그것이 바로 하나님의 전지성, 전능성이라는 것입니다. 즉 '하나님은 절대 주권자이시다'라는 전제입니다. 우리가 하나님을 정의할 때 죽지 않고 영원성을 가지신 분, 만유를 주관하시는 절대자 등으로 표현합니다. 그런 의미에서 '하나님은 죽었다'는 말도 맞지 않는 말이고, '하나님이 실수하셨다', '하나님도 할 수 없는 일이다'라는 말도 맞지 않습니다. 하나님은 영원히 계시는 절대 주권자이시기 때문입니다.

하나님은 전지성, 전능성을 가지고 계시기에 미래에 되어질 모든 일을 미리 알고 정하실 수 있다는 것이 예정론입니다. 그렇다면 인간은 왜 예정할 수 없습니까? 인간은 타락함으로 하나님의 형상을 잃어버렸고 전지성과 전능성을 가지고 있지 못하며 전적 무능성을 가지고 있기에 미래를 알지 못합니다. 인간은 자신의 미래에 대하여 전혀 알지 못하며, 미래의 일을 정할 수 있는 능력이 없으므로 전적 무능의 인간이 전지성과 전능성을 가진 절대자에게 의뢰하는 태도를 가집니다. 이것이 예정론의 근거입니다.

예정과 구원은 언제나 오해를 일으킵니다. 하나님께서 예정하셨다면 구원은 받게 될 것이고, 하나님께서 예정하지 않으셨다면 구원을 받지 못하게 될 것이라고 하는 것입니다. 그리고 하나님께서 예정하셨다면 우리가 애쓸 필요가 없으며, 하나님께서 예정하지 않으셨다면 아무리 애를 써도 필요가 없을 것이라는 것입니다. 나아가서 하나님께서 예정하셨다면 우리가 굳이 전도할 필요가 없이 예정한 사람은 예수를 믿고 구원을 얻게 될 것이고, 예정하지 않으셨다면 전도해도 헛수고에 불과하다는 것입니다.

그러나 하나님의 예정이 우리의 행위를 전혀 요구하지 않는다는 말은 아닙니다. 하나님의 예정은 우리의 의지와는 전혀 무관하며 우리가 수동적으로, 기계적으로 행동하게 되어 있다는 것이 아닙니다. 하나님께서는 인간에게 의지를 주셔서 의지로 하나님을 믿고 말씀을 실천하게 하시는 것입니다. 하나님의 예정을 극단적으로 해석하는 사람들은 하나님의 구원을 공짜로 생각하기도 합니다. 그렇지만 구원은 절대로 공짜가 아닙니다.

성경은 "우리가 알거니와 하나님을 사랑하는 자 곧 그의 뜻대로 부르심을 입은 자들에게는 모든 것이 합력하여 선을 이루느니라"(롬 8:28)라고 합니다. 이 말씀의 "하나님을 사랑하는 자"는 그 주체가 '나'입니다. 반면에 "그의 뜻대로 부르심을 입은 자"는 그 주체가 하나님이십니다. 인간 편의 능동과 수동이 동시에 나타납니다. 하나님이 선제적으로 하시는 일이 있고, 우리가 해야 할 일이 있다는 것입니다.

하나님께서 선제적으로 은혜를 주셔야 가능합니다. 우리에게 "우리가 여호와를 알자 힘써 여호와를 알자"(호 6:3)라고 하십니다. 예수님께서 "회개하고 복음을 믿으라"(막 1:15)라고 하십니다. "주 예수를 믿으라 그리하면 너와 네 집이 구원을 받으리라"(행 16:31)라고 하십니다. 그 외에도 성경에는 우리의 의지와 행위를 요구하는 말씀들이 수없이 많이 있습니다. 하나님께서는 은혜로 출애굽하게 하신 백성들에게 율법을 주셔서 지키게 하셨습니다. 구원은 하나님의 은혜이지만 행위는 인간의 사명입니다.

미국 유학 중에 교수님이 이런 이야기를 해 주셨습니다. 어느 작은 마을에 장로교회와 감리교회가 있었는데 주일에 두 교회 목사님이 강단을 교류하기로 하였답니다. 장로교 목사님은 감리교회에서, 감리교 목사님은 장로교회에서 설교하기로 한 것입니다. 두 목사님이 서로 상대 교회에 가다가 네거리에서 마주치게 되었습니다. 장로교 목사님이 차창을 열고 감리교 목사님에게 소리쳤습니다. "우리가 이 네거리에서 만난 것은 하나님의 예정입니다." 이 말을 들은 감리교 목사님은 기분이 언짢아 "그러면 돌아갑니다"라고 하면서 차를 돌려 자신의 교회로 갑니다. 장로교 목사님은 감리교 목사님의 차를 따라가면서 "목사님이 네거리에서 돌아가는 것도 하나님의 예정입니다"라고 했답니다.

예정론을 신학적 논리로 만든 것은 성자 아우구스티누스였습니다. 그는 자신의 타락한 과거와 개심한 과정을 돌이켜보면서 자신의 전적 무능과 하나님의 예정을 체계적 이론으로 만들었습니다. 이런 예정론을 칼뱅은 한 걸음 더 구체적으로 발전시켜 하나님께서 어떤 이는 구원으로 어떤 이는 멸망으로 예정하셨다는 이중 예정론을 확립하였습니다. 최근에는 칼뱅의 이중 예정론이 전적인 호응을 얻지 못하지만 정통적인 보수주의에서는 여전히 강력하게 따르고 있습니다.

하나님의 예정이라는 은혜의 방편과 우리의 수용이라는 행위의 방편은 둘 중의 하나라는 이분법적으로 판단할 문제가 아니라고 봅니다. 로마서와 야고보서의 관계도 마찬가지입니다. 로마서가 믿음을 강조하는 서신인 반면, 야고보서는 행위를 강조하는 서신입니다. 로마서와 야고보서는 복음의 내용이 일치하는 것 같지 않아 보이기도 합니다. 그러나 저자의 의도나 수신인을 보면 그렇지 않다는 것을 알 수 있습니다. 로마서는 바울이 하나님을 전혀 알지 못하는 이교도인 로마인에게 보내는 서신이므로 믿음을 강조합니다. 그러나 12장 이후에는 실천편으로 믿음 이후의 행위를 강조하고 있습니다. 반면에 야고보서는 야고보가 이미 하나님을 믿는 유대인에게 보낸 서신이므로 믿음이 있는 자에게 행위를 강조합니다. 야고보가 믿음을 무시한 것은 아니라는 사실을 잘 알 수 있습니다.

하나님은 분명히 전지, 전능하시므로 예정하십니다. 그러나 동시에 인간의 의지와 행위를 무시하지 않으십니다. 다시 말하면 하나님께서 우리의 의지와 행위를 통하여 구원하시고 구원받은 자의 삶을 살게 하십니다. 그러므로 하나님의 예정만 강조하여 인간의 행위가 필요하지 않다는 것은 잘못입니다. 앞에서 말한 대로 하나님은 은혜로 예정하시지만 하나님의 예정을 이루기 위하여 우리의 행위를 요구하십니다. 출애굽 후에 율법을 주신 하나님의 뜻에도 이런 하나님의 계획이 나타나 있습니다.

하나님께서 예정하신 사람은 구원을 얻고 그렇지 못한 사람은 구원을 얻을 수 없으니 우리가 애써 전도할 필요가 없지 않느냐는 말도 마찬가지입니다. 하나님은 우리의 전도를 통하여 하나님께서 예정하신 사람이 구원을 얻게 하십니다. 우리는 어떤 사람을 하나님께서 구원받게 선택하셨는지 알 수 없습니다. 그러므로 우리는 믿지 않는 자는 누구나 전도해야 합니다. 하나님께서 예정하셨다면 우리의 전도를 통하여 예수님을 믿고 구원을 받게 될 것이고, 하나님께서 예정하지 않으셨다면 우리가 전도해도 예수님을 믿지 않을 것입니다. 그러므로 하나님께서 예정하셨다면 전도할 필요가 없는 것이 아니라 하나님께서 어떤 사람을 예정하셨는지 모르기에 열심히 전도해야 합니다.

성령을 모독하는 죄는 무엇이며, 왜 용서받지 못합니까?

죄는 하나님과 우리를 분리시킵니다. 하나님이 가장 싫어하시는 것은 하나님을 거스르는 일입니다. 그런데 인간은 아담과 하와의 죄로 인한 원죄로 죄와 무관한 삶을 살지 못합니다. 속에 죄를 가지고 태어난 인간은 원하지 않는 죄를 짓게 됩니다. 바울은 이것을 "원치 아니하는 그것을 하면 이를 행하는 자가 내가 아니요 내 속에 거하는 죄니라"(롬 7:20)라고 말합니다. 인간의 지체 속에는 죄의 법이 있어 죄의 법으로 인간을 이끌어가고 있는 것입니다.

인간은 다 죄를 짓습니다. 죄를 짓지 않는 사람이 있다면 용서가 필요 없겠지만 그런 사람은 하나도 없습니다. 그래서 예수님은 간음한 여인을 돌로 치려고 하는 군중에게 "너희 중에 죄 없는 자가 먼저 돌로 치라"(요 8:7)라고 하셨습니다. 성경은 "모든 사람이 죄를 범하였으매 하나님의 영광에 이르지 못하더니"(롬 3:23)라고 하며, "그러므로 한 사람으로 말미암아 죄가 세상에 들어오고 죄로 말미암아 사망이 들어왔나니 이와 같이 모든 사람이 죄를 지었으므로 사망이 모든 사람에게 이르렀느니라"(롬 5:12)라고 합니다. 죄 없는 사람은 하나도 없다는 것을 말합니다.

인간은 모두가 죄인이기에 긍휼하심이 필요하고, 용서가 필요하고, 구원하실 그리스도가 필요합니다. 이런 인간의 범죄와 죄성을 미리 아시는 하나님께서는 인간을 용서하실 방편을 이미 계획하시고 알게 하셨습니다. 죄를 용서받을 수 있는 방편은 회개입니다. 하나님은 회개한 모든 죄는 용서하십니다. 예수님의 첫 번째 선포는 "때가 찼고 하나님의 나라가 가까이 왔으니 회개하고 복음을 믿으라"(막 1:15)라는 것이었고, "죄인을 불러 회개시키러 왔노라"(눅 5:32)라고 하셨으며, "나는 죄인이로소이다"(눅 5:8)라고 하는 베드로를 즉시 불러 제자가 되게 하셨습니다. 예수님은 죄인들을 회개하게 하여 구원하시려고 오신 것입니다.

인간은 수많은 죄를 지으면서 살아가게 되는데 용서받지 못할 죄가 없으며, 구원받지 못할 사람이 없습니다. "너희의 죄가 주홍 같을지라도 눈과 같이 희어질 것이요 진홍 같이 붉을지라도 양털 같이 희게 되리라"(사 1:18)는 것이 하나님의 말씀이며, 예수님께서는 믿음을 보시고 "네 죄 사함을 받았느니라"라고 선포하셨습니다. 시편 51편은 시편 6편, 32편, 38편에 이은 '회개의 시편'이라 부르는 시로 다윗이 철저하게 자신의 죄를 회개하는 모습이 나옵니다. 하나님은 자신의 죄를 철저하게 회개하는 다윗을 "내 마음에 맞는 사람이라"(행 13:22)라고 칭하시며 완전히 용서하셨습니다. 예수님은 자신을 배반한 베드로를 용서하시고 초대교회의 대사도로 우뚝 세우셨으며, 교회를 박해하고 예수님을 믿는 사람들을 잔해하던 바울도 용서하셔서 사도가 되게 하셨습니다. 또한 예수님께 고침 받았던 사람들에게 "네 죄 사함을 받았느니라"라고 선포하셨습니다. 예수님께 나오는 자들은 온갖 죄를 용서받고 구원받은 사람이 된 것입니다.

기독교 역사에 기록된 수많은 신앙의 위인들도 회개하고 죄 사함을 받은 후에 큰 인물이 되었습니다. 루터가 종교개혁을 진행하는 동안 마귀는 루터를 시험하고 조롱하였습니다. 마귀가 루터에게 탐욕과 욕망 등 종교개혁자들이 범한 기나긴 죄의 목록들을 들고 찾아왔습니다. 루터는 죄의 목록이 너무 짧다고 하면서 또 다른 죄들을 받아 적으라고 하였습니다. 기록이 끝나자 루터는 마귀에게 이렇게 소리쳤습니다. "이제 맨 아래에 이 말을 기록해 두라. '그 아들 예수의 피가 우리를 모든 죄에서 깨끗하게 하실 것이요'"(요일 1:7). 루터가 죄를 짓지 않아서 종교개혁자가 된 것이 아니라 용서받았으므로 개혁자가 된 것입니다.

라틴어 성경을 번역한 제롬이라는 학자가 있습니다. 그가 기도 중에 예수님을 만나 기뻐서 "예수님, 제가 정성을 다해 주님께 선물을 드리고 싶습니다. 무엇이 주님께 기쁜 선물이 될까요?"라고 하였습니다. 그의 말을 들은 예수님은 "제롬아, 하늘과 땅과 거기 있는 모든 것이 다 나의 것인데 그대가 나에게 무엇을 줄 수 있겠는가?"라고 하셨습니다. "그래도 제가 주님을 위해 무엇인가 드리고 싶습니다"라고 그는 예수님께 졸라댔습니다. 그러자 예수님은 "만약 네가 진정 나를 기쁘게 하고 싶다면 그대의 모든 죄를 나에게 다오. 이것을 위해 내가 십자가에 매달렸으니 이보다 내 마음을 더 기쁘게 해줄 다른 선물은 없다"라고 하셨습니다. 예수님은 우리의 죄를 다 받으시고 십자가의 보혈로 사함을 받게 하시는 것을 가장 기뻐하십니다.

성경에는 죄라는 단어가 여럿 있지만 대표적으로 히브리어 '하타트', 헬라어 '하마르티아'가 있습니다. 이 두 단어는 공통적으로 '목표에 어긋나다', '과녁을 빗나가다'라는 뜻을 가지고 있습니다. 죄란 창조자이신 하나님께서 피조물인 인간에게 요구하시는 규범들이 있는데 인간이 하나님의 목표를 어긋나게 하였다는 뜻입니다. 죄란 목표가 빗나가 하나님과 인간의 관계가 깨어진 상태를 의미합니다.

그러나 하나님께서는 죄를 지은 인간을 없애지 않으시고 오히려 인간의 죄를 사하는 장치를 하셨습니다. 그것은 하나님의 은혜와 긍휼이라는 사랑의 표시입니다. 하나님께서는 죄악이 극에 달한 소돔과 고모라 같은 성읍도 멸망시키는 것이 뜻이 아니라 "용서하리라"(창 18:6)라는 것이 참 뜻이었습니다. 하나님은 인자를 천대까지 베풀며 악과 과실과 죄를 용서하리라고 하십니다(출 34:7). 성경에서 하나님께서는 죄를 지은 백성에게 수없이 돌아오라고 하십니다. "악인은 그의 길을, 불의한 자는 그의 생각을 버리고 여호와께로 돌아오라 그리하면 그가 긍휼히 여기시리라 우리 하나님께로 돌아오라 그가 너그럽게 용서하시리라"(사 55:7)라고 하십니다. 그렇게 약속하시는 것은 하나님께는 긍휼과 용서하심이 있기 때문입니다(단 9:9). 죄를 짓는 것은 인간이 하는 일이지만 용서하는 것은 하나님께서 하시는 일입니다.

하나님께서는 인간이 악한 길에서 돌이키기만 하면 모든 악과 죄를 용서하리라고 하십니다(렘 36:3). 성경은 하나님이 "자비롭고 긍휼이 많으며 의로운 이로다"(시 112:4), "영원한 자비로 너를 긍휼히 여기리라"(사 54:8)고 합니다. 하나님의 자비는 영원하시고 긍휼이 무궁하시므로 용서받지 못할 죄가 없는 것입니다. 이러한 하나님의 신실성은 신약에서도 "주는 가장 자비하시고 긍휼히 여기시는 이시니라"(약 5:11)라고 증거합니다. 하나님께서는 모든 죄를 다 용서하시지만 회개하지 않는 죄는 결코 용서하지 않으십니다. 오히려 "벌을 면제하지는 아니하고 아버지의 악행을 자손 삼사 대까지 보응하리라"(출 34:7)라고 합니다.

성경은 모든 죄를 용서하시는 하나님께서 용서하지 못할 죄가 있다고 합니다. "사람에 대한 모든 죄와 모독은 사하심을 얻되 성령을 모독하는 것은 사하심을 얻지 못하겠고"(마 12:31)라고 합니다. 이 말씀은 참 무서운 말입니다. 죄를 용서받지 못한다면 인간에게는 완전한 절망이라는 말입니다. 성령을 모독하는 죄는 용서를 받지 못합니다. 어떤 이는 성령을 모독하는 죄를 예수님을 부인하는 죄, 예배를 방해하는 죄 등으로 해석하는데 그렇지 않습니다. 바울은 예수님을 부인하고 예수 믿는 자들을 박해하였지만 죄 사함을 받았습니다. 성령은 우리의 죄를 회개하게 하는 영입니다. 성경은 "이와 같이 성령도 우리의 연약함을 도우시나니 우리는 마땅히 기도할 바를 알지 못하나 오직 성령이 말할 수 없는 탄식으로 우리를 위하여 친히 간구하시느니라"(롬 8:26)라고 합니다. 성령 하나님은 회개하게 하는 영이신데 회개의 영이신 성령을 모독한다는 것은 회개하지 못하게 한다는 말입니다. 이 말은 하나님이 하시는 용서를 부정하며, 회개를 거부하는 것을 말합니다. 간단히 말하면 회개하지 않은 죄는 용서받지 못하며 회개한 죄는 다 용서받는다는 것입니다.

44

이전에 지은 죄를 다 기억하지 못하는데
어떻게 회개할 수 있습니까?

사람은 누구나 죄를 짓습니다. 사람이 죄를 짓는 것은 사람이기 때문입니다. 아담과 하와가 하나님이 금하신 선악과를 먹음으로 죄를 범하였습니다. 이 일로 말미암아 사람은 원죄를 가지게 되었고 사람은 죄를 가지고 세상에 태어나는 존재가 되었습니다. 죄는 하나님과 분리된 상태입니다. 하라고 하는 것을 하지 않는 것도, 하지 말라고 하는 것을 하는 것도 죄이지만 하나님과 분리되었기에 하나님의 뜻을 알지 못하고, 하나님의 말씀에 빗나간 행위를 하게 되는 것입니다. 죄는 하나님과 우리를 갈라놓아 하나님과 어긋나게 살게 합니다. 죄로 말미암아 우리는 생명의 근원으로부터 단절되었습니다.

번연의 '천로역정'에서 크리스천은 인간의 마음을 상징하는 큰방에 들어갑니다. 그 방은 먼지로 가득 덮여 있는 방입니다. 먼지는 죄를 상징합니다. 그는 큰 빗자루로 먼지를 쓸어내려고 비질을 하기 시작합니다. 빗자루는 율법을 상징하는 것입니다. 그런데 먼지를 쓸어내기는커녕 오히려 먼지를 더 일으키기만 합니다. 우리가 율법에 따라 살려고 할 때 죄를 쓸어내는 것이 아니라 오히려 죄를 더 자극하게 하는 것입니다. 바울도 율법은 죄를 더하게 한다고 하여 "이는 계명으로 말미암아 죄로 심히 죄 되게 하려 함이라"(롬 7:13)라고 하였습니다.

가톨릭교회는 마리아를 지나치게 추앙하여 여러 교리를 만들었습니다. 마리아가 성령으로 잉태하여 예수님을 낳았다는 것에 로마교회는 한 걸음 더 나아가서 마리아를 통하여 구원을 얻는다는 '성모구원설'을 말합니다. 성모는 죄 없이 태어난 첫 번째 사람이라는 뜻의 '성모무염시태'(無染始胎)설도 가지고 있고, 후에 성모가 죽지 않고 승천하였다는 '성모몽소승천'(蒙召昇天)까지 주장합니다. 마리아가 인류 최초의 죄 없는 인간이라는 설도, 죽지 않고 부르심을 받고 승천하였다는 설도 다 성경적이지 않습니다. 성모 마리아가 최초의 죄 없는 사람이라는 설을 빗대는 이야기가 있습니다. 예수님께서 간음 현장에서 잡혀온 여인을 향하여 군중이 "돌로 칠까요?"라고 했을 때 "죄 없는 자가 먼저 돌로 치라"고 하셨습니다. 그런데 어디선가 돌이 하나 날아왔습니다. 예수님께서 깜짝 놀라서 보니 어머니 마리아였습니다. 그때 예수님은 "어머니, 제발 제 일에 방해하지 좀 마세요"라고 했답니다.

인간이 죄를 짓는 것은 숙명적 이치이지만 더 중요한 것은 죄를 죄로 인식하는 죄의식입니다. 죄를 죄로 인식하기 위해서는 그 기준이 확실해야 합니다. 그 기준은 일반적으로는 양심이라고 하지만 그리스도인의 선한 양심은 하나님의 말씀에 기초해야 합니다. 다시 말하면 죄를 분별하는 기준은 하나님의 말씀입니다. 하나님의 말씀이 우리의 마음을 지배하면 선한 양심을 가지게 되고 말씀에 기초한 양심이 죄를 분별하게 하는 것입니다. 양심에

화인을 맞은 자들은(딤전 4:2) 성경이 말하는 각양의 죄들을 죄로 깨닫지 못합니다. 죄의식을 느끼지 않는 사람은 결코 용서받을 수 없습니다. 동시에 죄의식에서 헤어나지 못하는 사람도 마찬가지입니다. 베드로는 예수님을 처음 만나서 많은 고기를 잡게 되었을 때, 고기가 아닌 그리스도의 신성을 보았고, 죄인이라는 자기 고백을 하였습니다. 어느 시대, 어느 지역이나 마찬가지이지만 우리나라도 복음이 들어오기 전에 가지고 있던 조상 제사나 축첩 등 갖가지 죄를 당연시하고 죄로 인식하지 못했습니다. 그러나 하나님의 말씀을 알고 난 후에는 선한 양심으로 바른 죄의식을 가지게 된 것입니다.

영성가 토마스 머튼이 말한 대로 지혜의 시작은 죄의 고백입니다. 죄를 인식한 다음에 죄를 고백할 줄 알아야 진정한 지혜라고 할 수 있습니다. 지혜는 죄에 대한 분별력을 줍니다. 종교개혁의 한 도화선이 된 것이 '면죄부'(Indulgence) 사건입니다. 교황청은 성베드로 성당의 건축비가 고갈되자 면죄부를 만들어 헌금을 하면 죽은 영혼이 구원을 얻고, 지금까지 지은 모든 죄뿐만 아니라 앞으로 지을 죄도 용서받는다고 하였습니다. 도미니칸 수도사 요한 테젤이 독일에서 면죄부를 판매하였고, 이것이 루터에게 자극이 되어 개혁을 단행하게 되었습니다. 인간의 죄는 그런 인위적 방법이 아니라 회개를 통하여 용서를 받습니다.

우리가 말하는 성인은 죄를 짓지 않은 사람이 아니라 대다수보다 더욱 자주 회개하는 죄인일 뿐입니다. "과거 없는 성자 없고, 미래 없는 죄인 없다"라는 말이 있습니다. 사람은 누구나 죄를 짓습니다. 그리고 사람은 누구나 죄를 용서받고 구원 받습니다. 성경은 하나님께서 우리의 회개한 죄를 용서하시고 용서한 죄를 기억도 하지 않으신다고 합니다. 하나님의 가장 귀한 사랑은 죄를 용서하신 것이 아니라 죄의 존재를 잊으신 것입니다.

유대교 신자들에게 일 년 중 가장 성스러운 날은 바로 속죄의 날이라고 합니다. '욤 키푸르'라 부르는 이날은 유대 달력으로 새해의 열 번째 되는 날로 유대인의 가장 큰 명절입니다. 이날 유대인들은 하나님께 자신의 죄를 고백하고 용서를 구하기 위해 기도와 단식을 합니다. 죄를 고백하고 용서를 구하는 날이 가장 큰 명절이라는 것은 의미가 있습니다. 죄를 고백하고 용서받는 것이 인생에서 가장 중요하다는 것을 뜻합니다. 그리고 하나님은 우리의 모든 죄를 용서하시며, 정죄하지 않으신다는 것을 뜻합니다. 하나님의 자비는 우리의 죄보다 비교할 수 없이 더 큽니다.

하나님께서 우리에게 주시는 가장 큰 선물은 죄 사함입니다. 죄 사함이 없다면 그 많은 죄를 가지고 영원히 살 수 없습니다. 죄 사함은 하나님께서 우리에게 하시는 일이지만 우리가 할 일은 회개입니다. 하나님은 용서하시지만 회개하지 않는 죄는 용서하시지 않으십니다. 성자 아우구스티누스는 그의 어머니 모니카의 간절한 기도로 훗날 죄를 회개하고 새 사람이 되었습니다. 그런데 주후 386년 어느 여름날, 아우구스티누스가 무화과나무 그늘에 앉아 있을 때 "펼쳐 읽으라"라는 아이의 노랫소리가 들렸습니다. 즉시 아우구스티누스는 성경을 펼쳐 로마서를 읽기 시작하였습니다. 로마서 13장 13절에서 14절을 읽는 동안 자신의 죄를 깨닫고 용서를 구했습니다. 그는 기도와 말씀을 통하여 죄를 회개하게 된 것입니다.

세계에 가장 널리 알려진 찬송 "나 같은 죄인 살리신 주 은혜 놀라와"(Amazing Grace)를 지은 존 뉴턴은 노예무역에 가담하고 노예선의 선장이 되었습니다. 도덕을 비웃고 종교를 조롱하던 그의 생애를 바꾼 책은 토마스 아 켐피스의 "그리스도를 본받아"였습니다. 어느 날 엄청난 파도가 몰려와 선실에 물이 가득하게 되었는데 존 뉴턴은 더 이상 자신의 힘으로 어쩔

수 없다는 것을 알고 "주여, 우리 모두에게 자비를 베푸소서"라고 회개와 용서를 간구했습니다. 이후 그는 영국으로 돌아와 이 찬송을 지었고 능력 있는 설교자 변신하였습니다.

훌륭한 그리스도인들은 누구나 죄 사함의 경험을 가진 자들입니다. 죄 사함의 경험은 진정한 회개에서 시작됩니다. 말씀과 기도 그리고 거룩한 묵상을 통하여 죄를 깨달아 하나님께 용서를 구한 것입니다. 이런 고백의 경험이 없이는 죄 사함의 은혜를 받지 못하며 새 사람의 삶을 살지 못합니다. 회개는 내적 가책이 외적 행동으로 표현된 것입니다. 그래서 예수님도 공생애를 시작하시면서 처음 하신 선포가 "때가 찼고 하나님의 나라가 가까이 왔으니 회개하고 복음을 믿으라"(막 1:15)라는 것이었습니다.

예수님의 십자가 옆에 매달린 강도는 아무 선행을 한 적도 없지만 회개하는 마음 하나로 구원을 받았습니다. 우리가 지은 죄를 낱낱이 기억하지 못하지만 죄인인 것을 깨닫고 고백하면 용서받고 구원을 얻습니다. 진실한 회개의 마음을 가지면 보혜사 성령께서 죄를 기억나게 하시고 회개하게 하십니다. 성령께서는 죄를 깨닫게 하시고 대신 간구하셔서 회개하게 하시는, 영이신 하나님이십니다.

45

자살은 죄입니까?
그렇다면 자살한 사람은 구원을 받지 못합니까?

우리나라는 자살률이 높은 나라입니다. 경제협력개발기구(OECD) 국가 가운데 우리나라가 자살률이 가장 높습니다. 2023년에는 10만 명당 자살자가 27.3명으로 전년 대비 2.2명(8.5%)가 증가하였습니다. 자살 사망자 수는 13,978명으로 전년 대비 1,072명(8.3%)이 증가한 숫자입니다. 전체적으로 자살자 수가 증가하고 있으며 특히 10대 청소년과 70대, 80대 어르신의 자살도 증가하였다는 데 심각성이 있습니다. OECD 국가의 평균 자살률이 10.7명인 것을 보면 우리나라의 자살률이 얼마나 높은가를 알 수 있습니다. 2023년의 자살률 증가는 사회적 고립 및 경제난 심화 등이 주원인으로 보입니다. 특히 코로나19가 남긴 후유증인 '나홀로' 신드롬은 자신이 모든 난관을 혼자 해결해야 하므로 자살이라는 나홀로의 길을 선택지로 인식하는 경향이 높아졌다고 추정하고 있습니다.

나는 '한국생명의 전화'의 이사와 이사장으로 오래 동안 섬겨왔으므로 자살에 대한 예방과 대책 등을 알고 있습니다. 우리사회가 고립형, 은둔형 젊은이들의 증가로 자살에 대한 경각심이 높아지고 있고 자살 예방에 대한 교육과 상담 그리고 자살자 유가족을 돌보는 일에 힘을 기울이고 있습니다. 그리고 한강의 20개 다리에는 'SOS 생명의 전화' 75대가 있습니다. 지난 13년 동안 SOS 전화는 9,838명의 마음을 돌려 생명을 살리는 역할을 하였습니다. 자살 충동자가 전화를 들면 생명의 전화 상담원과 직접 연결이 되며 동시에 119에 구조신호가 가게 됩니다. 자살 충동자들은 대인관계, 학업, 무기력, 가족관계, 건강, 경제 등으로 자살이라는 극단적 선택을 하게 됩니다.

성경에 자살한 사람이 7명이 있습니다. 기드온의 아들 아비멜렉은 세겜 탑에서 한 여인이 떨어뜨린 맷돌에 맞아 두개골 부서진 후 무기를 든 자에게 칼로 자신을 죽이게 했습니다(삿 9:54). 삼손은 신전을 무너뜨려 자신을 죽이는 희생으로 수천 명의 블레셋인을 죽였습니다(삿 16:29-31). 사울은 전투에서 자신의 군대를 다 잃어버린 후에 무기를 든 자의 도움을 받아 스스로 목숨을 끊었습니다(삼상 31:3-6). 다윗을 배반하고 압살롬 편에 섰던 아히도벨은 압살롬이 자신의 계략을 따르지 않고 불명예스럽게 거부하자 집에 가서 스스로 목매어 죽었습니다(삼하 17:23). 왕을 모반하여 죽이고 왕이 된 시므리는 성읍이 함락된 것을 보고 왕궁에 불을 지르고 죽었습니다(왕상 16:18). 가룟 유다는 예수님을 배반하여 판 후 후회하여 스스로 목을 매고 죽었습니다(마 27:5).

성경적으로 볼 때 자살은 살인입니다. 왜냐하면 자신의 생명을 빼앗는 범죄이기 때문입니다. 성경은 자살을 금지하고 있습니다. 십계명 제6계명은 '살인하지 말라'고 명령합니다. 자살은 자기 자신에 대한 살인입니다. 분명한 것은 인간의 생명의 주인이 그 누구도 자신이 아니라는 사실입니다. 인간은 자신의 생명과 출생을 선택할 수 없으므로 생명이 자신의 것이 아니며, 자신의 것이 아니므로 스스로 가질 수도 버릴 수도 없습니다. 그래서 자살은 단순한 의미에서 보면 죄이며 죄를 지은 상태에서는 구원받지 못합니다. 그럼에도 불구하고 자살이라는 극단적 선택을 한 사람의 배경과 과정은 추정을 통하여 알 수 있는 것이지 확실하게 알 수 있는 것이 아닙니다.

하나님은 생명을 공급하시는 분입니다. 하나님은 생명을 주기도 하시고 주신 생명을 거두어 가시기도 합니다(욥 1:21). 자살은 스스로 자기 목숨을 끊는 것으로 하나님만 하실 수 있는 그 일을 하는 것이므로 죄입니다. 하나님 외에 누구도 생명을 공급할 수도 빼앗을 수도 없습니다. 이 일은 오로지 하나님께서만 하실 수 있는 일입니다. 어떤 사람도 하나님의 생명에 대한 권한을 가로채 생명을 끊어서는 안 되는 것입니다.

사람은 극심한 고통 속에 있을 때에 죽음의 충동을 느낄 수도 있습니다. 성경에도 삶의 고통과 회의 가운데서 깊은 절망에 빠진 사람들이 있습니다. 솔로몬은 세상에서 최고의 영화를 누렸지만 결국 "이러므로 내가 사는 것을 미워하였노니 이는 해 아래에서 하는 일이 내게 괴로움이요 모두 다 헛되어 바람을 잡으려는 것이기 때문이로다"(전 2:17)라고 한탄하였습니다. 엘리야는 이세벨이 자신의 생명을 빼앗을 것이라는 말을 듣고 한 로뎀 나무 아래에 앉아서 죽기를 원하여 "여호와여 넉넉하오니 지금 내 생명을 거두시옵소서 나는 내 조상들보다 낫지 못하니이다"(왕상 19:4)라고 하였습니다. 요나는 분노 가운데 하나님께 자신의 생명을 거두어 가달라고 하며 두 번이나 "사는 것보다 죽는 것이 내게 나음이니이다"(욘 4:3, 8)라고 투정하였습니다. 바울도 여러 번 박해로 죽을 뻔했지만 자신도 "힘에 겹도록 심한 고난을 당하여 살 소망까지 끊어지고"(고후 1:8)라고 고백하였습니다. 그러나 이들 모두가 스스로 목숨을 버리지 않았습니다. 하나님은 이런 때에 천사를 통하여 위로하시고 새로운 사명으로 힘을 얻게 하시며 하나님의 소명을 깨닫게 하여 주셨습니다.

성경 말씀대로라면 자살은 분명히 죄입니다. 첫째는 자신을 살해하는 죄이고, 둘째는 주변의 사랑하는 사람들에게 지울 수 없는 아픔을 주는 것이기 때문입니다. 가족이나 사랑하는 주변 사람들이 누군가의 자살로 말미암아 얻는 상처는 좀처럼 치유되지 않습니다. 자연사나 사고사보다 더 오래 깊은 상처를 품고 살게 되는 것입니다. 한국 생명의 전화에서도 자살예방에 대한 홍보와 상담도 하지만 자살자 유가족들의 상담과 치유도 함께 하고 있습니다.

오래 전 한 때는 우리나라에서 유명인들의 자살이 줄을 이었습니다. 정치인, 기업인, 연예인에 이르기까지 자살을 하였고 심지어 모방 자살, 모방 충동이 급격히 늘었습니다. '베르테르 효과'(Werther Effect)란 용어가 있습니다. 1974년 미국의 사회학자 데이비드 필립스가 처음 사용한 이 용어는 괴테의 소설 '베르테르의 슬픔'에서 주인공 베르테르가 권총으로 자살하자 유럽 전역에서 모방 자살이 유행처럼 잇따라 번져나간 현상을 말합니다. 유명 연예인의 자살 뒤에 이어지는 팬들의 연쇄 모방 자살이 베르테르 효과입니다.

오래 전의 일입니다. 동생과 같은 교회를 다니며 형제처럼 오가던 친구가 있었습니다. 그 친구는 의사로 전문의가 되었고 결혼하여 돌쟁이 아들을 하나 둔 가장이었습니다. 그런데 어느 날 친구의 부인이 다급하게 동생에게 빨리 와 달라고 전화를 하였습니다. 동생이 그 집에 들어섰을 때에 친구는 목을 맨 채로 대들보에 매달려 있었습니다. 외출에서 돌아온 부인이 경황

이 없어 동생에게 전화를 한 것입니다. 동생은 놀란 가슴을 추스르고 경찰에 연락을 하여 시신을 수습하고 장례를 치렀습니다. 동생은 그 친구의 영혼 구원에 대한 고민으로 혼돈에 빠졌습니다. 그래서 목사님이셨던 선친께 물었습니다. "아버지 내 친구 지옥 갔습니까?" 그 질문을 받은 선친께서 혼란해지셨습니다. 그 친구는 선친께서 시무하시던 교회의 권사님의 아들이었기에 즉답이 더 어려웠을 것입니다. 선친께서는 잠시 생각을 하시더니 이렇게 대답하셨습니다. "자살은 살인이므로 죄다. 죄를 지었으면 천국에 가지 못하고 지옥에 간다. 그런데 사람이 자신의 목을 맨다고 하더라도 즉시 죽는 것이 아니고 몇 초의 시간이라도 있다. 자신의 목을 맨 후에라도 그 시간에 완전히 회개하였다면 하나님이 용서하셔서 천국에 갔을 것이다. 구원은 결코 많은 시간을 요하지 않는다. 예수님의 십자가 옆의 한 강도는 죽기 직전 회개하고 예수님께 자신을 부탁했고 구원을 받았다. 구원은 순간이므로 회개했다면 얼마든지 천국에 갈 수 있다." 자살을 옹호하거나 미화하려는 것이 아니라 자살했다고 다 구원받지 못한다고 하는 것은 잘못된 판단일 수도 있다는 사실을 말하려는 것입니다. 자살은 분명히 죄입니다. 그러나 자살자가 구원을 받았는가의 문제는 짧은 순간이지만 회개했느냐에 달려 있다고 볼 수 있습니다.

신앙은 상황을 초월합니다

Faith transcends
circumstances

46

기독교 외에 종교가 많은데
다른 종교를 믿어도 구원을 받을 수 있습니까?

종교의 사전적 의미는 초월적, 선험적 또는 영적인 존재에 대한 믿음을 공유하는 이들로 이루어진 신앙 공동체로 그들이 가진 신앙 체계나 문화적 체계를 말합니다. 종교(Religion)란 말은 라틴어 'Religere'에서 나왔는데 '다시 묶다', '다시 붙들어 매다'라는 뜻을 가지고 있습니다. 종교의 역사는 인류의 역사와 일치한다고 합니다. 인간은 영적인 존재에 대한 의존과 갈구를 본성적으로 가지고 있기 때문입니다.

정신의학자 칼 융이 환자를 치료하다가 더 이상 진전이 없자 포기하였습니다. 그리고 이렇게 말했습니다. "더 이상 도와드릴 게 없습니다. 제게 돈만 낭비하고 있는 겁니다." 그 때 환자는 "희망이 없다는 말입니까?"라고 물었습니다. 융은 "딱 한 가지 있습니다. 종교에 귀의하는 겁니다"라고 하였습니다. 인간은 종교적일 뿐만 아니라 종교는 인간에게 엄청난 힘을 제공합니다. 그래서 종교를 가진 자들이 가지지 않은 자들보다 병에 걸릴 확률이

낮고 병에 걸렸다고 하더라도 치유율이 훨씬 높다고 합니다.

세계 10대 종교는 기독교, 이슬람교, 무종교, 힌두교, 중국 전통 종교, 불교, 원시 토착 종교, 아프리카 전통 종교, 시크교 등입니다. 그 외에 바하이교, 자이나교, 신토, 까오다이교, 조로아스터교, 천리교, 유니테리언주의, 라스타파리 운동, 사이언톨로지교 등이 있고, 심지어 축구선수 디에고 마라도나를 숭배하는 마라도나교도 있습니다. 이런 모든 종교는 나름대로 숭배의 대상이 있고, 숭배의 방법인 제의를 가지고 있습니다.

모든 종교는 종교가 가지는 가치가 있습니다. 그것은 자신들의 신이 최고의 신이며, 자신들의 제의가 최고의 제의라는 것입니다. 이런 종교의 발전과정에서 종교 간의 충돌은 엄청난 상처와 역사의 변화를 가져왔습니다. 11세기에서 13세기에 걸쳐 이슬람의 팽창으로 말미암은 십자군전쟁은 참혹한 결과를 초래했습니다. 16-17세기 유럽에서 종교개혁으로 촉발된 신교와 구교의 30년 전쟁도 유럽을 흔들었습니다. 30년 전쟁은 종교전쟁에서 정치 전쟁으로 변모하였고 완전한 패자도, 승자도 나오지 않은 상태에서 유럽 전체가 전쟁으로 황폐하게 되었습니다. 독일은 전체 인구 3분의 1이 목숨을 잃었습니다. 20세기의 북아일랜드에서 벌어진 신교와 구교의 전쟁도 나라를 어지럽게 하였습니다. 이슬람 극단주의자들의 '지하드' 즉 '성전'은 끊임이 없습니다. 어떤 전쟁도 종교전쟁에 필적할 수는 없습니다. 자신들이 믿는 신을 위해 싸우고 있다고 믿는 사람들이 사실은 가장 추악한 살상을 저지릅니다.

모든 종교는 나름대로 구원관을 가지고 있습니다. 유교와 같이 내세관이나 구원관이 없다면 엄밀한 의미에서 종교라고 할 수 없습니다. 다시 말하면 종교의 목표는 구원이며, 종교의 가치는 내세관입니다. 그런 의미에서 기독교의 목표는 구원이며, 내세관이 확실한 종교입니다. 기독교는 윤리적 종교이지만 윤리가 목적이 아닙니다. 기독교는 사회적 종교이지만 사회정의나 사회복지가 목적이 아닙니다. 이런 기독교의 부가적 사역들은 구원의 도구이지 그 자체가 목적도 구원도 아닙니다.

기독교의 구원관은 확실합니다. 예수 그리스도께서 십자가에서 희생되심으로 우리가 구원을 얻는다는 것입니다. 예수님의 죽음은 한 번으로 영원한 희생이며, 전 인류를 위한 희생입니다. 우리의 구원은 예수 그리스도를 나의 구주로 믿는 믿음으로 얻습니다. 성경은 "내가 곧 길이요 진리요 생명이니 나로 말미암지 않고는 아버지께로 올 자가 없느니라"(요 14:6)라고 합니다. 또한 "너희는 그 은혜에 의하여 믿음으로 말미암아 구원을 받았으니 이것은 너희에게서 난 것이 아니요 하나님의 선물이라 행위에서 난 것이 아니니 이는 누구든지 자랑하지 못하게 함이라"(엡 2:8-9)라고 합니다. 구원은 예수 그리스도를 통하여 우리에게 주시는 하나님의 선물로, 우리의 행위가 아니라 그리스도의 은혜로 얻는 것입니다. 성경은 살아계신 하나님의 말씀이고 우리 믿음의 근거이며 유일한 계시입니다. 그러므로 성경을 통하여 우리는 구원을 알고 확신하는 것입니다.

예수님은 친히 "내가 곧 길이요 진리요 생명이니 나로 말미암지 않고는 아버지께로 올 자가 없느니라"(요 14:6)라고 하십니다. 이 말씀에서 '곧'은 '유일한'이란 뜻입니다. 예수 그리스도가 하나님께로 나아가는 유일한 길인 것입니다. 성경은 "다른 이로써는 구원을 받을 수 없나니 천하 사람 중에 구원을 받을 만한 다른 이름을 우리에게 주신 일이 없음이라"(행 4:12)라고 합니다. 예수 그리스도 외에 구원의 길이 없다는 것을 확실하게 말씀합니다.

예수 그리스도께서 유일한 구원자란 사실은 타협할 문제가 아닙니다.

오래 전 포괄적 차별금지법이 발의될 때 "예수 믿어야 구원을 받는다", "예수님만이 구원자이시다"라고 설교하면 안 된다고 하였습니다. 타 종교에 대한 차별이라는 이유 때문이었습니다. 그때 나는 만약 이 법이 통과된다면 매 주일 "예수 믿어야 구원받습니다"라고 설교할 것이라고 했습니다. 그 법이 발의되지 않았지만 지금도 똑같은 마음을 가지고 있습니다. 예수 믿어야 구원을 받고, 예수님이 구원자인 것입니다.

종교다원주의(Religious pluralism)라는 종교사상이 있습니다. 사회적으로 종교현상을 보는 입장으로 각 종교의 신앙과 수행의 특성을 인정하는 개념입니다. 종교다원주의는 예수 그리스도 외에도 구원자가 있으며, 하나님의 구원의 은총을 기독교에 제한하지 않으며 타종교에도 하나님의 구원이 있다고 하는 신학사상입니다. 자신의 종교만을 유일한 것이라 보는 배타주의에 반대하는 입장으로 포괄적 태도를 취하는 사상입니다. 그런 의미에서 종교다원주의자들은 기독교를 배타적 종교라고 오해하기도 합니다.

우리가 사는 이 시대를 세계화시대라 합니다. 세계화시대의 가장 중요한 관념과 태도는 '다양성 속에서의 통일성'(Unity in diversity)이라고 합니다. 각자의 다양성을 인정하면서 통일성을 유지하는 것이 오늘의 세계관입니다. 인간의 사고는 신관에 유래한다고 합니다. 이슬람교는 알라라는 유일신을 가지고 있습니다. 알라는 기독교의 유일신관은 전혀 다릅니다. 이슬람은 알라 외에 어떤 신도 용납하지 않습니다. 그래서 이슬람은 알라를 믿지 않는 타종교인을 얼마든지 살해할 수 있습니다. '이슬람국가'(IS)가 그랬습니다. 이슬람은 통일성만 가지고 있고 다양성이 없기 때문입니다. 힌두교는 6억의 신이 있다고 합니다. 헤아릴 수 없는 많은 신을 가진 힌두교는 모든 것을 용납합니다. 다양성을 가지고 있으며 통일성이 없기 때문입니다. 그런데 기독교가 믿는 하나님은 삼위일체 하나님이십니다. 셋이면서 동시에 하나이신 하나님이십니다. 그래서 기독교인들은 다양성과 통일성을 동시에 가지고 있다고 합니다. 기독교는 가장 포괄적 종교이며 세계화시대에 가장 적합한 종교입니다.

종교다원주의를 간단하게 표현할 때 '한 하나님, 많은 구원자'(One God many Christs)라고 합니다. 하나님은 한분이시지만 하나님께로 나아가는 길은 많이 있을 수 있다는 것입니다. 어떤 이는 일본에는 팔백만 신이 있는데 이런 다원적 신관을 가진 배경은 후지산이라고 합니다. 후지산은 동서남북 어디에서 보든지 거의 비슷합니다. 어느 쪽에서 올라가든 꼭대기만 가면 된다는 사상이 종교다원주의를 만들었다고 합니다.

'모든 종교가 종교가 아니라면 기독교는 종교이다. 모든 종교가 종교라면 기독교는 종교가 아니다. 기독교는 생명이다'라는 말이 있습니다. 기독교의 가치는 구원이며 영원한 생명입니다. 기독교는 단순한 신앙 체계나 문화적 체계가 아닙니다. 기독교는 때로는 너무 배타적이라는 오해도 받지만 우리가 믿는 성경이 그렇게 말하고 있기에 타협할 수 있는 문제가 아닙니다. 영원한 생명으로 모든 사람을 인도하는 것이 종교다원주의를 극복하는 길입니다.

47

부자가 천국에 들어갈 수 없다고 하셨는데
우리는 부자가 되지 말아야 합니까?

예수님께서 세상에 계시던 시대에 일반 유대인의 경제생활은 열악하기 짝이 없었습니다. 더구나 로마제국의 지배 아래서 정상적인 노동의 대가를 얻고 살아간다는 것은 불가능했습니다. 정당한 대가를 받지 못할 뿐만 아니라 가지고 있는 약간의 재산도 세금 등 갖가지 방법으로 늑탈을 당하기 일쑤였습니다. 성경에는 '포도원 품꾼의 비유'가 있습니다. 하루 종일 포도원에서 일한 품꾼의 하루 삯이 한 데나리온입니다. 당시에 한 데나리온이란 하루 벌어서 겨우 먹을 수 있는 정도의 가치였습니다. 한 데나리온의 삶이란 하루살이(From hand to mouth) 인생이란 뜻입니다. 그러므로 대다수의 사람들이 겨우 먹고 살 정도로 궁핍했고, 부요하게 살 수 있는 다른 방안도 없었습니다.

당시에 부자란 정상적인 방법으로 부유하게 된 사람들이 아니었습니다. 부정한 방법으로 재정을 축적하고, 약자들의 것을 수탈하고, 비윤리적인 방법으로 부를 쌓았습니다. 심지어 부자들 가운데는 세리나 창기와 같은 당시에 죄인이라고 불리는 사람들도 있었습니다. 세리들은 로마제국의 앞잡이로서 동족인 유대인들의 돈을 억지로 빼앗아 일정한 부분을 로마에 바치고 나머지는 자신이 착복하는 형태의 세금 징수 방법을 사용하여 재산을 모았습니다. 창기는 비윤리적인 방법으로 재산을 축적하였기에 예수님도 그들을 책망하셨고, 다른 사람들의 눈총을 받던 사람들이었습니다. 이런 부의 축적은 고대사회뿐만 아니라 근대에도 마찬가지입니다. 부의 축적은 항상 착취와 연계되어 있고, 착취의 결과인 것을 알 수 있습니다.

그러기 때문에 당시에 부자란 정당한 경제활동을 통하여 된 것이 아니었으므로 책망의 대상이 되었습니다. 정당하게, 근면하게 일한 사람이 많은 대가를 받아야 하는데 인간 사회는 예나 지금이나 그렇지 못했습니다. 그래서 예수님도 부자를 곱지 않은 시선으로 보셨고, 지금도 부자를 향한 시선은 다를 바가 없습니다. 성경에 등장하는 삭개오라는 세리가 그러했습니다. 그는 세리였기에 많은 부를 축적했지만 자세한 설명이 없어도 그의 부는 수많은 사람들의 고혈을 짜서 얻은 것임을 알 수 있습니다. 그가 예수님을 만나고, 예수님께서 그의 집에 들어가실 때 사람들은 "저가 죄인의 집에 유하러 들어갔도다"(눅 19:7)라고 비난하였습니다. 삭개오는 부자였지만 사람들은 죄인이라고 했습니다. 부자가 되기 위하여 죄인의 길을 택한 것입니다.

실제로 세상에는 부자가 되려고 하는 욕망 때문에 인격과 삶이 고갈되고 망가지는 경우를 흔히 볼 수 있습니다. 바울도 "부하려 하는 자들은 시험과 올무와 여러 가지 어리석고 해로운 욕심에 떨어지나니 곧 사람으로 파멸과 멸망에 빠지게 하는 것이라 돈을 사랑함이 일만 악의 뿌리가 되나니 이것을 탐내는 자들은 미혹을 받아 믿음에서 떠나 많은 근심으로써 자기를 찔

렀도다"(딤전 6:9-10)라고 돈에 대한 욕심을 경계합니다. 왜냐하면 돈에 대한 욕심은 끝이 없고 쉽게 채워지지 않기 때문입니다. 지상의 부는 언제나 결핍으로 가득 차 있습니다. 영성가 토마스 왓슨은 "많은 사람이 황금의 중량 때문에 지옥 속에 가라앉았다"고 하였습니다.

미국의 석유재벌 록펠러는 43세에 세계 최고의 부자가 되었습니다. 어느 기자가 "당신은 세계 최고의 부자인데 돈을 얼마나 벌기를 원합니까?"라고 했더니 "조금만 더"(Some more)라고 했습니다. 53세가 되었을 때 그는 돈을 벌어 쌓는 재미로 살다가 병을 얻어 1년 이상 살 수 없다는 진단을 받게 되었습니다. 그때 그는 테이블 위의 성경에서 한 구절을 발견했습니다. "주라 그리하면 너희에게 줄 것이니 곧 후히 되어 누르고 흔들어 넘치도록 하여 너희에게 안겨 주리라"(눅 6:38). 그는 자신의 재산을 시카고대학교를 비롯한 여러 곳에 기증하였고 사회에 재산을 환원하는 부자가 되어 98세를 살았습니다.

성경은 무조건 부자를 책망하거나 부자가 되는 것을 반대하지 않았습니다. 성경에는 착한 부자들이 많이 등장합니다. 믿음의 조상이라고 일컫는 아브라함은 엄청난 부자였습니다. 당시의 재산은 짐승들이었는데 그는 많은 짐승의 떼를 가지고 있었고, 롯이 포로가 되었을 때 자신의 집에서 훈련받은 개인 병사 318명을 데리고 가서 롯을 구출해 올 만큼 재력을 가지고 있었습니다(창 14:14). 이삭도 여호와께서 복을 주시므로 창대하고 왕성하여 마침내 거부가 되었습니다(창 26:12-13). 욥도 큰 부자였습니다. 그는 양이 2,000마리, 낙타가 3,000마리, 소 500마리, 암나귀 500마리가 있었는데 하나님께서 그가 고난을 겪은 후에 모든 짐승의 배를 주셨습니다. 다윗은 많은 전쟁에서 승리하여 부를 쌓았고 주변의 나라들이 조공을 바칠 만큼 부강하였습니다.

다윗이 쌓아 놓은 부는 솔로몬에게 전승되어 그는 당대에 엄청난 부를 소유한 왕이 되었고, 방패를 모두 금으로 만들 만큼 가장 부강한 복을 누렸습니다. 예수님의 시체를 거두어 자신의 무덤에 장사지냈던 아리마대 요셉도 부자였습니다. 성경에 소개된 부자들 가운데는 착한 부자도 많이 있습니다.

예수님께서 부자를 책망하신 것은 많은 재산이 아니라 부에 대한 어리석은 생각 때문이었습니다. 한 젊은 부자 관원이 예수님께 와서 영생에 대한 질문을 하였습니다. 유대인 관리가 영생에 대한 질문을 가지고 온 자체가 대단한 일이었는데 예수님께서 재산을 팔아서 가난한 자들에게 주고 그리고 와서 따르라고 하자 그는 많은 재물 때문에 근심하며 돌아가 버리고 말았습니다. 그의 재물은 복이 아니라 화가 되었습니다. '부자와 나사로의 비유'에서도 부자가 음부에 내려간 것은 재물이 많아서가 아니라 그의 집 문 앞의 거지 나사로를 살피지 않았기 때문이었습니다. 또한 '어리석은 부자의 비유'에서도 부자가 책망을 받은 것은 자기를 위하여 재물을 쌓아 두고 하나님께 대하여 부요하지 못하였기 때문입니다(눅 12:21). 성경이 말하는 핵심은 부자가 되지 말라는 것이 아닙니다. 하나님과 다른 사람에게 부요한 부자가 되라는 것입니다.

오히려 하나님의 사람들은 부자가 되어야 하고, 부자가 될 자격이 있습니다. 성경은 예수님께서 "부요하신 이로서 너희를 위하여 가난하게 되심은 그의 가난함으로 말미암아 너희를 부요하게 하려 하심이라"(고후 8:9)라고 합니다. 예수님께서 우리를 부요하게 하시려고 가난하게 되셨는데 우리가 부요하지 못하면 예수님께서 가난하게 된 것이 허사입니다. 우리는 부자가 되되 어리석은 부자가 아닌 슬기로운 부자, 자신을 위한 부자가 아니라 타인을 위한 부자가 되어야 합니다.

근대 역사에서도 하나님의 뜻대로 사는 착한 부자들이 많이 있습니다. 미국의 백화점 왕이라 불리는 존 워너메이커, 세계 최고의 부자 존 데이비슨 록펠러, 템플턴상을 제정한 존 템플턴 그 외에도 존경받는 부자들이 많이 있습니다. 우리나라에도 예수를 믿는 부자는 아니지만 경주의 최부자 가문이 있었습니다. 약 400년 동안 만석꾼의 부를 누린 집안인데 6가지 가훈이 있었습니다. 첫째, 과거 시험을 보되 진사 이상은 하지 말고, 둘째, 재산은 1만석 이상 지니지 말고, 셋째, 과객은 후하게 대접하며, 넷째, 흉년 때는 땅을 사지 말고, 다섯째, 며느리들은 시집온 후 3년 동안 무명옷을 입고, 여섯째, 사방 백리 안에 굶어죽는 사람이 없게 하라는 것입니다.

나는 교인들에게 돈을 많이 벌라고 권합니다. 자신이 자랑하고 쓰려고 돈을 버는 것이 아니라 하나님을 위하여 쓰고 베풀기 위하여 많이 벌어야 합니다. 그리고 돈을 잘 버는 부자가 아니라 돈을 잘 쓰는 부자가 되라고 합니다. 자기를 위하여 움켜쥐는 어리석은 부자가 아니라 남을 위하여 펴는 부자가 성경적 부자이고 참 부자입니다.

48

여러 부인을 둔 구약의 인물들이 많은데
지금도 용납이 되는 제도입니까?

성경에는 일부다처(一夫多妻, Polygamy)의 사례들이 많이 기록되어 있습니다. 일부다처제는 한 명의 남편이 두 명 이상의 아내를 거느릴 수 있는 혼인 형태를 말합니다. 이런 형태는 일부일처(Monogamy)라는 단혼이나 일처다부(Polyandry)와 구별된 형태로 인류사에 아주 흔한 혼인 형태였습니다. 이런 일부다처 형태는 고대사회에서는 일반적 가족 형태였고, 근대에 오면서 점차 일부일처 형태로 변화되었지만 지금도 이슬람 사회를 비롯한 여러 집단에서는 일부다처혼이 실시되고 있습니다.

일부다처제는 성경 어디에서도 죄라고 단정하지 않습니다. 구약에서는 하나님께서도 일부다처를 금지하는 명령을 하지 않습니다. 성경 역사에서 제일 먼저 일부다처를 시행한 사람은 라멕입니다. "라멕이 두 아내를 맞이하였으니 하나의 이름은 아다요 하나의 이름은 씰라였더라"(창 4:19)라고 합니다. 그 이후에 우리가 익히 알고 있는 아브라함, 야곱, 기드온, 다윗, 솔로몬 등 위대한 신앙의 인물 가운데 복수의 아내를 둔 사람들이 많이 있었습니다. "기드온이 아내가 많으므로 그의 몸에서 낳은 아들이 칠십 명이었고"(삿 8:30)라고 합니다. 하나님이 "내 마음에 맞는 사람이라"(행 13:22)라고 인정하신 다윗에게 "네 주인의 집을 네게 주고 네 주인의 아내들을 네 품에 두고 이스라엘과 유다 족속을 네게 맡겼느니라 만일 그것이 부족하였을 것 같으면 내가 네게 이것 저것을 더 주었으리라"(삼하 12:8)라고 하셨습니다. 가장 영광을 누린 왕인 솔로몬은 후궁이 700명이며 첩이 300명이었습니다(왕상 11:3). 구약성경 시대는 일부다처가 허용된 제도였고 흠이 아닌 것을 알 수 있습니다.

그러면 일부다처제는 하나님께서 제정하신 제도일까요? 아니면 하나님께서 제정하지 않으셨지만 허락 혹은 묵인하신 제도일까요? 일부다처제는 분명히 하나님께서 제정하신 법은 아니었습니다. 그러면 왜 하나님께서 하나님의 사람들에게 용인하셨을까요? 여러 가지 많은 요인이 있을 수 있지만 이런 가정이 가능합니다. 고대사회는 가부장적 사회였습니다. 가부장적 사회에서 여성은 남성이 없이 스스로를 부양하며 사는 것은 불가능하였습니다. 여성이 남성 없이 경제활동을 하는 것도 힘이 들었지만 생명의 안전을 보장받는 것은 더욱 힘이 들었습니다. 여성들은 남성 즉 아버지, 형제, 남편에 의존하여 안전을 보장받았습니다. 남성의 보호 없이 홀로 사는 여성들은 사회적 폭력에 노출되어 노예가 되기도 했습니다. 이런 사회적 환경에서 혼인 대상을 찾지 못한 여성들을 보호하시고 생계를 공급하기 위하여 하나님께서 일부다처를 용인했을 것이라는 가정이 가능합니다. 또한 하나님은 아담과 하와에게 "생육하고 번성하여 땅에 충만하라, 땅을 정복하라"(창 1:28)라는 복을 주셨고, 노아 홍수 이후에 다시 노아의 아들들에게 "생육하고 번성하며 땅에 가득하여 그 중에서 번성하라"(창 9:7)라고 하셨습니다. 하나님께서 그 말씀을 지키고 창조의 목적을 성취하기 위하여 한 남자가 많은 여자로 하여금 자녀를 낳아 번성하게 하셨다는 것입니다.

그러나 이것 또한 일부다처의 완전한 답은 아닙니다. 예나 지금이나 남녀의 성비가 1:1입니다. 인류학자들은 남성 102 대 여성 100이라고 합니다. 그렇다면 여성을 통하여 인류가 번성하기를 원한다면 한 남자가 다수의 여성을 통하여 번성하게 할 것이 아니라 다른 남성들이 여성을 통하여 자녀를 출산할 수도 있는 것입니다. 그런 의미에서 볼 때 일부다처제는 힘 있는 남성들이 많은 여성을 독점하므로 발생한 힘의 논리의 결과라고 볼 수 있습니다. 하나님께서 홍수로 인간을 멸망하게 하실 때 사회상을 "하나님의 아들들이 사람의 딸들의 아름다움을 보고 자기들이 좋아하는 모든 여자를 아내로 삼는지라"(창 6:2)로 표현합니다. 한 남자가 자신의 눈에 아름답게 보이는 모든 여자를 아내로 삼는다면 아내를 얻지 못하는 남자들이 많이 있었을 것입니다. 이것은 또 다른 사회악인 것입니다. 그러므로 구약시대의 일부다처제는 당시 사회의 문화적 관습이었을 것이며, 하나님께서 설계하신 가정의 그림은 아니었을 것입니다.

구약시대 사회의 문화적 관습으로 일부다처제가 통용되었지만 성경은 일부일처제를 이상적인 가족관계인 것을 말하고 있습니다. 결혼에 대한 하나님의 본래적 의도는 한 남자와 한 여자의 혼인이었다는 것을 알 수 있습니다. 하나님은 아담과 하와를 창조하신 후에 "이러므로 남자가 부모를 떠나 그의 아내와 합하여 둘이 한 몸을 이룰지로다"(창 2:24)라고 하셨습니다. 예수님도 이 말씀을 인용하셔서 "그러므로 사람이 그 부모를 떠나서 아내에게 합하여 그 둘이 한 몸이 될지니라 하신 것을 읽지 못하였느냐"(마 19:5)라고 하셨습니다. 이 말씀은 1남 1녀의 혼인 원칙을 하나님께서 말씀하시고 예수님께서 확인하신 것입니다. 나아가서 남의 아내와 간음하는 자는 반드시 죽이라고까지 하셨습니다(레 20:10, 잠 6:29).

당시에는 왕들은 일부다처가 일반적이었지만 하나님은 "그에게 아내를 많이 두어 그의 마음이 미혹되게 하지 말 것이며 자기를 위하여 은금을 많이 쌓지 말 것이니라"(신 17:17)라고 하셨습니다. 일부다처제로 아내를 많이 두면 마음이 미혹되어 국가의 정사를 올바르게 할 수 없다는 경고의 말씀입니다. 위에서 말한 대로 솔로몬은 후궁과 첩을 많이 두었는데 이 일로 말미암아 하나님을 떠나게 되고 정사가 혼돈하여 결국은 그의 죽음 이후에 나라가 분단되는 비극을 야기하게 하였습니다.

신약성경에는 일부일처제를 더 확실하게 명하고 기록하고 있습니다. 교회의 영적 지도자인 감독과 집사는 "한 아내의 남편"(딤전 3:2, 12)이어야 합니다. 디도서 1장 6절에서는 장로는 "한 아내의 남편이며"라고 합니다. 감독과 장로는 한 직분의 다른 이름으로 감독은 직분을, 장로는 직함을 뜻합니다. 즉 장로는 감독자라는 말입니다(행 20:28). 오래 전 여성 안수를 반대하는 입장에서는 "한 아내의 남편"이란 말을 '남편'에 강조점을 두어 남자가 감독이 될 수 있고 여성은 될 수 없다고 하였습니다. 그러나 성경 원래의 뜻은 '남편'이 아니라 '한'에 강조점이 있어 교회의 영적 지도자는 두 아내, 세 아내를 두지 말라는 뜻입니다.

신약성경에는 남편과 아내에게 주는 권면의 말씀이 있습니다. 하나는 바울의 권면이며, 다른 하나는 베드로의 권면입니다. 바울은 에베소서에서 "아내들이여 자기 남편에게 복종하기를 주께 하듯 하라"(엡 5:22)라고 하며, "남편들아 아내 사랑하기를 그리스도께서 교회를 사랑하시고 그 교회를 위하여 자신을 주심 같이 하라”(엡 5:25)라고 합니다. 바울은 남편과 아내라는 단어를 각각 단수로 사용합니다. 특히 바울은 구약과 예수님의 말씀을 인용하여 “그러므로 사람이 부모를 떠나 그의 아내와 합하여 그 둘이 한 육체가 될지니”(엡 5:31)라고 하였는데 ‘아내’가 단수입니다. 바울은 “남편이 아내의 머리 됨이 그리스도께서 교회의 머리 됨과 같음이니 그가 바로 몸의 구주시니라”(엡 5:23)라고 하였습니다. 교회와 그리스도와의 관계로 남편과 아내의 관계를 설명하고 있습니다. 머리는 한 몸의 머리입니다. 여러 몸의 한 몸이 될 수 없습니다. 바울은 명확하게 일부일처제를 가르치고 있습니다.

남편과 아내에 대한 베드로의 권면도 예외가 아닙니다. “아내들아 이와 같이 자기 남편에게 순종하라”(벧전 3:1)라고 아내들에게 권합니다. 남편들에게는 “남편들아 이와 같이 지식을 따라 너희 아내와 동거하고 그를 더 연약한 그릇이요 또 생명의 은혜를 함께 이어받을 자로 알아 귀히 여기라 이는 너희 기도가 막히지 아니하게 하려 함이라”(벧전 3:7)라고 권합니다. 베드로도 바울과 같이 일부일처제를 권하고 있습니다. 단지 바울은 결혼하지 않았으므로 원리적으로 교회와 그리스도의 상관관계로 설명하고 있고, 베드로는 결혼하여 애처가였으므로(마 8:14, 막 1:30, 고전 9:5) 사랑이 넘치는 실제적 관계로 설명합니다.

49

피를 먹지 말라고 하셨는데
지금도 선지를 먹지 말아야 합니까?

구약성경에는 여러 가지 금기사항을 적시하고 있습니다. '정결법'에 따라서 먹지 말 것과, 만지지 말 것과, 하지 말아야 할 것들을 낱낱이 기록하고 있습니다. 이런 금기사항 중의 하나가 피를 먹지 말라는 것입니다. 성경은 여러 곳에서 피를 먹지 말라고 합니다. "그러므로 내가 이스라엘 자손에게 말하기를 너희 중에 아무도 피를 먹지 말며 너희 중에 거류하는 거류민이라도 피를 먹지 말라 하였나니"(레 17:12), "너는 피를 먹지 말라 네가 이같이 여호와께서 의롭게 여기시는 일을 행하면 너와 네 후손이 복을 누리리라"(신 12:25) 등입니다. 피를 먹지 않는 것이 의로운 일이라고까지 합니다. 피를 먹는 것은 하나님 앞에 불의한 일이라고 합니다.

구약성경이 피를 먹지 말라고 금하는 것은 중요한 의미가 있습니다. 구약은 상징을 많이 가지고 있는데 피는 생명을 상징하는 것입니다. 유대인들은 피를 생명의 운반선(Vehicle)이라고 생각하였습니다. 그래서 성경은 "모든 생물은 그 피가 생명과 일체라 그러므로 내가 이스라엘 자손에게 이르기를 너희는 어떤 육체의 피든지 먹지 말라 하였나니 모든 육체의 생명은 그것의 피인즉 그 피를 먹는 모든 자는 끊어지리라"(레 17:14)라고 합니다. 피는 생명이므로 피를 먹는 것은 생명을 해치는 것입니다. 피를 먹으면 생명을 경솔히 여길 수 있으므로 피를 먹지 못하게 금하는 것입니다.

피는 사람과 동물의 몸에 산소, 영양, 노폐물 등 각종 물질들을 전달해 주는 액체 상태의 물질입니다. 피는 적혈구, 백혈구, 혈소판 등 고체형의 혈구와 이를 제외한 액체 성분의 혈장으로 구성되어 있습니다. 피는 백혈구의 헤모글로빈 때문에 산소와 반응해 붉은 색을 띠게 되며 체외로 유출될 경우 굳어지게 되는데 이는 혈소판의 작용으로 일어나는 현상입니다. 사람은 전체 몸무게의 7-8% 가량을 피가 차지하며 일반성인의 경우 5리터 정도의 피를 가지고 있습니다. 체내의 피 가운데 5분의 1인 1리터가량이 유실될 경우에는 정신을 잃을 수 있으며, 3분의 1 이상을 잃으면 과다출혈로 생명이 위독해집니다. 그만큼 피는 인간의 생명과 직결되어 있는 물질입니다.

피는 생존과 밀접한 관계를 가져 고대신화 등에서도 생명의 상징으로 쓰입니다. 손에 피가 묻었다는 말은 사람을 많이 죽였다는 뜻으로 쓰일 만큼 피는 생명과 직결되어 있는 상징입니다. 몽골과 중국의 원방 부족들은 피에 영혼이 흐른다고 믿었습니다. 그래서 피를 흘리는 것은 불길하고 부당한 것으로 여겼습니다. 그들은 전쟁에서 적군을 처형할 때도 피를 흘리지 않고 목을 조여 죽였고, 죄수를 처형할 때도 목을 졸라 피를 흘리지 않게 하는 것이 존엄한 죽음이라고 하였습니다. 피를 흘려 죽는 것은 아주 불명예로운 죽음이라고 여겼습니다.

하나님께서도 피를 흘리는 것을 반기지 않으셨습니다. 다윗은 하나님의 전인 성전을 건축하기를 열망했고, 건축을 위하여 많은 것을 준비하였습니다. 그러나 하나님께서 다윗에게 "여호와의 말씀이 내게 임하여 이르시되 너는 피를 심히 많이 흘렸고 크게 전쟁하였느니라 네가 내 앞에서 땅에 피를 많이 흘렸은즉 내 이름을 위하여 성전을 건축하지 못하리라"(대상 22:8)라고 하셨습니다. 피를 많이 흘리고 사람을 많이 죽게 하였으므로 성전을 건축하는 일까지 금하신 것입니다.

우리말에 '피를 보다'는 말이 있습니다. '상처를 입었다', '목숨을 빼앗았다' 혹은 나아가서 '크게 봉변을 당하거나 손해를 보다'는 뜻을 가지고 있습니다. '피는 물보다 진하다'는 말의 피는 혈통을 말하며, 혈통이란 피가 통하다는 뜻입니다. 피는 생명이며, 생명을 이어가는 도구 내지 물질을 말합니다. 유대인들이 의미하는 것과는 차이가 있지만 우리말에도 피는 생명을 뜻하는 진한 의미가 있습니다.

예수님께서 제자들과 마지막 만찬을 가지실 때에 빵을 쪼개어 "이것은 너희를 위한 내 몸이다"라고 하셨고, 포도주를 주시며 "이것은 너희를 위한 나의 피이다"라고 하셨습니다. 예수님께서 성찬을 통하여 제자들과 우리들에게 주신 메시지는 예수님께서 인간의 죄를 사하시기 위하여 몸과 피를 주신다는 것입니다. 성찬 의식은 예수님께서 몸을 남김없이 주시며 피를 흘려 인류에게 생명을 주셨다는 것을 의미합니다. 예수님께서 생명을 주셔서 우리의 생명을 살게 하신 것입니다.

구약성경에서 피를 먹는 것을 엄격히 금하는 이유는 피가 생명을 상징하기 때문입니다. 성경은 사람의 피뿐만 아니라 짐승의 피까지 먹는 것을 금하고 있습니다. 왜냐하면 피를 먹는 것은 생명을 죽이는 것과 같기 때문입니다. 짐승을 죽이고 피를 먹게 되면 피를 흘리고 생명을 빼앗는 일을 예사로 여길 수 있기 때문입니다. 어느 영화의 대사에는 "피를 흘린다면 죽일 수도 있겠지"(If it bleeds, we can kill it)라는 말이 나옵니다. 피를 흘린다는 것은 죽인다는 것입니다. 피를 흘리는 것은 잔혹한 일이기에 피를 보지 않게 하기 위하여 피는 먹지도 말라고 하셨습니다.

구약성경에는 많은 상징들이 있습니다. 피를 먹지 말라는 것은 생물의 생명을 소중히 여기라는 상징입니다. 성경의 말씀을 문자적으로 지켜서 피를 먹지 않으면서 생물의 생명을 존중하지 않는 경우도 얼마든지 있을 수 있습니다. 피를 먹지 말라는 것은 모든 생명을 존중하라는 상징적 명령입니다. 문자적으로 피를 먹지 않는다고 생명을 존중하는 것이 아니라 생명을 존중하게 되면 하나님의 명령대로 피를 먹지 않게 될 것입니다.

구약성경의 상징적 표현 가운데 이런 말씀이 있습니다. "네 포도원에 두 종자를 섞어 뿌리지 말라 그리하면 네가 뿌린 씨의 열매와 포도원의 소산을 다 빼앗길까 하노라 너는 소와 나귀를 겨리하여 갈지 말며 양 털과 베 실로 섞어 짠 것을 입지 말지니라"(신 22:9-11). 이 말씀의 핵심 요지는 사고의 혼합을 방지하라는 것입니다. '오직 하나님', '오직 여호와'을 가르치고 다른 신과 하나님을 혼합하여 섬기지 말라는 것입니다. 요즘 용어로 말하면 '혼합주의'나 '다원주의'를 배격하신 하나님의 말씀입니다. 그런데 이 말씀을 문자적으로 해석하여 포도원에 한 종류의 채소만 심어야 한다거나, 소와 나귀를 겨리하여 밭을 갈면 안 된다거나, 순모가 아닌 혼방으로 양복을 지어 입으면 안 된다고 해석하는 것은 지나친 문자적 해석입니다. 실제로 이 말씀대로 준행한다고 하여 혼방으로 지은 양복을 입지 않는 극단적인 사람들이 있습니다. 말씀을 문자적으로 해석할 것이 아니라 성경의 의미를 좇아 그 뜻대로 해석해야 할 것입니다.

피를 먹지 말아야 한다는 말씀에 따라 선지를 먹지 않는 사람들이 있습니다. 또한 고기를 먹을 때도 피가 흐르거나 피가 보이면 먹지 않는 사람들이 있습니다. 건강상의 이유나 식품의 기호에 따라 피를 먹지 않는 것은 문제가 없지만 성경을 문자적으로 해석하여 먹지 않는 것은 또 다른 문제입니다. 성경말씀을 문자적으로 해석할 것과 상징적으로 해석할 것을 분별하는 것은 때로는 까다로운 부분이 있지만 믿음의 눈으로 보면 분별이 가능합니다.

또한 바울은 "고기도 먹지 아니하고 포도주도 마시지 아니하고 무엇이든지 네 형제로 거리끼게 하는 일을 아니함이 아름다우니라"(롬 14:21)라고 합니다. 이 말씀으로 봐서 바울은 고기와 포도주를 아주 즐긴 듯합니다. 그러나 형제에게 오해를 받지 않기 위하여 즐기던 고기와 포도주를 금하였던 것입니다. 우리가 문자적으로 피를 먹지 않는 것이 아니라 자신의 건강과 기호, 다른 형제들에게 덕을 세우기 위하여 먹지 않는 것은 좋은 일입니다.

50

포도주는 예수님도 즐기셨는데
왜 한국교회는 금주와 금연을 만들었습니까?

포도주는 아주 긴 역사를 가지고 있습니다. 일반역사에서도 그러하지만 성경에도 포도주는 창세기의 전반부에 등장할 만큼 오래된 인간의 기호 음료입니다. 홍수 사건 이후에 노아가 농업을 시작하여 포도나무를 심었고(창 9:20), 노아가 포도주를 만들어 마시고 취하여 그 장막 안에서 벌거벗은 사건을 성경은 기록하고 있습니다(창 9:21). 그리고 족장 시대에도 포도주를 마신 흔적이 성경에 기록되어 있습니다. 이삭은 야곱이 사냥한 고기로 만든 별미를 먹고 포도주를 마신 후 그에게 축복하였다고 합니다(창 27:25). 그 외에도 구약성경에는 포도주에 대한 이야기가 많이 나오고 있고, 포도밭에 대한 이야기도 더불어 많이 나옵니다. 성경의 배경인 팔레스타인과 지중해 연안은 포도가 올리브, 무화과 등과 더불어 지역의 특산물이었기에 포도에 대한 이야기는 당연한 것입니다. 나아가서 성경은 풍성한 곡식과 포도주가 하나님께서 주시는 축복의 상징이었음을 가르칩니다(창 27:28).

구약시대에 포도주는 일반적인 음료이었음에도 불구하고 하나님이 특별히 선택한 나실인과 같은 사람들에게는 포도주도 금기시하였습니다. 나실인에게는 "포도주와 독주를 멀리하며 포도주로 된 초나 독주로 된 초를 마시지 말며 포도즙도 마시지 말며 생포도나 건포도도 먹지 말지니"(민 6:3)라고 하였습니다. 포도와 포도로 만든 모든 것을 일체 금한 것입니다. 삼손이 태어날 때도 포도주와 독주를 마시지 말고 포도나무의 소산을 먹지 말라고 하십니다(삿 13:14). 포도주는 일상의 식탁에 오르는 음료였지만 특별히 거룩하게 구별한 사람에게는 포도주를 금하였습니다. 포도주가 거룩성을 훼손하기 때문이었을 것입니다.

포도주는 신약시대에도 팔레스타인 지방에서는 가장 보편적인 음료였습니다. 예수님의 첫 번째 기적은 가나 혼인잔치에서 물이 포도주가 되게 하는 것이었습니다. 그 당시에 포도주란 잔치에서 빠질 수 없는 중요한 음료였던 것을 알 수 있습니다. 예수님의 비유는 당대 보통사람들이 이해하기 좋은 예를 많이 드셨습니다. 예수님의 비유 가운데는 포도주를 예로 드신 말씀이 있습니다. "새 포도주를 낡은 가죽 부대에 넣지 아니하나니 그렇게 하면 부대가 터져 포도주도 쏟아지고 부대도 버리게 됨이라 새 포도주는 새 부대에 넣어야 둘이 다 보전되느니라"(마 9:17)라고 하셨습니다. 구약의 예와 마찬가지로 신약에서도 경건하게 선택된 사람은 포도주를 마시지 않았습니다. 세례요한은 포도주나 독한 술을 마시지 않았고(눅 1:15), 떡도 먹지 않고 포도주도 마시지 않았습니다(눅 7:33). 사도 바울도 형제를 거리끼게 하지 않기 위하여 고기도 먹지 않고 포도주도 마시지 않는다고 하였습니다(롬 14:21). 이 말에 비춰보면 바울은 평소에 고기와 포도주를 좋아했던 것 같습니다. 그렇게 포도주는 당시의 일상적 음료였던 것입니다.

포도주는 좋은 음료입니다. 세계보건학자들이 연구한 지구상의 좋은 음식을 발표하였습니다. 가장 좋은 음식은 토마토라고 하였습니다. 토마토를 올리브기름에 살짝 구운 것이 최고의 음식입니다. 둘째는 적포도주라고 하였습니다. 적포도주는 혈액순환을 돕는 건강에 아주 좋은 음식이라고 합니다. 셋째는 마늘이라고 하였습니다. 마늘은 면역기능을 강화하는 최고의 면역식품이라고 합니다. 이렇게 포도주는 좋은 음식이며, 특히 서양 사람들의 주식인 고기와는 잘 어울리는 음식입니다. 그래서 양식에는 포도주가 곁들어집니다.

오래 전 '세계선교협의회'(Council for World Mission)을 섬긴 적이 있습니다. 이 기관은 원래 리빙스턴을 아프리카에 파송하고, 토마스를 한국에 파송한 세계에서 가장 활동적인 선교단체인 '런던선교회'(London Missionary Society)였는데 파송기관에서 파트너 기관으로 변신하면서 이름도 바꾸었습니다. 영국인들을 주축으로 영국이 지배하였던 나라들의 교회들이 멤버로 구성되어 있는데 회의를 하러 가면 시작하기 전에 포도주를 한 잔 들고 당근, 샐러리, 치즈 등을 먹으면서 돌아다니며 인사를 나눕니다. 내가 포도주를 마시지 않으니까 총무인 목사님이 외칩니다. "주목하세요. 여기 포도주를 마시지 않는 크리스천이 한 사람 와 있습니다." 그들은 자그마한 포도주 한 잔을 들고 한 시간 동안 조금씩 조금씩 마셨습니다. 그들에게 포도주는 술이라기 보다 일상의 음료이며 특히 인간관계를 활발하게 하는 중요한 촉매제입니다.

한국인의 음주 습관은 외국인들의 눈에는 상당히 독특하다고 합니다. 위에서 설명한 대로 서양인들은 포도주 한 잔을 가지고 한 시간 동안 서서히 마시며 환담을 하는데 한국인들은 한꺼번에 '원샷'을 합니다. 흔히 폭탄주라고 하여 혼합된 술을 마시기도 합니다. 그리고 술을 마시는 즐거움이 아니라 취하는 재미로 마신다고 합니다. 그래서 술이 가정에서부터 사회까지 문제가 될 때가 많이 있습니다.

한국 개신교 초기에 선교사들의 눈에는 한국인의 음주 습관은 신앙생활과 사회생활에 문제를 야기할 가능성이 많이 있다고 보았습니다. 단번에 취하도록 마시는 습관 때문이었습니다. 이런 음주 습관은 사극 드라마에도 많이 나타납니다. 정승이나 사대부의 집에 손님이 오면 제일 먼저 하는 말이 "주안상 내 오너라"라는 말입니다. 이런 우리의 음주문화가 술에 대한 인식을 부정적으로 만든 주원인입니다.

성경에도 술을 마시지 말라는 말은 없습니다. "술 취하지 말라 이는 방탕한 것이니 오직 성령으로 충만함을 받으라"(엡 5:18)라고 합니다. 그리고 나아가서 "음행하거나 탐욕을 부리거나 우상 숭배를 하거나 모욕하거나 술 취하거나 속여 빼앗거든 사귀지도 말고 그런 자와는 함께 먹지도 말라 함이라"(고전 5:11)라고 합니다. 술을 마시는 것은 금하지 않지만 술에 취하는 것은 방탕한 것이며 부도덕한 일이라는 것을 경고합니다.

성경은 술을 마시지 말라는 말은 없지만 술을 마시는 것조차도 우회적으로 금지하는 말씀이 있습니다. 바울은 "너희가 먹든지 마시든지 무엇을 하든지 다 하나님의 영광을 위하여 하라"(고전 10:31)라고 합니다. 이 말씀은 술을 마셨다, 안 마셨다가 문제가 아니라 하나님께 영광이 되느냐, 되지 않느냐가 문제라는 것입니다. 술을 마셔서 하나님께 영광이 된다면 얼마든지 마셔도 좋지만 그렇지 않으면 절제하는 것이 옳다는 것입니다.

한국 개신교 초기에 선교사들이 볼 때 한국인의 음주문화가 옳지 않음을 보았습니다. 심지어 퇴폐적이기까지 했습니다. 그래서 선교사들은 한국교회가 음주를 금지하는 것이 옳다고 하였습니다. 일제강점기인 1923년에는 유각경, 최활란, 홍에스더 등에 의하여 대한기독교여자절제회가 발족되었습니다. 기독교정신을 바탕으로 한 절제운동을 통하여 가정과 나라를 부유하게 하고, 사회악과 퇴폐풍조를 일소하여 새나라와 새 사회를 건설하는 목적으로 설립되었습니다. 전국에 지회를 조직하여 3,000여 명의 회원을 확보하고 기관지 '절제'를 창간하여 계몽활동을 강화하였으며 이로 인해 일제의 탄압을 받았습니다. 일제강점기에 절제회가 앞장서서 절제를 강조하고 사회의 퇴폐풍조를 없이하자는 의미로 금주, 금연이 확산되었고 이것이 한국교회의 전통이 되었다고 볼 수 있습니다.

나의 어머니는 참 지혜로운 여인이었습니다. 내가 중학교에 입학하였을 때 나에게 "이제 중학생이 되었다고 친구들이 담배나 술을 하자고 할지 모른다. 절대 하면 안 된다"고 하셨습니다. 나는 "왜 안 됩니까? 성경에는 술 취하지 말라고 했고, 담배는 아예 없지 않습니까?"라고 물었습니다. 그 때 어머니께서는 "금주금연은 한국교회가 만든 것이다. 사람이 만든 법도 못 지키면서 보이지 않는 하나님께서 만드신 법을 지키겠느냐?"라고 하셨습니다. 그 말씀이 가슴에 잘 박힌 못처럼 지금까지 꽂혀 있습니다.

51

조상제사가 죄입니까,
집안에서 제사 드릴 때에 참여해야 합니까?

기독교는 다른 어떤 종교보다 가정의 가치를 존중하는 가정적 종교입니다. 기독교는 하나님이 아버지이시고 예수님이 신랑이시며 우리는 하나님의 아들딸이고 서로 형제자매라고 말합니다. 주후 313년 콘스탄티누스 대왕이 기독교를 공인하기 전까지 교회는 집이었습니다. 그래서 전통적으로 기독교에서는 교회는 큰 가정이고, 가정은 작은 교회라고 부릅니다. 청교도들은 가정을 교회 안의 작은 교회라고 불렀습니다.

기독교를 잘 알지 못하는 사람들은 기독교는 조상을 섬길 줄 모르고 인간적 예절이 없는 종교라는 오해를 받습니다. 그러나 절대 그렇지 않습니다. 성경은 부모에 대한 공경을 어떤 종교의 경전보다 더 강조하고 있습니다. 십계명은 구약의 계명의 기본인데 제5계명은 "네 부모를 공경하라 그리하면 네 하나님 여호와가 네게 준 땅에서 네 생명이 길리라"(출 20:12)라고 합니다. 구약에서는 부모에 대한 공경을 얼마나 강조하는지 이렇게 말합니다.

"자기 아버지나 어머니를 치는 자는 반드시 죽일지니라"(출 21:15), "자기의 아버지나 어머니를 저주하는 자는 반드시 죽일지니라"(출 21:17), "만일 누구든지 자기의 아버지나 어머니를 저주하는 자는 반드시 죽일지니 그가 자기의 아버지나 어머니를 저주하였은즉 그의 피가 자기에게로 돌아가리라"(레 20:9). 죽이라는 말씀은 살인을 조장하는 것이 아니라 부모 공경이 그만큼 중한 하나님의 명령이라는 강조법입니다. 또한 신약성경에도 "자녀들아 주 안에서 너희 부모에게 순종하라 이것이 옳으니라"(엡 6:1), "자녀들아 모든 일에 부모에게 순종하라 이는 주 안에서 기쁘게 하는 것이니라"(골 3:20)라고 합니다. 부모에 대한 순종은 성경의 명령이며 그동안 교회에서도 부지런히 가르친 기독교의 윤리입니다.

유교는 엄밀하게 말하면 종교가 아닙니다. 종교란 믿음의 대상이 있고, 내세관이 있습니다. 그런데 유교는 믿음의 대상이 없고, 내세관도 없습니다. 공자의 제자 계로가 귀신을 섬기는 일에 대해 공자에게 물었습니다. 공자는 "아직 사람도 제대로 섬기지 못하는데, 어떻게 귀신을 섬길 수 있겠느냐?"라고 했습니다. 이 말을 들은 계로는 다시 공자에게 "감히 죽음에 묻겠습니다"라고 하자 공자는 "아직 사는 것도 잘 모르는데, 어떻게 죽음을 알겠느냐?"라고 했습니다. 그런 의미에서 공자의 가르침은 현세주의입니다. 미래의 불확실한 일이나 죽음 이후의 세계보다는 현재의 삶을 중시하는 사고입니다.

대신 고유교는 현세의 인간관계에 사상의 중심을 두고 있습니다. 유교에서 기본이 되는 '삼강오륜'이 그것을 말합니다. '삼강오륜'은 중국 전한 중기의 대표적 유학자인 동중서 이후 임금과 신하, 어버이와 자식, 남편과 아내, 어른과 어린이, 친구 사이에 지켜야 할 윤리 강령과 실천을 가르치는 유교의 기본윤리입니다. 유교에서는 임금과 신하 사이에는 충(忠), 아버지와 자식 사이에는 효(孝), 지아비와 지어미 사이에는 열(烈)이 있어야 한다고 했습니다. 특히 오륜은 어버이와 자식, 임금과 신하, 부부, 어른과 아이, 벗 사이에 있어야 할 예의범절을 삶의 기본으로 강조하였습니다.

이런 유교적 영향은 500년 조선을 지배하던 사상이었고 우리 민족의 예절이며 문화였습니다. 특히 붕우유신(朋友有信)은 벗이라는 수평적 관계를 말하고 있지만 나머지 4개는 수직적 관계에서 아랫사람이 윗사람에게 해야 할 도리를 규정하고 있습니다. 이런 유교적 전통이 '조상제사'라는 사회적 전통과 가정적 규범을 만든 것입니다. '효경'에 나타난 공자의 가르침에서 강조한 것은 사자에 대한 숭배가 아니라 효이었습니다. 그런데 효의 가르침대로 할 수 없으므로 차례(茶禮)를 지내는 것을 가장 큰 효로 여겼고, 지금까지 명절과 조상의 기일에 중요한 가정의 예절로 내려오고 있습니다.

씨족사회인 가족 중심의 문화에서 부모에 대한 효를 강조하면서 조상제사가 발달하였습니다. 현존하는 기록으로는 기원전 2,300년 경에 사자에 대한 제사의 공적이 나타나 있습니다. 신의 개념이 없는 유가에서 효를 강조하기 위하여 세운 법도에 불교의 차례가 혼합되어 조상제사의 형태가 되었습니다. 조상제사는 기독교 문화권보다 불교 문화권에서 더 발달되어 있습니다. 조상제사는 오래전 중국에서 전래되어 우리나라의 전통문화가 되었습니다. 동양의 불교 문화권이 아닌 곳에서도 성묘나 차례 등의 문화가 있다고 합니다.

조상제사는 가톨릭과 개신교가 한국에 전래될 때에 가장 큰 문화적 종교적 충격이었습니다. 개신교보다 먼저 전래된 가톨릭은 1791년 신해교난, 1801년 신유교난, 1815년 을해교난, 1827년 정해교난, 1839년 기해교난 그리고 1846년 한국인 최초의 신부인 김대건이 새남터에서 순교한 병오 교난을 통해 조상제사로 인한 심한 박해를 받았으며 많은 신자들이 순교했습니다. 지금도 새남터와 절두산성지에 가면 당시의 상황을 느낄 수 있습니다.

아이로니컬하게 한국 가톨릭교회는 근래 조상제사를 허용했습니다. 조상제사는 미신이나 우상숭배가 아니라 가족공동체의 화목과 유대를 이루게 하는 문화적 미풍양속이라고 해석하여 허용하였습니다. 가톨릭교회 내에서도 오랫동안 조상제사가 문화적 미풍양속이라는 주장과 미신행위라는 주장이 대립하였습니다. 그러나 20세기에 와서 조상제사에 대해 관용적 조치를 취하였습니다. 200년 전에는 미신행위라고 하였지만 조상 제사가 미신이나 우상숭배가 아니라 사회 문화적 풍속이라고 해석하였습니다. 그리하여 한국천주교회는 고인의 위패 앞에서 절을 하고 향을 피우고 음식을 차리는 제사 행위를 허용하였습니다. 200년 전 초기 가톨릭교회에서는 조상제사로 많은 신자들이 순교를 당했고 후에 성인 혹은 복자로 인정하는 시복을 하였습니다. 200년 전에는 조상제사로 순교하였고 성인 혹은 복자로 시복하였는데 이제는 조상제사를 허용한다면 그들의 죽음은 순교도 아니며 헛된 죽음일 수밖에 없습니다.

개신교에서는 조상제사를 허락하지 않고 있습니다. 왜냐하면 조상제사는 귀신을 섬기는 미신행위이고 하나님께 대한 계명의 가장 중요한 1계명과 2계명에서 하나님 외에 다른 신들을 두지 말라고 하였으며, 그것들에 절하지 말며 그것들을 섬기지 말라고 하셨기 때문입니다. 하나님께서 다른 신을 두지 말며, 우상을 만들지 말며, 그것에게 절하지 말며 섬기지 말라고 하신 것은 분명한 이유가 있습니다. 첫째는 하나님 외에 다른 섬김의 대상인 신이 없다는 것이며, 둘째는 하나님이 아니라 우리에게 해로운 일이기 때문입니다. 그래서 하나님은 "너를 위하여" 만들지 말고 섬기지 말라고 하십니다.

조상제사는 유교적 전통에서 나온 부모에 대한 한 예절입니다. 유교는 인격적 신의 개념이 없으므로 제사는 제사의 대상인 아버지와 조상이 신의 위치에 있습니다. 제사의 전통적 절차를 보면 강신례(降神禮) 즉 조상을 모시는 예식이 먼저 있습니다. 그리고 제사상을 차려 드리면 조상의 신이 와서 술, 음식, 차를 먹는다고 합니다. 마지막에는 음복례(飮福禮)라고 하여 차례를 지낸 음식을 가족들이 나누어 먹습니다. 위에서 말한 대로 귀신이 와서 차례 음식을 먹는다고 하므로 가톨릭교회에서는 제사는 하되 귀신에게 드려진 음식을 먹지 말라고 금합니다. 이런 제사의 절차와 내용을 보면 제사는 단순한 효행이 아니라 신을 숭배하는 미신행위라는 것을 알 수 있습니다. 제사는 단순한 효라는 근본 의식보다 죽은 자의 귀환과 귀신이 돌아와 먹으며, 제사를 드리지 않으면 귀신이 맴돌고 섭섭해한다는 의식으로 치러집니다. 또한 귀신은 구멍을 헤아린다고 하여 구멍을 막고, 귀신은 허리를 굽히는 굴곡을 못한다고 하여 빨랫줄을 걷고 합니다. 이런 모든 제사의 절차는 분명히 귀신을 섬기는 일이므로 기독교는 배격하는 것입니다. 기독교는 조상제사 대신 살아계실 때 부모님께 대한 효를 강조하며, 돌아가신 다음에는 부모님의 은혜를 기억하고 감사하며 추모합니다.

52

동성애가 죄라고 하는데
동성애자들을 교회가 어떻게 대해야 합니까?

미국 유학 중 신학박사 학위를 공부하던 학교에서 사회적 과제를 성경적으로 풀어가는 신학적 사고를 훈련받았습니다. 박사학위 공부를 하던 어느 학기에 아주 흥미로운 과목이 있어 기대감을 가지고 선택을 하였습니다. '도시목회학'(Ministry in Urban Context)라는 과목이었습니다. 이 강의에서는 미국의 당시 도시 상황에서 신학적 주제가 될 만한 세 가지를 집중적으로 연구하였습니다. 동성애(Homosexuality)와 도시 노숙자(Homelessness) 그리고 남미 피난민(Refugee) 문제였습니다. 이 세 과제는 모두 당사자들과 함께 토론하고 상호 문제를 풀어가는 식의 학습이어서 많은 것을 배웠습니다.

동성애 공부는 샌프란시스코의 '메트로폴리탄 커뮤니티교회'라는 곳에서 진행되었습니다. 그 교회는 담임목사와 모든 교인들이 동성애자들인 동성 공동체였습니다. 개강 날에 서로 자신을 소개하는 시간이 있었는데 서로가 경험한 동성애에 대한 대화를 나누었습니다. 모든 미국 목회자들이 자신이나 자신의 가족, 친구들의 동성애 경험을 얘기했습니다. 마지막에 내 차례가 되었는데 나는 나나 내 주위에 동성애 경험이 없다고 하니 모두들 의아해 했습니다. 미국 사회에서 동성애는 그만큼 누구에게나 일상적인 일이라는 것입니다.

미국장로교회의 한 여목사님이 동성애 경험자로 와서 토론에 참여하게 되었습니다. 그녀는 자신이 제인이라고 소개한 후 학교에서 가까운 산 라파엘 장로교회의 부목사이고 레즈비언이라고 하였습니다. 자신은 결혼하여 두 아이의 엄마인데 결혼생활 중에는 전혀 행복하지 못하였는데 지금은 이혼한 후 동성애자로 살고 있으며 너무 행복하다고 하였습니다. 그리고 마지막 부분에는 자신은 예수 그리스도가 자신의 구세주이시며, 자신이 구원을 받았음을 확신한다고 하였습니다. 예수님이 구세주이시며 자신이 구원을 확신하는 말을 들었을 때 나는 완전히 혼돈에 빠졌습니다. 동성애자가 구원의 확신을 가지고 있다는 것이 믿기지 않았습니다. 그 목사님께 교회가 동성애자들에게 무엇을 해 주기를 원하느냐고 물었더니 교회가 동성애자들에게 관용을 베풀어 받아들여달라고 하였습니다. 그때 나는 "나는 한국목사인데 충분히 관용합니다. 교회는 모든 죄인들이 다 들어오는 곳이니까 얼마든지 들어오세요. 이것은 교회의 본질입니다. 그러나 들어온 다음에는 자신의 삶을 변화하여 돌아와야 합니다. 이것이 교회의 사명입니다"라고 하였습니다. 목사님은 의아해 하면서 "우리가 왜 돌아가야 합니까?"라고 하였습니다. 여기에서 더 이상 우리의 토론은 나아가지 못했습니다. 동성애자들은 이성애(Heterosexuality)와 동성애(Homosexuality) 둘 다 정상으로 봅니다. 동성애가 비뚤어진 성인식이 아니라고 봄으로 죄가 아니며 돌이킬 것이 없다고 하는 것입니다. 동성애에 대한 성인식을 바르게 하는 것은 힘이 드는 일이라는 것을 경험하였습니다.

메트로폴리탄 커뮤니티교회의 게이 담임목사는 공부시간마다 내가 제일 강하게 반대하니 조용히 자기 방에 불러 자신의 석사논문이라는 책을 한 권 주면서 읽어보라고 하였습니다. 책의 제목은 '동성애의 성경적 근거'(The Biblical Foundations for Homosexuality)였습니다. 다음 날 또 토론을 해야 하므로 그 날 밤에 집에 돌아와서 다 읽었습니다. 성경을 동성애자들의 눈으로 '아전인수' 식으로 해석한 글이었습니다. 소돔과 고모라는 동성애로 타락하고 멸망했다고 합니다. 그래서 영어에서 'Sodomy'는 '남색'을 뜻하며, 'Sodomite'는 남색자를 뜻하고, 'Sodomize'는 항문성교를 뜻합니다. "누구든지 너희를 영접하지도 아니하고 너희 말을 듣지도 아니하거든 그 집이나 성에서 나가 너희 발의 먼지를 떨어 버리라 내가 진실로 너희에게 이르노니 심판 날에 소돔과 고모라 땅이 그 성보다 견디기 쉬우리라"(마 10:14-15)라는 말씀을 소돔과 고모라가 남색이나 동성애가 아니라 사람을 영접하지 않는 동정심의 결여(Lack of hospitality) 때문에 멸망했다고 동성애자들은 해석합니다.

동성애는 분명히 죄입니다. 하나님께서 사람을 지으실 때 남자와 여자를 지으셨고, 한 남자와 한 여자가 가정을 이루고 자녀를 낳게 하셨습니다. 하나님의 창조질서에 어긋나므로 하나님께서 동성애에 대하여 엄하게 말씀하십니다. "너는 여자와 동침함 같이 남자와 동침하지 말라 이는 가증한 일이니라"(레 18:22)라고 원리적으로 말씀하시며 나아가서 "누구든지 여인과 동침하듯 남자와 동침하면 둘 다 가증한 일을 행함인즉 반드시 죽일지니 자기의 피가 자기에게로 돌아가리라"(레 20:13)라고 엄격하게 말씀하십니다. 신약성경에서도 "그와 같이 남자들도 순리대로 여자 쓰기를 버리고 서로 향하여 음욕이 불 일듯 하매 남자가 남자와 더불어 부끄러운 일을 행하여 그들의 그릇됨에 상당한 보응을 그들 자신이 받았느니라"(롬 1:27)라고 하시며, "불의 한 자가 하나님의 나라를 유업으로 받지 못할 줄을 알지 못하느냐 미혹을 받지 말라 음행하는 자나 우상 숭배하는 자나 간음하는 자나 탐색하는 자나 남색하는 자나"(고전 6:9)라고 하셔서 동성애자가 하나님의 나라를 유업으로 받지 못한다고 하셨습니다. 그리고 성경은 소돔과 고모라가 동성애로 말미암아 멸망하였음을 확인하고 있습니다. "소돔과 고모라와 그 이웃 도시들도 저희와 같은 모양으로 간음을 행하며 다른 색을 따라가다가 영원한 불의 형벌을 받음으로 거울이 되었느니라"(유 1:7). 우리의 어떤 사건이나 사실에 대한 판단의 기준은 성경인데 성경은 한결같이 동성애에 대하여 강한 부정을 하고 있습니다. 하나님께서 인간을 창조하실 때 절대 그렇게 하실 리가 없습니다. 아담이 하와에게 뼈 중의 뼈, 살 중의 살이라고 하였는데 동성이 뼈 중의 뼈, 살 중의 살이 되게 만들지 않으셨습니다. 동성애는 하나님께서 만드신 창조의 질서가 아니며 하나님의 나라의 모습이 아니라는 것입니다.

　　현실적 실제적 면에서도 동성애는 결코 바른 것이 아닙니다. 한때는 선천적으로 동성애로 태어나는 본성적 동성애자가 있다고 하였습니다. 태어날 때 성정체성이 이미 동성애라는 것입니다. 남자로 태어났지만 성정체성은 여성이며, 여성으로 태어났지만 성정체성은 남성이라는 것입니다. 그리하여 남성이 여성으로, 여성이 남성으로 성전환을 하는 경우도 볼 수 있습니다. 그러나 근래는 태어날 때 동성애의 정체성을 가지고 태어나지 않는다고 합니다. 동성애는 선천적이 아니라 후천적이며 환경적인 조건에서 습득되는 성정체성이라는 것입니다. 후천적으로 동성애자가 되는 가장 큰 이유는 어릴 때부터 동성애 포로노물에 중독되는 것이고 또 다른 이유는 성인 동성애자에게 성폭행을 당하는 것이라고 합니다.

　　동성애가 육체적, 사회윤리적, 실제적 의미에서 정상이 아니라는 것을 여러 가지로 알 수 있습니다. 첫째는 성비(性比)입니다. 지구상의 80억 명에 가까운 인구 가운데 남성과 여성의 성비는 거의 50:50입니다. 이 성비는 하나님께서 만드신 법칙입니다. 그런데 자의적으로 동성애자가 되거나 성전환을 하면 성비에 균형이 깨어집니다. 둘째는 성병입니다. AIDS로 알려져 있는 '후천성면역결핍증'은 동성애를 통하여 발생 전염된다는 사실이 이미 알려져 있습니다. 셋째는 가정입니다. 가정은 생명이 창조되고 행복이 시작되는 곳입니다. 남자와 여자의 정상적 가정에서 자녀를 가질 수 있는데 동성애 가정은 육아 문제를 야기합니다. 그리고 남성 며느리, 여성 사위를 통하여 행복한 가정을 기대할 수 없습니다. 넷째는 윤리입니다. 윤리는 인간의 보편적 원리에서 형성되는 상식입니다. 고대사회에서부터 인간사회에 존재했던 동성애가 수천 년 비판을 받았고 인류의 보편적 공감을 얻지 못한 것은 정상적 성정체성이 아니라는 뜻입니다. 그러므로 교회는 가정과 성에 대한 바른 성경적 교육이 필요하며, 동성애가 비성경적이며 반사회적이라는 사실을 가르쳐야 합니다. 동성애자들이 교회에 들어올 수 있도록 문을 열어 주되, 동성애자가 이성애자가 될 수 있도록 노력해야 합니다.

53

교회의 정치참여나
설교에 정치적 의견을 밝히는 것이 옳습니까?

철학자 아리스토텔레스는 그의 '정치학'에서 "인간은 정치적 동물이다"라는 명제를 제시하였습니다. 그의 정치학설은 국가를 최상의 사회라고 하며, 최고의 선을 목적으로 하는 것이라고 하였습니다. 그는 이런 정치적 구성 안에서 인간을 보았으므로 인간을 정치적 동물이라고 한 것입니다. 이 명제는 두 가지로 의미로 해석할 수 있습니다. 하나는 인간은 권모술수에 능하며 정치적 정쟁과 투쟁이 관심사라고 보는 것이며, 다른 하나는 인간은 사회적인 동물이라고 보는 시각입니다.

아리스토텔레스는 정치와 사회를 구분했습니다. 인간이 정치적 동물이며 사회적 동물이라고 하지 않습니다. 왜냐하면 인간보다 월등한 사회적 동물들이 많기 때문입니다. 벌의 세계의 사회적 체계나 개미의 세계의 사회적 구조는 인간의 것을 능가합니다. 그래서 그는 사회적 동물이라는 개념 대신 정치적 동물이라는 개념을 사용했습니다. 그런 의미에서 그가 인간을 정치적인 동물이라고 했던 것은 권모술수나 투쟁에 능하다는 뜻이 아니라 국가의 목표인 최고의 선을 위하여 공적인 영역에서 공동체를 위해 헌신하는 존재라는 의미입니다.

일반적으로 '정치'라고 하면 마키아벨리의 '군주론'을 기억하며, 정치 사상보다 권모술수라는 정치술을 떠올립니다. 우리의 정치 현장에서 국가의 건국이념이나 정책보다 정쟁과 권력투쟁을 보았기 때문입니다. 그러나 알고 보면 정치가들뿐만 아니라 인간은 누구나 태어날 때부터 정치를 시작하였고, 배우지 않고도 정치에 익숙해져 있습니다. 아기들도 먹기 위하여 가지기 위하여 투쟁하고, 또래와 형제끼리도 다투고 싸우는 정치 행위를 합니다.

정치의 사전적 의미는 '사람들 사이의 의견차이나 이해관계를 둘러싼 다툼을 해결하는 과정'이라고 합니다. 정치(Politics)란 단어의 어원은 그리스어 '폴리스'(Polis)입니다. 폴리스는 고대 그리스의 도시국가로서 국가를 섬기는 일을 정치라고 하였습니다. 반면에 경제(Economics)란 단어의 어원은 그리스어 '오이코스'(Oikos)와 '노모스'(Nomos)가 합성된 말입니다. '오이코스'는 집이란 뜻이며, '노모스'는 법칙 혹은 관리란 뜻입니다. 경제란 가정을 다스리는 법칙을 의미합니다. 고대 농경사회에서는 가정을 잘 다스려 생산 활동에 성공하면 폴리스인 가정 이상의 공공 영역을 섬기는 정치에 참여하였습니다. 그러므로 고대 그리스에서는 정치를 경제보다 우월하게 생각하였습니다. 경제는 개인적인 이익을 추구하는 일이지만 정치는 공동체를 위한 일이며 개인적 이익을 희생해야 하기 때문이었습니다.

그런 의미에서 정치는 반드시 필요하고 중요하며 좋은 일입니다. 그러나 현실정치에서는 이상적인 공공을 위한 정치이념을 떠나서 소속된 정당과 심지어 개인의 이익을 추구하는 추한 모습을 보일 때가 많이 있습니다.

정의나 공의가 아니라 권력과 이익에 따라 좌우되며 국민의 안녕과 민생이 뒷전인 후진 정치를 연출하기도 합니다. 이런 정치에 대해 국민들은 피로감을 느끼며 심지어 정치에 대한 혐오감을 가지게 되는 것입니다.

이런 정치 현실에서 교회와 그리스도인은 분명한 정치적 소신이 있어야 합니다. 그리스도인의 정치관이란 이념적 편견이나 개인적 실리가 아니라 성경적 정강과 정책을 가진 정치를 추구해야 합니다. 나는 한국교회 어느 연합기관의 대표자로서 섬겼습니다. 그때 총회장 등 교단장들이 모인 자리에서 이렇게 말했습니다. "저는 어느 당을 이념적으로 선호하는 것이 아니라 교회를 유익하게 할 수 있고, 우리보다 우리 다음세대, 우리 후손들이 잘 사는 나라를 만드는 당을 지지합니다." 거의 모든 교단장들이 나의 말에 동의하였습니다. 어떤 당이 교회와 국가를 유익하게 하고 미래의 비전을 제시하는가를 눈여겨 보아야 합니다. 그런 의미에서 하나님의 거듭난 자녀로 사는 그리스도인이 정치를 해야 국가와 공공의 선을 위하여 일할 수 있습니다. 이런 그리스도인이 정치를 하는 것은 반대할 이유가 없습니다. 그리고 참 그리스도인은 자신을 위한 정치꾼이 아니라 정치가가 되어야 합니다.

나의 개인적 소견으로는 그리스도인으로서 권모술수가 판을 치는 현실정치에 참여한다는 것은 어렵다고 봅니다. 대신 여야를 막론하고 그리스도인 정치가들에게 정당한 정치 헌금을 하는 것이 좋다고 생각합니다. 정치 후원자들이 그리스도인이고 많은 후원금을 지원한다면 정치가들이 그리스도인답게 그리고 교회에 도움을 주는 법들을 입안하게 될 것이고 국가를 유익하게 하는 결과를 얻을 것입니다.

성경은 직간접으로 정치에 대한 언급을 하고 있습니다. 시편의 기자는 "어찌하여 이방 나라들이 분노하며 민족들이 헛된 일을 꾸미는가 세상의 군왕들이 나서며 관원들이 서로 꾀하여 여호와와 그의 기름 부음 받은 자를 대적하며 우리가 그들의 맨 것을 끊고 그의 결박을 벗어 버리자 하는도다"(시 2:1-3)라고 합니다. 또한 선지자 미가는 "내가 또 이르노니 야곱의 우두머리들과 이스라엘 족속의 통치자들아 들으라 정의를 아는 것이 너희의 본분이 아니냐 너희가 선을 미워하고 악을 기뻐하여 내 백성의 가죽을 벗기고 그 뼈에서 살을 뜯어 그들의 살을 먹으며 그 가죽을 벗기며 그 뼈를 꺾어 다지기를 냄비와 솥 가운데에 담을 고기처럼 하는도다 그 때에 그들이 여호와께 부르짖을지라도 응답하지 아니하시고 그들의 행위가 악했던 만큼 그들 앞에 얼굴을 가리시리라"(미 3:1-4)라고 하여 잘못된 정치를 신랄하게 비판하며 하나님이 외면하실 것을 말합니다. 신약의 헤롯은 자신에게 쓴 소리를 한 세례 요한을 감옥에 가두고 목을 베었습니다. 성경에는 착한 정치가보다 악한 정치가가 더 많습니다. 이스라엘과 유다에는 악한 왕들이 많았습니다. 이스라엘의 19 왕은 모두 "여호와 보시기에 악을 행한" 왕이었습니다. 유다의 20 왕 가운데 아사, 여호사밧, 히스기야, 요시야만 "여호와 보시기에 정직하게 행한" 왕이었습니다. 성경은 악한 왕의 반대를 선한 왕이 아니라 정직한 왕이라고 합니다. 정직한 왕들은 정직하게 나라를 다스린 정치가들이었습니다.

성경은 "각 사람은 위에 있는 권세들에게 복종하라 권세는 하나님으로부터 나지 않음이 없나니 모든 권세는 다 하나님께서 정하신 바라 그러므로 권세를 거스르는 자는 하나님의 명을 거스름이니 거스르는 자들은 심판을 자취하리라 다스리는 자들은 선한 일에 대하여 두려움이 되지 않고 악한 일에 대하여 되나니 네가 권세를 두려워하지 아니하려느냐 선을 행하라 그리하면 그에게 칭찬을 받으리라"(롬 13:1-2)라고 하여 정치가에 대한 포괄적 태도를 언급합니다. 이 말씀은 그리스도인의 정치참여에 대하여 반대하는 말씀이 아닙니다. 그럼에도 불구하고 그리스도인의 정치참여를 적극적으로 권장하는 말씀도 없습니다.

그러므로 그리스도인의 정치참여는 자의적인 판단에서 해야 할 것입니다. 그러나 한 가지 분명한 것은 정치가 복음전파의 수단이 되어야 하며(마 28:19-20), 아름다운 덕을 선포해야 합니다(벧전 2:9). 그런 의미에서 그리스도인 정치인은 자신의 이익을 추구하고 권력을 탐하며 권모술수를 통하여 타인에게 해를 주는 정치를 해서는 안 됩니다. 영국의 정치가 액튼 경(Lord Acton)은 "권력은 부패하는 경향이 있으며 절대 권력은 절대적으로 부패한다"고 하였습니다. 권력을 추종하는 것은 부패를 추종하는 것입니다. 그리고 교회는 어떤 정치적 우두머리를 추종할 것이 아니라 머리이신 그리스도를 따라야 할 것입니다.

이런 정치의 생리로 볼 때 강단에서 설교자가 정치적 발언이나 편중된 정치적 의사를 표현하는 것은 적절하지 못하다고 봅니다. 왜냐하면 청중 가운데는 반드시 반대 의견을 가진 교인이 있기 마련이기 때문입니다. 성경은 좌로나 우로나 치우치지 않는 균형 있는 자세를 요구합니다. 이것이 자신의 편견이나 이념에 의존하여 편향적으로 정치에 참여하거나 한 편에 힘을 실어주는 것이 아니라 당근과 채찍을 함께 든 선지자의 역할일 것입니다.

54

비대면 예배, 영상 예배도
하나님께 드리는 예배라고 할 수 있습니까?

'코로나19'는 우리 시대의 전혀 새로운 경험이었습니다. 심지어 '코로나19' 이전과 이후로 시대를 구분할 만큼 전혀 다른 패러다임으로 전환되었습니다. '코로나19' 시대를 지나면서 익숙해진 용어들이 있습니다. 그 가운데 하나가 '뉴노멀'(New normal)입니다. 이 말을 직역하면 '새로운 정상(正常)', '새로운 표준'입니다. 이전의 '표준'과 코로나 시대 이후의 '표준', 이전의 '정상'과 코로나시대 이후의 '정상'은 전혀 다르다는 뜻입니다.

'뉴노멀'이란 용어는 새롭게 변화된 지구적, 사회적, 문화적 변화를 포괄하는 의미로 개념이 확장되었습니다. 기독교적 의미의 '뉴노멀'이란 이전의 그리스도인의 삶과 코로나 시대의 삶은 그 표준이 다르다는 것을 전제로 하고 있습니다. 현장예배가 아니라 영상예배가 새로운 표준이며 새로운 정상이라는 것이며, 성도들의 만남, 교제, 전도, 섬김의 형태가 이전과는 달리 비대면으로 진행이 되어야 한다는 것입니다. 잘못된 언어는 사고와 삶을 혼돈하게 합니다. '뉴노멀'이 경제적, 사회적, 문화적 용어일 수는 있어도 기독교적 용어는 아닌 것 같습니다. '뉴노멀'은 '어브노멀(Abnormal)'입니다. 아무리 세상이 변해도 하나님의 말씀은 변하지 않으며, 예배는 변하지 않아야 합니다. 예배는 예나 지금이나 '노멀'입니다. 예배는 '뉴노멀'이 있을 수 없습니다.

예배는 그 자체가 하나님을 대면하는 행위입니다. 비대면 예배라는 용어는 자체 모순을 안고 있습니다. 하나님께서 성막을 건축하게 하실 때에 "거기서 내가 너와 만나고 속죄소 위 곧 증거궤 위에 있는 두 그룹 사이에서 내가 이스라엘 자손을 위하여 네게 명령할 모든 일을 네게 이르리라"(출 25:22)라고 하셨습니다. 성막은 하나님을 만나는 장소입니다. 또한 "이는 너희가 대대로 여호와 앞 회막 문에서 늘 드릴 번제라 내가 거기서 너희와 만나고 네게 말하리라"(출 29:42)라고 하셨습니다. 번제는 하나님께 모든 것을 태워 드리는 제사인데, 제사를 통하여 하나님은 하나님의 백성과 만나신다고 하셨습니다. 교회는 하나님을 만나는 장소이며 예배는 하나님을 만나는 일입니다. 예배의 첫째 대면은 하나님과의 대면입니다.

예배는 성도들이 서로 대면하는 시간입니다. 성경은 성도의 교제를 권합니다. "보라, 형제가 연합하여 동거함이 어찌 그리 선하고 아름다운고"(시 133:1), "새 계명을 너희에게 주노니 서로 사랑하라. 내가 너희를 사랑한 것 같이 너희도 서로 사랑하라"(요 13:34), "그들이 사도의 가르침을 받아 서로 교제하며 떡을 떼며 기도하기를 전혀 힘쓰니라"(행 2:42), "형제를 사랑하여 서로 우애하고, 존경하기를 서로 먼저 하며"(롬 12:10), "서로 돌아보아 사랑과 선행을 격려하며, 모이기를 폐하는 어떤 사람들의 습관과 같이 하지 말고, 오직 권하여 그 날이 가까움을 볼수록 더욱 그리하자"(히 10:24-25) 등입니다. 성경은 성도의 적극적인 교제를 권면하고 있습니다.

　　사도신경은 기독교에서 사용되는 가장 전통적이며 중요한 신앙고백입니다. 2세기 교회에서 정리한 세례 시의 신앙고백 형식이 발전하여 4세기에 처음으로 사도신경이란 이름으로 불리며 사도적 기원을 인정받았습니다. 10세기 이후 지금까지 서방교회는 사도신경을 사도들의 전승으로 믿으며, 거의 모든 교회가 예배 시에 신앙고백으로 사용하고 있습니다. 사도신경에는 신앙고백의 내용 가운데 "성도의 교제와"를 포함하고 있습니다. 이전의 번역에는 "성도가 서로 교통하는 것과"라고 하였습니다. 성도의 교제는 신앙고백의 내용에 포함할 만큼 중요한 성도의 삶입니다. 성도의 가장 중요한 교제는 예배를 통하여 이루어집니다. 예배는 하나님을 대면할 뿐만 아니라 성도가 서로 대면하는 시간입니다.

　　그리스도인의 삶에 가장 중요한 신앙행위는 예배입니다. 하나님을 섬기는 전인적 표현이 예배입니다. 교회의 본질적 사명은 선포(케리그마)와 교제(코이노니아)와 봉사(디아코니아)입니다. 이 세 가지 사명은 예배를 통하여 가능합니다. 실제로 '코로나19'가 극성인 때에 교회의 공적 예배가 불가능했습니다. 정상적 예배가 훼손될 때 교회의 모든 사역이 멈추고 말았습니다. 전도, 봉사, 성경공부, 교제 등 어느 하나 제대로 되는 것이 없었습니다. 교회도 그리스도인 개인에게도 예배보다 더 중요한 것은 없습니다. 구약의 제사는 신약에서 예배로 발전하였고, 구약에서는 짐승을 잡아 피를 제단에 뿌림으로 죄 사함을 받았으나 그리스도께서 어린 양이 되어 십자가에서 피를 흘리신 한 번으로 영원한 희생제물이 되셔서 모든 죄를 사하셨습니다. 예배는 그리스도의 피 흘림으로 완성되었습니다.

　　출애굽의 목적은 제사입니다. 애굽에서 종살이하는 백성들이 불쌍하여 그들을 해방하기 위하여 출애굽하게 하신 것이 아니라 제사하게 하시려고 출애굽하게 하신 것입니다. "너희가 사흘 길을 가서 나의 산에서 희생을 드리게 하겠다"는 것이 출애굽하게 하신 하나님의 목적이었습니다. 이 말씀은 세 번이나 반복하여 출애굽기에 기록하고 있습니다(출3:18, 5:3, 8:27). 또한 이 말씀에서 출애굽한 이스라엘 백성들에게 제사할 자리를 분명하게 지시하십니다. 하나님은 제사를 기뻐하시지만 홍해를 건너 출애굽한 이스라엘 백성들에게 빨리 제사부터 드리라고 하지 않으시고 사흘 길을 가서 희생을 드리라고 하셨습니다. 하나님은 "너는 삼가서 네게 보이는 아무 곳에서나 번제를 드리지 말고"(신 12:13)라고 하셨습니다. 예배는 분명한 장소와 예전이 있다는 것을 의미합니다. 하나님은 아무데서나 아무렇게나 예배하는 것을 원하지 않으십니다. 이렇게 해야 참 예배가 될 수 있다는 것을 가르치십니다.

출애굽의 목적이 제사이듯이 구원의 목적은 예배입니다. 구원받는 사람은 반드시 하나님께 예배해야 합니다. 예배를 소홀히 하면서 구원받았다고 장담하는 것은 거짓입니다. 구원 받은 사람은 예배에 최고의 가치를 두어야 합니다. 하나님께서 출애굽한 백성들에게 제사할 장소를 지정하셔서 사흘 길을 가게 하셨던 것처럼 예배자는 분명한 예배의 자리와 예배의 예전이 있어야 합니다. 그리스도께서 목숨을 버리셔서 우리를 구원하셨다면, 우리가 그 구원의 목적인 예배를 위하여 목숨을 버릴 가치가 있습니다. 실제로 기독교 역사에 예배를 위하여 목숨을 버린 순교자가 헤아릴 수 없을 만큼 많습니다.

'코로나19'의 영향으로 현장예배 대신 비대면 예배, 영상예배를 드릴 것을 권장하였습니다. 그 당시 정부에서 공권력으로 현장예배를 드리지 못하게 한 것은 지나친 권력행사였습니다. 동시에 교회가 서둘러 예배당 문을 폐쇄하고 현장예배를 제한하고 영상예배를 드리게 한 것은 부끄러운 일입니다. 예배는 어떤 경우에라도 방해를 받아서는 안 되는 것입니다.

영상예배를 무조건 반대하는 것은 아닙니다. 특별한 경우에는 훌륭한 예배의 형태일 수 있습니다. 현장예배에 참석하기 힘든 환자나 노약자 그리고 출타 중에 있는 성도가 영상으로 예배에 참여하는 것은 환영할 일입니다. 그러나 얼마든지 교회의 현장예배에 참석할 수 있는 성도가 영상예배를 드리는 것은 옳지 않습니다. 예배는 예배시간만 아니라 예배를 위하여 준비하고, 예배하기 위하여 교회로 가는 모든 시간이 예배입니다. 특별한 상황에서 드려야 할 영상예배가 아무 때나 행해진다면 참 예배가 아닙니다. 예배의 특수성은 어디까지나 특별한 경우의 수입니다. 어떤 경우이든 특수성이 보편화되면 비정상이 되는 것입니다.

미래사회는 이름만 가지고 있는 명목상 그리스도인이 많아질 것이고, 예배하지 않는 그리스도인이 증가할 것입니다. 이동성(Mobility)과 일회성(Disposability)의 발달로 교적을 둔 교회가 아니라 편의에 따라 아무 교회에 불편함 없이 가게 될 것입니다. 이럴 때일수록 교적이 있는 교회의 출석과 현장예배의 중요성이 강조되어야 할 것입니다. 참 그리스도인의 삶은 그리스도의 몸인 교회를 사랑하며 예배에 목숨을 바칠 때 빛을 발하게 되는 것입니다.